首都师范大学"211 工程"、地理科学与技术国家级实验
教学示范中心、三维信息获取与应用教育部重点实验室资助出版

# 基于 GIS 的数量方法与应用

〔美〕王法辉 著

姜世国 滕骏华 译

商务印书馆
2016 年·北京

*Fahui Wang*

**Quantitative Methods and Applications in GIS**

Taylor & Francis Group 2006

(根据泰勒一弗朗西斯出版集团 2006 年版译出)

献给齐磊和我们的孩子(梦妮、成齐和安妮)
并以此纪念我们永世难忘的真妮

#  序　言

迈克·巴迪（Michael Batty）
伦敦大学学院高等空间分析中心主任

　　这是一本优秀的著作。贯穿全书的一条主线就是：要搞好政策性较强的社会科学研究，数量方法是必不可少的，而这些方法及背后的理论一定要空间化。作者证明，计量地理方法要应用得有实效，当前的新潮流就是与地理信息系统（GIS）和地理信息科学（GISc）结合起来。本书的重点是计量方法在城市及区域研究中的应用。全书的一个主要优点是，所有介绍的方法都是基于实际的应用问题，并以案例的形式加以演示，从而使得各种层次的读者都可以通过学习设计解答自己的研究问题。

　　在过去十年中，GIS 技术日渐成熟，并与空间分析和计量地理的结合与共同发展，创生了地理信息科学（GISc）。地理信息科学不仅仅是关于方法或技术的科学，它也跟地理学中的各种理论密切相关，而这些理论一般是从自然科学和社会科学借鉴过来的。本书主要介绍了社会、经济研究中的应用问题，但所用方法并不局限于社会科学领域，只要涉及地理空间（如拓扑空间、欧式空间、各种维数的空间），空间分析方法都得到了发展。书中介绍的几种应用于社会科学的方法，最初就是起源于物理学等自然科学，如地球物理学、医学、生态学等领域。本书整合的计量社会科学的各种方法，是理解社会发展及社会政策的基本工具。

　　本书介绍的几个主题都围绕空间这个核心概念，特别是距离、邻接性、可达性等概念对于定义空间集聚和扩展过程中的聚类、密度、均质及腹地来说十分重要。这些都有利于揭示不同尺度上城市和区域系统的形态和功能，以此为基础发展的方法和技术可用于测算、分析区域中城市的自然和社会形态。这正是发展中的地理信息科学。通观全书，作者强调，那些乍看起来完全不同的形态和功能，其实可以统一到更一般的系统和模型中。作者开发的应用研究范围很广，包括从健康服务与犯罪到交通与零售等多个主题，涉及城市的多个部门和多种空间尺度。其核心目标并不仅仅限于简单的数据测量和概念理解，所有问题都有其公共政策方面的应用价值。特别是最后几章，探讨了各种空间问题尤其是交通规划中的空间优化方法。

事实上，本书的一个重要目标就是介绍那些基本的政策性问题，不管是寻找商业中心的最佳区位，还是发现疾病的集聚中心，都是通过空间分析来有效解决的。这些问题越来越适宜于用空间分析的方法来解决，是与高质量、多变量、小尺度数据的日益增加、空间数据整合手段和显示技术的不断发展密切相关的。这正是GIS对社会科学研究的贡献，也是定量分析方法在社会科学研究中的应用日益空间化的主要原因。现在，研究疾病分布模式及其公共卫生的对策方案很难不用到空间数据。在我们这个资源短缺的时代，随着新技术的发展、个人机会的增加，社会越来越复杂，为了寻求问题的最优解决方案，空间分析方法已经不可或缺，这也是本书强调的一个主题。读者可能发现，可靠的空间分析方法常常让那些用传统方法很难解决的问题迎刃而解。犯罪分析是一个很好的例子，正如作者在书中演示的那样，那些原来从土壤科学和地质学发展出来的聚类方法，可以很好地用于犯罪分析。聚类分析除了用于分析犯罪热点地区之外，还可以用于识别疾病集聚区，这是政策研究中十分重要的问题。作者通过案例有效地证明，一些常规方法可以通过适当改变来解决广泛的政策问题。

书中多处介绍了一些复杂、完整的模型，如从零售业服务区模型到可达性分析、从人口密度方程的拟合到全书最后的土地利用与交通网络互动模型，这是很值得称许的。由此证明，地理信息科学不是单纯的技术工具箱，它包括越来越一般性的系统问题，本书介绍的方法及其应用触及到这些系统问题的本质。虽然全书主要集中于与政策有关的空间分析，但是揭开了城市与区域系统更广范围复杂性的序幕，而这正是地理信息科学亟待解决的问题。

# 前　言

近年来，社会科学研究（包括应用社会科学研究和公共政策研究）的一项重要进展，就是定量或计算方法在研究复杂的人类社会系统中的应用。美国许多大学都设有相关的计量社会科学研究中心，其中，芝加哥大学、华盛顿大学、加州大学洛杉矶分校、乔治·梅森（George Mason）大学近年来兴办的这类中心，在提升社会科学交叉领域研究的贡献尤其突出。围绕这一主题的相关学术会议也层出不穷，地理信息系统（GIS）在其中扮演了重要角色，因为 GIS 在整合、分析各种数据尤其是空间数据方面具有独特优势。在加州大学圣巴巴拉分校的社会科学空间综合研究中心（CSISS）得到了美国国家自然科学基金的大力资助，为促进 GIS 技术在各种社会科学中的应用发挥了重要作用。随着 GIS 技术的扩展，地理信息科学（GISc）逐渐成型，它涵盖的范围更广，如空间数据的质量与不确定性、空间数据结构的设计与发展、GIS 相关的社会与法律问题等等。2005 年 10 月 20 日，在取消地理系半个多世纪之后的哈佛大学，宣布新成立一个地理分析研究中心。是什么促使地理学研究重返哈佛？原因就在于"空间分析和地理信息系统"（哈佛大学教务部空间分析委员会 2003 年公布的"关于哈佛大学空间分析致教务长的报告"）。

当前，地理学及其他相关社会科学领域（如社会学、人类学、商学、城市与区域规划、公共管理）的许多学生都对 GIS 有着浓厚的兴趣。但是，如果他们学习的内容仅限于空间数据管理和制图的话，那么对 GIS 的兴趣很快就会消退。与此同时，很多学生抱怨统计学、定量方法及空间分析等课程十分枯燥，好像与自己的兴趣关系不大。我在多年讲授 GIS、空间分析与定量方法的教学实践中，感到把他们结合起来，并用现实世界中的数据进行案例教学的好处不少。例如，通过将一些 GIS 技术应用于犯罪热点地区的识别,学生很好地掌握了相关的 GIS 技能;通过 GIS 来分析城市用地的空间分布模式,学生加深了对经典城市用地理论的理解。当学生们意识到可以用一定的计算方法和 GIS 技术来解决实际问题时,在课堂上的学习积极性也得到了极大提高。换言之,GIS 技术技巧和定量方法是通过解决实际问题来学习的,而掌握好了 GIS 技术和定量方法,学生在求职中也有了更强的竞争力。

本书是作者多年整合 GIS 和计量方法的初步成果,同时也是二者在社会科学领域中各种应用的集中演示。

对书中选取的应用案例,作者主要基于三个方面的考虑。首先是展示 GIS 在加强社会问题与公共政策应用研究中的多样性。本书涉及的 GIS 应用,涵盖从典型的城市与区域分析(如区域增长模式、零售业服务区分析)到犯罪与健康问题等多个主题。其次是举例讲解各种计量方法。有些方法,如果没有 GIS 的帮助是很难实施的,或者应用起来非常麻烦;而有些方法一经整合到 GIS 中,自动化程度大大提高。第三是涵盖空间分析中常见的任务(如距离与交通时间的估算、空间平滑与插值、可达性测量等)和主要问题(如可变地域单元问题、小人口基数小概率事件分析、空间自相关等)。

本书的一个重要特点是,各章都是任务导向的。在解决实际问题的背景下,读者更容易领会各种方法的妙处。虽然每种方法都是基于某个特定的应用进行介绍的,但它们都可以用于分析不同的问题。每章都作为一个主题,介绍与之密切相关的方法(或一组方法),例如,线性规划用于解决浪费性通勤,线性方程组用来分析和预测城市土地利用模式,空间回归用于检验就业可达性和谋杀犯罪率之间的关系,空间聚类分析用于考察癌症分布模式等。

本书另外一个重要特点是强调方法的实用。所有 GIS 任务都通过 ArcGIS 平台进行演示,大部分统计分析(包括线性规划)都用 SAS 来实现。换言之,读者只要能用 ArcGIS 和 SAS 即可操作本书讲解的内容,并可以进行类似的研究。之所以选取 ArcGIS 和 SAS,是因为它们分别是 GIS 和统计分析方面的领先软件。有些特殊的任务如空间聚类和空间回归用一些可以从网上下载的免费软件实现。本书使用的大部分数据都可以从公开渠道获取（例如，从网上免费下载）。老师或熟练的读者可以用本书介绍的这些数据和技术来设计他们的课程项目或草拟自己的研究项目。随书附送的光盘包含所需的全部数据及电脑程序示例（参见数据文件列表）。

本书主要适用于地理、城市与区域规划及相关领域的学生，可以用于如下一些课程：空间分析、区位分析、GIS 在商业及社会科学中的应用、地理中的数学方法。本书也可供地理和规划之外的研究者在进行 GIS 和空间分析时参考，从事城市经济研究的人也可能从本书关于城市结构及浪费性通勤的章节中获得帮助，商业领域的研究者可能会觉得有关服务区分析和可达性测量的章节有用，犯罪学家可能会对本书有关犯罪分布模式的案例研究感兴趣，流行病学家可能会喜欢本书关于癌症空间聚类分析的章节。

全书分三部分共 11 章。第一部分包括 3 章，主要介绍一些常规的问题，如 GIS 中数据管理概述及基本的空间分析工具（第一章）、距离及交通时间的测量（第二章）以及空间平滑和空间插值（第三章）。第二部分包括 4 章，主要介绍一些基本的数量方法，不需要或很少用到编程，它们分别是：服务区分析（第四章）、可达性测量（第五章）、方程拟合（第六章）及因子分析（第七章）。第三部分包括 4 章，主要介绍一些高级操作：小人口样本中的频率分析（第八章）、空间聚类和回归（第九章）、线性规划（第十章）以及线性方程组的求解（第十一章）。第一、二两部分可以作为本科生高年级课程使用，第三部分可以作为研究生课程使用。本书假设读者具有相当于 GIS 入门和初级统计的基础。

除第一章之外，每章都集中介绍一种计量方法。总体来说，每章的结构大致如下：开始是介绍方法，接着讨论该方法的应用问题，最后以案例研究的形式在 GIS 上实现前面介绍的方法。那些与各章主题不直接相关但是很有意义的问题，则以附录的形式附于各章之后。许多重要的技术和方法在不同案例中反复出现以加深印象、增强学习效果(可参阅"空间分析技术和数量方法速查目录")。

我对计量方法的兴趣起源于在北大本科毕业前,杨齐老师讲的计量地理生动活泼又深入浅出,使我受益匪浅。我后来又有幸选修朱德威老师给研究生开的计量地理方法,感知良多。1988年年初,胡兆量老师受香港大学梁怡先生的启发,指导我大学毕业论文研究中国城市位序规模分布的统计模型及历史演变。胡老师把自己几十年从原建设部收集的中国城市人口资料(堆起来两尺多高)完全交给我,另外还有他关于城市研究的手稿,都是极其珍贵的唯一版本,我现在回想起来才体会到先生当时对我信任的分量。我欣喜地建数据库,改写测试杨齐老师编的回归程序,度过了我整个求学生涯中最愉快的半年多时光。这一经历使我的神经兴奋点集中在社会经济现象中呈现的科学规律,大部分要借用数理模型来刻画。1991年留美,从师于俄亥俄州立大学(以下简称俄大)城市与区域规划系的金-米切尔·古德曼(Jean-Michel Guldmann)教授。我在他的静态和动态规划两门课程上学会了线性规划及线性方程组的求解,更重要的是,他让我在异国他乡找到了自信和求学的乐趣。我们常常在他的办公室里海阔天空地聊天,鼓吹计量方法的精深。我也从俄大经济系的唐纳德·哈伦(Donald Haurin)教授那里学到不少东西,本书中关于城市与区域密度分布模式及浪费性通勤的内容,可以追溯到他关于城市经济学的课程。同为俄大城市与区域规划系的菲利普·维顿(Philip Viton)教授,教了我不少计量经济学,我真希望自己当时做学生时更用心地听好他的课。

决定撰写本书需要很大的勇气,甚至可以说是有些乐观地估计了自己。自动手写这本书来,我发现自己把许多重要事情一拖再拖,更是疏于家务。我的妻子除了全职上班,还要承担大部分家务劳动。我也经常听到几个小家伙轻声耳语:"安静点儿!爸爸在写书呢。"因此,我要首先感谢他们对我的支持。我二女儿真妮生病去世后,我消沉过一段时期。写这本书时,常以思念换取力量,由此克服不少困难。

我要感谢原来供职的北伊利诺伊大学，2004年秋季批给我半年假以便我专心撰写本书。我也要感谢当时的同事理查德·格林（Richard Greene）、安德鲁·卡门勒克（Andrew Krmenec）和罗卫与我许多有益的讨论和提供的不少建设性意见。我要感谢伊利诺伊大学香槟分校（UI-UC）地理系的穆兰博士，她开发了第八章所用的尺度空间聚类工具。北伊利诺伊大学的伦纳德·瓦尔热（Leonard Walther）帮我设计、修改和完善了部分图件。伊利诺伊州日内瓦市公共事务部的刘玉红清绘了第十一章中假想城市的电子地图，她的慷慨帮助和优秀的绘图工作帮我顺利设计成这一案例。感谢迈克·巴迪（Michael Batty，英国皇家科学院院士）为本书撰写热情洋溢的序言，我觉得好多话他比我说的更准确、更深刻。

我还要感谢CRC出版社的编辑小组：采编编辑兰蒂·科恩（Randi Cohen）和曾田·泰助（Taisuke Soda），项目协调人特丽萨·德·福恩（Theresa Delforn），项目编辑克里斯蒂·纳让诺（Khrysti Nazzaro），以及许多其他工作人员，如排版、校阅、制图、电脑等，感谢他们在本书出版过程中的大力帮助。

我本人以及在北伊利诺伊大学听过我区位分析、城市地理和交通地理课程的学生都曾反复检验过书中的案例。最近，在本书清样校对阶段，我受朋友之邀，在清华大学建筑学院、东北师范大学城市与环境学院开设了"基于GIS的数量方法及其在社会经济规划科学中的应用"短期培训课程，用的就是这本书作教材，得到了许多有价值的意见。后来英文版正式出版后，我又在北京大学城市与环境学院、北京大学深圳研究生院、华东师范大学资源与环境科学学院和首都师范大学资源环境与旅游学院，分别举办了类似的短训班，也是用它作教材，反响都不错。当然，本书可能还会存在一些错误，尤其是新版的ArcGIS界面又有更新的地方。作者诚恳地欢迎学者、老师、同学在使用本书时提出宝贵意见，这对本书将来可能的修订、再版大有裨益。

最后，我想就中文版的出版补充几句。我旅美多年，回国来才体会到对这块土地的感情。给学生讲课时，本来就高的话音又高半度，常常每天工作十几个小时也不觉得累，就是早晨跑步也觉得步伐轻了。我近几年与国内大学和中科院交流比较多，总体的印象是我们在基于GIS的计量方法以及人文地理和规划上的应用与国际上的先进水平还有比较大的差距，在其他社会科学和公共政策方面的应用更是少见。我希望本书的中文版对推动这一方向在中国的发展起到一些积极的作用。

感谢姜世国、滕骏华把这本书翻成中文。我认识姜世国时，他还是北大周一星老师的硕士生（现为俄大地理系博士生）。迈克·巴迪在北大作报告时，我亲身体验他作临场翻译，英文好，技术也熟悉，我印象很深。我一提议他翻译此书，他就欣然答应。我大学同学滕骏华在北伊利诺伊大学看我时，又慷慨伸出援手，翻译了较难的第八至十一章。全书译稿完成后，我又作了详细的校对修订。许多地方为了帮助理解，我又补充了不少背景知识。我写中文提笔忘字，也不熟悉许多专业词汇的中文对应，汉字的电子输入又不熟练，真是多亏两位译者译出初稿，中科院地理科学与资源研究所的王姣娥也帮我全面校对了一遍。首都师范大学资源环境与旅游学院的李小娟也多次鼓励我把这本书的中文版尽早推出，为此调动不少资源，提供具体的帮助。

在本书中文版的校订过程中，我又基于新版的ArcGIS补充、更新了各章案例的少数步骤。2008年12月8~16日，我在首都师范大学开设"基于GIS的定量分析在人文地理和规划中应用"课程，面向全国招收了近40名学员，由首都师范大学资源环境与旅游学院的八名地理信息系统专业的研究生担任我的助教。课程所有案例，除案例7A外，都来源于这本书（这里案例的序号与本书略有出入）。助教们认真地钻研了各个案例，制作了详尽的上机操作演示。本中文版将他们的制作成果也收入其中（包括原英文版没有的案例7A的数据），统一放在所附CD的Workshop文件夹内，希望对大家上机实验有所帮助。我在此再次感谢这些助教：孙婧一（案例1A、1B）、王冠雄（案例2A、2B、2C）、马兰艳（案例3A、3B、3C）、王一涵（案例4A）、麻莉（案例5A）、王安琪（案例6A）、李雅箐（案例7A、7B、7C）、胡姝婧（案例8A、8B、8C）。

最后，感谢商务印书馆的李平和田文祝，他们的信任和支持促使本书的中文版得以尽早面世。

王法辉
2009 年 3 月

# 目 录

## 第一部分 GIS 和空间分析的基本方法

第一章 ArcGIS 入门：数据管理及基本的空间分析工具 ............ 3
  1.1 ArcGIS 中的空间和属性数据管理 ............ 4
    1.1.1 地图投影及空间数据模型 ............ 4
    1.1.2 属性数据管理及属性连接 ............ 6
  1.2 案例 1A：绘制俄亥俄州库亚霍加县人口密度图 ............ 8
  1.3 ArcGIS 中的空间分析工具：查询、空间连接、地图叠加 ............ 14
  1.4 案例 1B：提取克利夫兰市的普查小区、分析多边形的邻接关系 ............ 19
    1.4.1 提取克利夫兰市的普查小区 ............ 20
    1.4.2 识别邻接多边形 ............ 22
  1.5 小结 ............ 25
  附录 1 用 ArcGIS 输入、输出 ASCII 文件 ............ 26

第二章 距离和时间的测算 ............ 29
  2.1 距离的测算 ............ 29
  2.2 测算路网距离和网络时间 ............ 31
    2.2.1 最短路径的标号设定算法 ............ 31
    2.2.2 用 ArcGIS 测算路网距离和时间 ............ 34
  2.3 案例 2：测算中国东北地区各县到四大中心城市之间的距离 ............ 35
    2.3.1 测算欧式距离和曼哈顿距离 ............ 37
    2.3.2 测算交通路网距离 ............ 38

  2.3.3 测算交通时间 ································ 44
 2.4 小结 ········································· 44
 附录 2 用赋值图法求解最短路径问题 ················ 45

第三章 空间平滑和空间插值 ······························ 47
 3.1 空间平滑 ····································· 47
  3.1.1 移动搜索法 ································ 48
  3.1.2 核密度估计法 ······························ 49
 3.2 案例 3A：用空间平滑法分析中国南方的台语地名分布 ··· 51
  3.2.1 基于移动搜索法的空间平滑 ················· 52
  3.2.2 基于核密度估计法的空间平滑 ··············· 55
 3.3 基于点的空间插值 ····························· 56
  3.3.1 整体插值法 ································ 56
  3.3.2 局部插值法 ································ 57
 3.4 案例 3B：表面建模及中国南方台语地名图的绘制 ······ 59
  3.4.1 用趋势面分析法制图 ······················· 59
  3.4.2 用局部插值法绘制分布图 ··················· 61
 3.5 基于面域的空间插值 ··························· 62
 3.6 案例 3C：将克利夫兰地区普查数据从普查小区转到邻里
    单元和校区 ··································· 64
  3.6.1 用简单整合将普查小区数据转到邻里单元 ····· 65
  3.6.2 用面积权重插值将普查小区数据转到校区 ····· 66
 3.7 小结 ········································· 68
 附录 3 空间平滑的经验贝叶斯估计 ··················· 69

# 第二部分 初级数量方法及应用

第四章 基于 GIS 的服务区分析及其在商业地理和区域规划中的
   应用 ············································ 73
 4.1 服务区分析的基本方法 ························· 74

4.1.1 类比法及回归模型 ……………………………………… 74
   4.1.2 邻域法 …………………………………………………… 75
 4.2 划分服务区的引力模型 ……………………………………… 76
   4.2.1 赖利定律 ………………………………………………… 76
   4.2.2 哈夫模型 ………………………………………………… 77
   4.2.3 赖利定律与哈夫模型的关系 …………………………… 79
   4.2.4 哈夫模型的推广 ………………………………………… 80
   4.2.5 引力模型中 $\beta$ 值的估算 ………………………………… 81
 4.3 案例 4A：确定芝加哥小熊队和白袜队的球迷范围 ……… 82
   4.3.1 用邻域法确定球迷范围 ………………………………… 83
   4.3.2 用哈夫模型确定球迷范围、绘制概率面 ……………… 86
   4.3.3 讨论 ……………………………………………………… 87
 4.4 案例 4B：确定中国东北主要城市的腹地 ………………… 89
   4.4.1 用铁路旅程确定邻域区 ………………………………… 90
   4.4.2 用哈夫模型确定腹地 …………………………………… 92
   4.4.3 讨论 ……………………………………………………… 94
 4.5 结论 …………………………………………………………… 94
   附录 4 引力模型的经济基础 …………………………………… 95
第五章 基于 GIS 的空间可达性测量及其在医疗服务研究中的
     应用 ………………………………………………………… 98
 5.1 可达性问题 …………………………………………………… 98
 5.2 移动搜索法 …………………………………………………… 101
   5.2.1 移动搜索法的早期模型 ………………………………… 101
   5.2.2 两步移动搜索法(2SFCA) ……………………………… 102
 5.3 引力法 ………………………………………………………… 105
   5.3.1 引力可达性指数 ………………………………………… 105
   5.3.2 2SFCA 法和引力法的比较 ……………………………… 106
 5.4 案例 5：测算芝加哥地区基本医疗服务的空间可达性 …… 107

5.4.1　2SFCA 法的应用 ……………………………………… 108
　　　5.4.2　引力法的应用 …………………………………………… 114
　5.5　讨论与结论 ………………………………………………………… 115
　附录 5　可达性测量的性质 …………………………………………… 119

第六章　回归拟合方程及其在城市与区域密度模型分析中的
　　　　应用 …………………………………………………………… 122
　6.1　刻画城市与区域结构的密度方程 ………………………………… 122
　　　6.1.1　城市密度方程研究 ……………………………………… 122
　　　6.1.2　区域密度方程研究 ……………………………………… 124
　6.2　单中心模型 ………………………………………………………… 126
　　　6.2.1　四个简单二元方程 ……………………………………… 126
　　　6.2.2　其他单中心模型 ………………………………………… 127
　　　6.2.3　单中心模型的回归拟合 ………………………………… 128
　6.3　模型的非线性回归和加权回归 …………………………………… 131
　6.4　多中心模型拟合 …………………………………………………… 134
　　　6.4.1　多中心假设及相关模型 ………………………………… 134
　　　6.4.2　回归分析的 GIS 应用 …………………………………… 136
　6.5　案例 6：芝加哥地区城市密度模式分析 ………………………… 137
　　　6.5.1　基于普查小区的单中心模型拟合 ……………………… 138
　　　6.5.2　基于普查小区多中心模型拟合 ………………………… 143
　　　6.5.3　基于 township 的单中心模型拟合 ……………………… 145
　6.6　讨论与结论 ………………………………………………………… 147
　附录 6A　城市密度模型的推导 ……………………………………… 149
　附录 6B　二元线性模型的最小二乘回归法 ………………………… 151
　附录 6C　单中心模型拟合的 SAS 程序样例 ………………………… 152

第七章　主成分分析、因子分析、聚类分析及其在城市社会区分析
　　　　中的应用 ……………………………………………………… 155
　7.1　主成分分析和因子分析 …………………………………………… 155

7.1.1　主成分因子模型 …………………………………… 156
　　7.1.2　因子载荷、因子得分和特征值 …………………… 157
　　7.1.3　旋转操作 …………………………………………… 158
7.2　聚类分析 ……………………………………………………… 160
7.3　社会区分析 …………………………………………………… 163
7.4　案例7：北京的社会区分析 …………………………………… 165
7.5　讨论与结论 …………………………………………………… 175
附录7A　判别分析 ……………………………………………… 176
附录7B　因子分析和聚类分析的示例程序 …………………… 178

# 第三部分　高级数量方法及应用

## 第八章　小人口基数小概率事件的地理分析方法及其在谋杀犯罪研究中的应用 ………………………………………………… 183
8.1　小人口基数小概率事件的分析 ……………………………… 183
8.2　ISD法和空间位序法 ………………………………………… 186
8.3　尺度空间聚类方法 …………………………………………… 188
8.4　案例8：应用尺度空间聚类法分析芝加哥就业便捷度与谋杀犯罪之间的关系 …………………………………………… 191
8.5　小结 …………………………………………………………… 202
附录8　泊松回归分析 …………………………………………… 203

## 第九章　空间聚类、空间回归及其在地名、癌症和谋杀犯罪研究中的应用 ………………………………………………………… 205
9.1　基于点的空间聚类分析 ……………………………………… 206
　　9.1.1　基于点的全局聚类检验 ……………………………… 206
　　9.1.2　基于点的局部聚类检验 ……………………………… 207
9.2　案例9A：中国南部地区台语地名的空间聚类分析 ………… 208
9.3　基于面的空间聚类分析 ……………………………………… 211
　　9.3.1　空间权重定义方法 …………………………………… 212

## 9.3.2 基于面的全局聚类检验 ………………………… 213
## 9.3.3 基于面的局部聚类检验 ………………………… 214
### 9.4 案例9B：空间聚类分析在伊利诺伊州癌症分布研究中的应用 …………………………………………………… 216
### 9.5 空间回归分析方法 ……………………………… 223
### 9.6 案例9C：芝加哥谋杀犯罪研究中的空间回归分析 ……… 225
#### 9.6.1 用GeoDa软件进行基于人口普查区的空间回归分析 … 225
#### 9.6.2 用GeoDa软件进行基于社区的空间回归分析 ……… 229
#### 9.6.3 讨论 ……………………………………… 230
### 9.7 小结 …………………………………………… 231
### 附录9 回归分析中的空间滤值法 ………………………… 231

## 第十章 线性规划及其在浪费性通勤测算和医疗服务区位优化中的应用 …………………………………………………… 233
### 10.1 线性规划与单纯形法 ………………………… 234
#### 10.1.1 线性规划标准型 ………………………… 234
#### 10.1.2 单纯形法(Simplex Algorithm) ……………… 235
### 10.2 案例10A：测算俄亥俄州哥伦布大都市区的浪费性通勤 ………………………………………………… 238
#### 10.2.1 浪费性通勤问题的提出与测算 ……………… 238
#### 10.2.2 ArcGIS上的数据准备 …………………… 240
#### 10.2.3 利用SAS进行浪费性通勤测算 ……………… 244
### 10.3 整数规划与区位优化问题 …………………… 247
#### 10.3.1 整数规划通用形式和解 …………………… 247
#### 10.3.2 区位优化问题 ………………………… 248
### 10.4 案例10B：美国俄亥俄州库亚霍加县医疗服务的区位优化 …………………………………………………… 251
#### 10.4.1 基于面的分析方法 ……………………… 252
#### 10.4.2 基于路网的分析方法 …………………… 257

| 10.5 小结 | 263 |

附录 10A 哈密尔顿的浪费性通勤模型 …… 264

附录 10B 浪费性通勤测算的 SAS 程序 …… 266

# 第十一章 线性方程组的求解及其在城市结构模拟中的应用 …… 271

11.1 线性方程组求解 …… 271

11.2 格瑞—劳瑞模型 …… 274

    11.2.1 基本与非基本产业 …… 274

    11.2.2 格瑞—劳瑞模型的构建 …… 276

    11.2.3 简明实例 …… 278

11.3 案例研究：基于一个假想城市的人口与服务就业分布模拟 …… 279

    11.3.1 利用 ArcGIS 计算交通路网距离（时间） …… 281

    11.3.2 模拟基本案例中人口和服务就业分布 …… 282

    11.3.3 检验基本就业分布的影响 …… 284

    11.3.4 检验距离衰减系数的影响 …… 285

    11.3.5 检验交通路网的影响 …… 285

11.4 讨论与结论 …… 286

附录 11A 投入—产出模型 …… 287

附录 11B 求解非线性方程组 …… 288

附录 11C 求解格瑞—劳瑞模型的 FORTRAN 程序 …… 290

参考文献 …… 300

# 图 目 录

图 1.1　空间数据投影对话框 ·················· 10
图 1.2　计算 shapfile 文件面积的对话框 ·············· 11
图 1.3　ArcGIS 中的属性连接 ··················· 12
图 1.4　2000 年俄亥俄州库亚霍加县人口密度分布 ········ 14
图 1.5　空间连接对话框 ······················· 21
图 1.6　R 邻接与 Q 邻接 ······················ 23
图 1.7　确定 Q 邻接的工作流程 ·················· 24

图 2.1　标号设定算法示例 ····················· 33
图 2.2　中国东北地区城市及铁路交通图 ············· 36
图 2.3　构成交通距离的三段 ···················· 39
图 2.4　计算交通距离时的表格连接 ················ 43
图 A2.1　赋值图法示例 ······················· 45

图 3.1　空间平滑的 FCA 法 ···················· 49
图 3.2　核密度估计 ·························· 50
图 3.3　钦州市台语、非台语地名分布 ··············· 52
图 3.4　用 FCA 计算的钦州市台语地名比重 ··········· 54
图 3.5　钦州市台语地名的核密度 ················· 55
图 3.6　用趋势面分析法对钦州市台语地名比重进行插值 ····· 61
图 3.7　用 IDW 法对钦州市台语地名比重进行插值 ········ 62
图 3.8　从普查小区到校区的面积权重插值 ············ 67

图 4.1　基于 5 个点的泰森多边形 ················· 76

| 图 4.2 | 用赖利定律确定的两个商店之间的断裂点 | 77 |
| 图 4.3 | 芝加哥小熊队和白袜队的邻域区 | 84 |
| 图 4.4 | 用哈夫模型计算的小熊队支持率 | 88 |
| 图 4.5 | 中国东北四大城市的邻域区 | 91 |
| 图 4.6 | 用哈夫模型划分的中国东北四大城市的腹地 | 93 |
| 图 5.1 | FCA 法的一个早期版本 | 102 |
| 图 5.2 | 2SFCA 法 | 104 |
| 图 5.3 | 2SFCA 法的实现步骤 | 111 |
| 图 5.4 | 用 2SFCA 法确定的芝加哥地区基本医疗服务的可达性（20 英里） | 112 |
| 图 5.5 | 用 2SFCA 法确定的芝加哥地区基本医疗服务的可达性（30 分钟） | 114 |
| 图 5.6 | 用引力法确定的芝加哥地区基本医疗服务的可达性（$\beta=1$） | 116 |
| 图 5.7 | 2SFCA 法与引力法计算的可达性得分比较 | 118 |
| 图 6.1 | 用密度函数法确定的区域增长模式 | 126 |
| 图 6.2 | 在 Excel 中进行回归分析对话框 | 129 |
| 图 6.3 | 在 Excel 中添加趋势线对话框 | 130 |
| 图 6.4 | 多中心假设示意 | 135 |
| 图 6.5 | 芝加哥地区 6 县人口密度趋势面及就业中心 | 139 |
| 图 6.6 | 密度与距离之间的指数函数趋势线（普查小区） | 142 |
| 图 6.7 | 密度与距离之间的指数函数趋势线（township） | 147 |
| 图 7.1 | 主成分分析的碎石图 | 158 |
| 图 7.2 | 主成分因子分析的数据处理步骤 | 159 |
| 图 7.3 | 聚类分析的树状图示例 | 161 |
| 图 7.4 | 城市结构的概念模型 | 165 |

图 7.5 北京社会区分析的研究区 ······ 167
图 7.6 北京社会区因子得分的空间图示 ······ 172
图 7.7 北京的社会区 ······ 172

图 8.1 ISD 法 ······ 186
图 8.2 确定多边形空间位序值的示例 ······ 187
图 8.3 基于尺度空间理论的聚类示例 ······ 189
图 8.4 芝加哥地区 1990 年人口基数小的普查小区 ······ 196
图 8.5 尺度空间聚类工具对话框 ······ 198
图 8.6 聚类过程示例区域 ······ 199
图 8.7 尺度空间聚类法的第一轮聚类结果 ······ 200

图 9.1 基于点的空间聚类对话框(SaTScan 软件) ······ 210
图 9.2 中国南部地区台语地名空间聚类 ······ 211
图 9.3 伊利诺伊州各县 1996~2000 年肠癌发病率聚类 ······ 218
图 9.4 计算 G 系数(Getis-Ord General G)的 ArcGIS 对话框 ······ 219
图 9.5 基于局部莫兰指数确定的肠癌发病率聚类 ······ 221
图 9.6 基于 $G_i$ 指数的肠癌热点区 ······ 222
图 9.7 确定空间权重的 GeoDa 软件对话框 ······ 226
图 9.8 空间回归的 GeoDa 软件对话框 ······ 227

图 10.1 哥伦布大都市统计区及研究区 ······ 241
图 10.2 基于多边形区位优化分析的输入/输出文件 ······ 255
图 10.3 基于多边形区位分析的诊所位置及服务区范围 ······ 256
图 10.4 基于网络区位优化分析的输入/输出文件 ······ 260
图 10.5 基于网络区位分析的诊所位置及服务区范围 ······ 261
图 10.6 俄亥俄州库亚霍加县的公路网 ······ 262

图 11.1 城市人口和就业分布相互作用 ······ 275
图 11.2 一个简单的城市模型示例 ······ 277

图 11.3 一个假想城市的空间结构 ………………………… 280
图 11.4 不同情况下的人口分布 …………………………… 283
图 11.5 不同情况下的服务就业分布 ……………………… 284

# 表 目 录

表 1.1　数据表间的连接和关联 ·················································· 7
表 1.2　ArcGIS 中的空间连接类型 ············································ 17
表 1.3　空间查询、空间连接和地图叠加的对比 ···························· 19

表 2.1　求解最短路径问题 ························································ 34

表 3.1　基于不同窗口大小的 FCA 空间平滑 ································· 54

表 4.1　按照服务区分析确定的小熊队和白袜队的球迷数 ················ 86
表 4.2　中国东北四大城市的腹地 ··············································· 90

表 5.1　芝加哥都市区内的交通速度估计值 ································· 113
表 5.2　可达性的比较 ···························································· 113

表 6.1　单中心线性回归模型 ··················································· 131
表 6.2　多中心假设及对应的拟合方程 ······································· 136
表 6.3　单中心模型回归结果(1837 个普查小区) ························· 141
表 6.4　多中心假设 1 和 2 下的回归结果(1837 个普查小区) ········· 144
表 6.5　单中心模型的回归结果(基于 115 个 township 数据) ······ 146

表 7.1　社会区分析的理想因子载荷 ·········································· 164
表 7.2　北京市社会经济结构的基本统计参数($n=107$) ··············· 167
表 7.3　主成分分析的特征值 ··················································· 169
表 7.4　社会区分析的因子载荷 ················································ 170
表 7.5　社会区域特征(聚类结果) ············································· 173
表 7.6　用虚拟变量描述环带和扇形区域 ···································· 174

表 7.7　关于环带和扇形结构的回归分析($n=107$) …………… 175

表 8.1　基于小人口基数的小概率事件发生率的分析方法 ………… 185
表 8.2　旋转后社会经济变量的因子结构 …………………………… 194
表 8.3　芝加哥谋杀犯罪率的 OLS 回归分析结果 …………………… 197

表 9.1　1996~2000 年伊利诺伊州各县癌症发病率(每 10 万人) … 217
表 9.2　癌症发病率的全局聚类分析结果($n=102$) ………………… 219
表 9.3　芝加哥谋杀犯罪率的 OLS 回归和空间回归分析结果
　　　　($n=845$ 个人口普查区) ……………………………… 228
表 9.4　芝加哥谋杀犯罪率的 OLS 回归和空间回归分析结果
　　　　($n=77$ 个社区) ………………………………………… 229

表 10.1　区位优化模型 …………………………………………… 251
表 10.2　区位优化案例分析结果 ………………………………… 257

表 11.1　格瑞—劳瑞模型关于人口和服务就业分布的模拟 ……… 283

# 数据文件目录

本书光盘所附数据按不同研究区分存在不同的文件夹中,同一个文件夹中的数据可供多个案例使用。不同文件夹内可能用相同的文件名但完全不同的文件,因此建议读者在做同一个研究区的不同项目时,在同一个文件目录下。所有的 shapefile 文件都是 ZIP 压缩格式(如果压缩前后文件名不同的话,括号内为压缩后的文件名)。

1. 文件夹 Cleveland 包含案例 1A、1B、3C 和 10B 的数据:
   - ArcINFO 交换格式文件:clevbnd.e00,cuyatrt.e00
   - Shapefile 文件:tgr39035trt00(trt0039035.zip),tgr39035uni(uni39035.zip),tgr39035lka(lkA39035.zip),cuyautm,cuya_pt,clevspa2k
   - dBase 文件:tgr39000sf1trt.dbf
   - 文本文件:Queen_Cont.aml,Cuya_hosp.csv

2. 文件夹 ChinaNE 包含案例 2、4B 的数据:
   - ArcINFO 交换格式文件:cntyne.e00,city4.e00,railne.e00
   - dBase 文件:dist.dbf

3. 文件夹 ChinaQZ 包含案例 3A、3B 和 9A 的数据:
   - ArcINFO 交换格式文件:qztai.e00
   - Shapefile 文件:qzcnty

4. 文件夹 Chicago 包含案例 4A、5、6、8 和 9C 的数据:
   - ArcINFO 交换格式文件:chitrt.e00,citytrt.e00,citycom.e00
   - Shapefile 文件:tgr17031lka(lkA17031.zip),chitrtcent,chizipcent,polycent15,county6,county10,twnshp
   - 文本文件:cubsoxaddr.csv,monocent.sas,polycent.sas,

cityattr.txt
- 程序文件：ScaleSpace.dll

5. 文件夹 Beijing 包含案例 7 的数据：
   - Shapefile 文件：bjsa
   - 文本文件：bjattr.csv,FA_Clust.sas,BJreg.sas

6. 文件夹 Illinois 包含案例 9B 的数据：
   - ArcINFO 交换格式文件：ilcnty.e00

7. 文件夹 Columbus 包含案例 10A 的数据：
   - ArcINFO 交换格式文件：urbtazpt.e00,road.e00
   - 文本文件：rdtime.aml,urbtaz.txt,odtime.txt,LP.sas

8. 文件夹 SimuCity 包含案例 11 的数据：
   - ArcINFO 交换格式文件：tract.e00,road.e00,trtpt.e00,cbd.e00
   - 文本文件：odtime.prn,odtime1.prn,rdtime.aml,SimuCity.FOR

# 空间分析技术和数量方法速查目录

| 方法 | 第一次出现的章节 | 后续出现的章节 |
| --- | --- | --- |
| 计算shapefile文件中面要素的面积 | 第1.2节 | 第3.6.2节，第3.6.2节，第6.5.3节 |
| 生成多边形的重心 | 第1.4.1节 | 第2.3.1节，第4.3.1节等 |
| 计算欧式距离 | 第2.3.1节 | 第3.2.1节，第4.3.2节，第5.4.1节等 |
| 计算网络距离 | 第2.3.2节 | |
| 计算交通时间 | 第2.3.3节 | 第5.4.1节，第10.2.2节，第11.3.1节 |
| 用移动搜索法进行空间平滑 | 第3.2.1节 | |
| 核密度估计法 | 第3.2.2节 | |
| 趋势面分析 | 第3.4.1节 | |
| 逻辑斯蒂(Logistic)趋势面分析 | 第3.4.1节 | |
| 空间插值的反距离加权法(IDW)、薄片样条插值法(thin-plate splines)、克里金法(Kriging) | 第3.4.2节 | 第4.3.2节，第6.5.1节 |
| 面积权重插值 | 第3.6.2节 | 第6.5.3节 |
| 地址匹配(地理编码) | 第4.3.1节 | 第10.4.1节 |
| 基于欧式距离定义近邻区域 | 第4.3.1节 | 第6.5.2节 |
| 基于网络距离定义近邻区域 | 第4.4.1节 | |

续表

| 方法 | 第一次出现的章节 | 后续出现的章节 |
|---|---|---|
| 用哈夫模型(Huff Model)定义服务区 | 第4.3.2节 | 第4.4.2节 |
| 生成加权重心 | 第5.4.1节 | |
| 用2SFCA法或引力模型测算可达性 | 第5.4.1节 | |
| 用Excel或SAS进行线性回归 | 第6.5.1节 | 第7.4节,第8.4节 |
| Excel中的模型拟合(包括非线性模型) | 第6.5.1节 | |
| SAS中的非线性或加权回归 | 第6.5.1节 | |
| SAS中的主成分分析和因子分析 | 第7.4节 | 第8.4节 |
| SAS中的聚类分析 | 第7.4节 | |
| 计算加权平均值 | 第8.4节 | 第9.6.2节 |
| 尺度空间(Scale-space)聚类法(区划) | 第8.4节 | |
| SaTScan中基于点的空间聚类 | 第9.2节 | |
| 基于面的空间聚类分析 | 第9.4节 | |
| GeoDa中的空间回归 | 第9.6.1节 | 第9.6.2节 |
| SAS中的线性规划 | 第10.2.3节 | |
| 基于多边形或基于网络的区位优化问题 | 第10.4.1节,第10.4.2节 | |
| 用FORTRAN求解线性方程组 | 第11.3.2节 | 第11.3.3节等 |

# 第一部分

# GIS 和空间分析的基本方法

# 第一章 ArcGIS 入门：数据管理及基本的空间分析工具

地理信息系统(GIS)是一种计算机信息系统,用于获取、存储、处理、查询、分析及显示地理数据。在 GIS 众多功能中,制图一直是它的一项主要功能。本章的首要目的是演示如何借助 GIS 进行电脑制图。主要技巧包括空间与非空间(属性)数据的管理以及二者之间的联系。但是,GIS 远不只是一种制图工具,随着 GIS 软件功能越来越强大,界面越来越友好,它在空间分析中的应用越来越广。本章第二个目的是介绍 GIS 的一些基本空间分析工具。

鉴于 ArcGIS 在教育、商业及政府机构中的广泛应用,本书采用它作为主要的软件平台来完成 GIS 任务。除非特别说明,本书所有 GIS 操作都是基于 ArcGIS 9.0。各章结构的安排类似:先从基本概念着手,介绍主要的空间分析或数量方法,然后用案例逐步讲解,使读者熟练掌握刚刚介绍的有关方法。

本章第 1.1 节简要介绍 ArcGIS 中的空间及属性数据管理。第 1.2 节为案例 1A,通过绘制一个县域人口密度分布图来演示基于 GIS 作图的基本过程。第 1.3 节介绍 ArcGIS 中基本的空间分析工具,包括空间查询、空间连接、地图叠加等。第 1.4 节为案例 1B,演示了一些空间分析工具。我们研究时,常常需要从现有数据中,摘取部分地区作为研究区。在高级空间统计分析中,如空间聚类和空间回归分析时,我们往往要用多边形邻接矩阵来定义空间权重(参见第九章)。案例 1B 同时也介绍了如何提取研究区的空间数据、如何生成多边形邻接矩阵。

本书假设读者具有初级 GIS 知识。本章不会涵盖 ArcGIS 所有的功能,而只是回顾 ArcGIS 的主要功能,给读者一个"热身赛",以便引导读者继续学习后面章节中的一些高级空间分析方法。

## 1.1 ArcGIS 中的空间和属性数据管理

因为本书选择 ArcGIS 作为主要的软件平台,所以有必要简单介绍一下它的主要模块及功能。ArcGIS 是美国环境系统研究所(ESRI)2001年发布的一种基于图形界面(GUI)的软件平台,用以代替以前基于命令行的 ArcInfo。ArcGIS 包括 3 个主要模块:ArcCatalog、ArcMap 和 ArcToolbox。ArcCatalog 用于查看、管理空间数据文件;ArcMap 用于显示、分析、编辑空间及属性数据;ArcToolbox 整合了各种数据管理和数据分析工具箱,包括地图投影管理、数据格式转换以及实现早期的 ArcInfo 命令。在 ArcGIS9.0 中,ArcToolbox 可以从 ArcMap 或 ArcCatalog 界面中激活。大部分(但不是全部)早期 ArcInfo 命令都可以在 ArcGIS 中实现。对于有些一般人不常用的命令或功能,我们作空间分析还是用的较多,仍然需要用到 ArcInfo 的命令行界面。例如,在附录 1 中讨论了如何用 ArcInfo 工作站(Workstation)来读取、输出 ASCII 文件。第二章中的案例 2 介绍了如何用 ArcInfo 工作站来计算路网距离。

### 1.1.1 地图投影及空间数据模型

GIS 不同于其他信息系统的一个显著特点是它能够管理地理或空间(区位)数据。为了理解这一点,我们需要具备地理坐标系统的基础知识,例如,我们需要了解经纬度及用 x、y 坐标在各种平面坐标系上的表示方法。将地球的椭球表面转换为平面,或在不同平面坐标系之间进行转换的过程称为地图投影。在 ArcGIS 中,ArcMap 会自动地将不同坐标系的数据转化为最先添加的图层坐标系,这个过程一般称为即时投影变换(on-the-fly reprojections)。但是,如果数据量较大的话,这个过程可能会花很多时间。所以,同一个项目里面的所有图层最好用同一种投影。美国常用的投影有两种:通用横轴墨卡托投影(UTM)和州平面坐标系统

(State Plane Coordinate System,简称 SPCS)。严格来说,SPCS 并不是单一的一种投影,它可能使用三种投影中的一种:兰伯特等角圆锥投影(Lambert Conformal Conic)、横轴墨卡托投影(Transverse Mercator)、斜轴墨卡托投影(Oblique Mercator)。为了尽量减少变形,南北向长条形的州或地区使用横轴墨卡托投影,东西向长条形的州或地区使用兰伯特等角圆锥投影。有些州(如阿拉斯加、纽约州)可能用不止一种投影。更多内容,读者可以参阅 ESRI 公司 ArcGIS 光盘上的"理解地图投影"PDF 文件。

在 ArcGIS 中查看空间数据图层的投影,可以在 ArcCatalog 中点击该图层,然后选择 Metadata>Spatial,或者在 ArcMap 右键单击图层,依次选择 layer>Properties>Source。

在 ArcToolbox 中进行投影相关操作的办法为:依次点击 Data Management Tools>Projections and Transformations,在投影与变换工具箱(Projections and Transformations)下,投影定义工具(Define Projection)将新建一个包含投影参数的投影文件(PRJ),或者矫正原来的错误投影定义。投影定义工具只是标记地理数据的正确坐标系统,空间数据的坐标本身不会被改变。对于矢量空间数据,要改变空间数据的坐标,选择 Feature>Project,将坐标系统从一种投影转换到另一种投影,并生成一个新的图层。Project 工具中提供了如下一些选项:创建新坐标系统,使用一个现存的坐标系统,从一个地理数据中输入坐标系统。对于栅格数据,要改变空间数据的坐标,则选择 Raster>Project Raster。

GIS 可以处理矢量和栅格两种空间数据。在处理矢量数据时,GIS 用地理坐标来构建点、线、面等要素;在处理栅格数据时,GIS 借助按行列排列栅格单元来表征空间要素。栅格数据的结构比较简单,模型构造相对容易。社会经济应用中大多使用矢量数据,本书的大部分 GIS 应用也使用矢量数据。大部分商业 GIS 软件都提供了矢量、栅格数据的相互转换。在 ArcGIS 中,可以通过调用 ArcToolbox 中的转换工具(Conversion Tools)来实现。

ESRI 公司的早期 GIS 软件使用 coverage 数据模型。后来在开发

ArcView 软件包时,采用了 shapefiles 数据模型。在 ArcGIS 8 及以后的版本中,开始使用 geodatabase 模型,代表了空间数据模型的新趋势。新的 geodatabase 模型把要素的几何特征(空间数据)也当做一种属性数据来存储,而传统的 coverage 和 shapefiles 模型是将空间和属性数据分别存储。一般而言,社会经济分析中的空间数据和属性数据常常来自不同的渠道,在用 GIS 进行制图或分析之前,一个基本任务是把它们连接在一起。这就涉及下面要介绍的属性数据管理了。

### 1.1.2 属性数据管理及属性连接

GIS 数据分为两类,即空间数据和属性数据。空间数据表征地图要素的几何特征,属性数据则描述要素的一些非几何特征。属性数据往往以表格或表格文件的方式存储。Shapefile 属性表使用 dBase 数据格式,ArcInfo 工作站使用 INFO 格式,geodatabase 表格使用 Microsoft Access 格式。ArcGIS 也能够读取几种 ASCII 文本数据格式,包括逗号分隔和 tab 分隔的文本文件。附录 1 介绍了用 ArcGIS 输入、输出 ASCII 数据的方法。这种数据转换是非常重要的操作,因为有的研究还需要用其他软件(如 SAS)进行统计或高级的计算分析,或者自己编写一些程序来完成复杂的数量分析任务,这都涉及如何准备或利用 ASCII 文本数据。

基本的数据管理任务,有些用 ArcCatalog 或 ArcMap 都可以实现,而有些必须用其中的一种。例如,新建数据表或删除、拷贝一个数据表都只能在 ArcCatalog 中实现(前面我们曾提到,ArcCatalog 可以用于查看和管理 GIS 数据文件)。数据表的创建过程为:右键单击将要在里面创建数据表的文件夹,选择 new 即可。而要删除或拷贝数据表,只要在 ArcCatalog 中右键单击该数据表,然后单击 Delete(或 Copy)即可。

如果要在一个数据表中新增一个变量(可能是在 shape 文件属性表或 dBase 文件中新增一列或是在 ArcInfo 工作站的 INFO 文件中新增一项),ArcCatalog 和 ArcMap 都可以做到。删除 INFO 文件中的某一项也可以任选 ArcCatalog 或 ArcMap 之一来完成;但是,删除 dBase 文件中的一列则只能用 ArcMap 来实现。例如,在 shape 文件属性表中新增一列,可以用 ArcCatalog 来实现,即右键点击 shape 文件＞Properties＞Fields,在空白行里面输入新建列的名字,并定义数据类型即可。在 ArcMap 中,则要先打开数据表＞Options＞Add Field。在 ArcMap 中删除一列,可以打开数据表,然后右键单击该列,然后选 Delete Field 即可。如果要进行列之间数据的运算,可以用 ArcMap:打开数据表＞右键单击列＞Calculate Values。此外,在 ArcMap 中,可以通过右键单击列,然后选择 Statistics 来得到一些基本的统计参数。

在 GIS 中,我们常常使用的属性连接,是基于某一个相同列(公共标签)将两张表的信息连接在一起。被连接的表可能是一个与特定地理数据库有关的属性表,也可能是一个独立的数据表。在进行属性连接时,公共标签的名字可以不同,但它们的数据类型必须匹配。数据表之间的连接关系有多种:一对一、多对一、一对多、多对多。一对一或多对一连接是通过 ArcGIS 中的 join 来完成的。但是,一对多或多对多连接则不能用 join 来实现,这需要用 ArcGIS 中的 relate 来关联两张表,这两张表在关联的同时是各自独立保存的。在进行关联时,是从一张表中选取一条或多条记录,然后从另一张表中选取对应的记录关联。表 1.1 对比了上述的连接和关联的不同用处。

表 1.1 数据表间的连接和关联

| 关系 | 对应 | ArcGIS 中的工具 |
| --- | --- | --- |
| 一对一 | 目标表中的一条记录 → 源数据表中的一条记录 | 连接(Join) |
| 多对一 | 目标表中的多条记录 → 源数据表中的一条记录 | 连接(Join) |
| 一对多 | 目标表中的一条记录 → 源数据表中的多条记录 | 关联(Relate) |
| 多对多 | 目标表中的多条记录 → 源数据表中的多条记录 | 关联(Relate) |

连接或关联是通过 ArcMap 来实现的。在地图目录中,右键单击空间数据或目标表格,然后依次选择 Joins and Relates＞Join(或 Relate),

然后，在连接数据对话框中选择"Join attributes from a table"（属性连接）。连接只是暂时的，并不会新建数据表，如果退出项目时不保存的话，下次再打开时连接就没有了。可以把连接后的结果输出为新的图层或数据表，从而永久地保存。

一旦属性信息连接到空间图层，我们就可以用 ArcGIS 方便地制图了。在 ArcMap 中，右键单击图层，选择 Properties，在弹出的对话框中选择 Symbology。在这里，我们可以选取某一列指标来绘制地图，选择显示的颜色和图例，设置显示的模板等等。地图要素（比例尺、指北针、图例）可以从主菜单中选 Insert 插入。

## 1.2 案例 1A：绘制俄亥俄州库亚霍加县人口密度图

对于那些不太熟悉 GIS 技术的，如果能够通过简单地点击几下鼠标，就可以绘制一张精美的地图，那很快就尝到了 GIS 的甜头，克服了对 GIS 复杂性的神秘感。本节通过一个例子来演示如何在 GIS 中连接空间和非空间信息，然后绘制地图。在接下来的操作中，我们将演示第 1.1 节里面介绍的大部分功能。

开始一个 GIS 项目之前，先要收集相关数据。许多情况下，我们都可以找到一些现存的数据。美国人口普查局发布的 TIGER 文件（Topologically Integrated Geographical Encoding and Referencing）及十年一度的人口普查数据，是美国社会经济应用研究中所需空间数据和属性数据的主要来源。这两种数据都可以从普查局的网站下载（www.census.gov）。熟练的 ArcGIS 用户可以直接下载 TIGER 数据，然后用 TIGER 转换工具提取所需空间数据。依次点击 ArcToolbox 里面的 Coverage Tools＞Conversion＞To Coverage＞Advanced Tiger Conversion（或 Basic Tiger Conversion）即可激活 TIGER 转换工具。转换过程可能会花些时间，而转换之后的数据可能还需要进一步的加工。

所幸的是,一些网站提供了业已处理好的 ArcGIS 格式(shapefiles 或 coverage)的 TIGER 空间数据下载服务。ESRI 发布 ArcGIS 软件时,附送有包含这些数据的光碟。如果空间数据是交换格式(e00)的,则可以很方便地在 ArcToolbox 或 ArcCatalog 中进行转换:依次点击:ArcToolbox＞Coverage Tools＞Conversion＞To Coverage＞Import from Interchange File,或者是 ArcCatalog＞View＞Toolbars＞Arcview8x Tools,然后点击 Conversion Tools＞Import from Interchange File。在下面的案例中,我们将直接使用从 ESRI 网站下载的 shapefile 空间数据。

尽管读者可以自己下载数据,但为方便起见,本书光盘中提供了所需数据:

① shape 文件:tgr39035trt00;

② dBase 文件:tgr39000sf1trt.dbf。

在本书中,所有计算机文件、变量名以及某些程序中将要用到的命令行都用 Courier New 字体。

下面是分步介绍的操作过程:

1. 下载空间数据

登录 ESRI 公司的网站,进入到 2000 年人口普查 TIGER/Line Data 页面:http://www.esri.com/data/download/census2000_tigerline/。选择 Ohio 州 Cuyahoga 县,下载 2000 的普查小区数据,为压缩后的 shape 文件。解压后得到名为 tgr39035trt00 的 shapefile 图层。在 tgr39035trt00 这个文件名中,tgr 表示它来源于 TIGER 文件,39 是州的 FIPS 编码,035 是县的编码,trt00 表示 2000 年的普查数据。Shapefile 图层至少包含 3 个文件:.dbf、.shp、.shx。有些还包括其他一些文件如.prj、.sbx、.avl、.xml。为方便起见,本书余下部分一律用"shapefile"指代一个 shapefile 图层所有文件。

2. 转换到 UTM 投影

在 ArcCatalog 中,查看 shapefile 文件 tgr39035trt00 的投影,发现它使用的是地理坐标系。在 ArcToolbox 中,依次选择 Data Management Tools＞Projections and Transformations＞Feature＞Project,激活投影变换对话框。在对话框中,选择 tgr39035trt00.shp 作为输入数据,将输出数据命名为 cuyautm.shp。定义输出坐标系统(UTM,zone 17,units meters)比较烦琐,在这里,我们从一个现存的数据集中提取投影参数,以此定义输出的坐标系统:点击"Output Coordinate System"旁的图标,激活空间参照属性对话框＞Import＞选 clevspa2k。图 1.1 为本任务的对话框。点击 OK 执行任务。

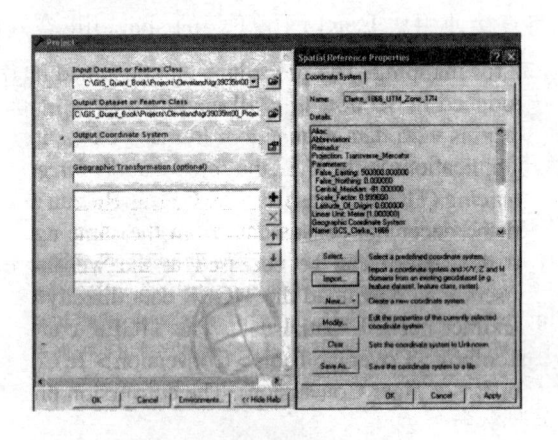

图 1.1　空间数据投影对话框

3. 计算 shapefile 文件中面要素的面积

在 ArcMap 中(本书中除非特别说明,ArcMap 是我们 ArcGIS 的默认工作环境),打开 cuyautm 的属性表,右键单击 Options 按钮,选择 Add Field,新增一列 area,设置数据类型为双精度(Double)。右键单击列 area,选择 Calculate Values 以计算面积。在对话框中,点击 Advanced,在第一个文本框中输入下述 VBA 命令:

Dim dblArea as double

Dim pArea as IArea

Set pArea=[shape]

dblArea=pArea.area

## 第一章　ArcGIS 入门：数据管理及基本的空间分析工具　11

在第二个文本框，即 area= 下面的文本框中输入 dblArea。点击 OK 计算面积。图 1.2 为计算面积的对话框示例。

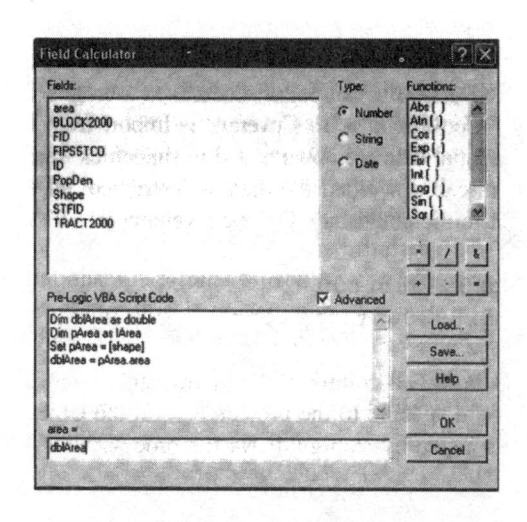

图 1.2　计算 shapfile 文件面积的对话框

需要说明的是，在更新的 ArcGIS 版本（如 9.2）中，计算面积很简单：右键单击列新增的列 area，选择 Calculate Geometry，然后在对话框中的 Property 项选 Area、Units 项选 Square Meters［sq m］以计算面积。

4. 下载属性数据

属性数据可以从上面同一个网站下载，选择 2000 census tract demographics（SF1）即可。属性数据 tgr39000sf1trt.dbf 是整个俄亥俄州的数据，为 dBase 格式，SF1 表示 Summary File 1（即基于普查短表的 100％普查的汇总数据）。这里的 dBase 文件并不包含所有的普查变量。如要获取完整的普查数据，可以访问美国 2000 年人口普查网站：http://www.census.gov/main/www/cen2000.html。处理 SF1、SF3 等文件时，需要理解 2000 年人口普查数据的结构，并要用到一些数据分析软件如 SAS、Access。SF3 是基于普查长表的 1％抽样数据。

5. 提取库亚霍加（Cuyahoga）县的属性数据

在 ArcMap 中，添加并打开表 tgr39000sf1trt.dbf。点击表右下角的选项按钮(Options)>选择 Select by Attributes>输入 SQL(结构查询语言)语句:county='035' 并按 Apply,执行查询(第 1.3 节介绍了更多关于 ArcGIS 的查询操作)。所有库亚霍加县的数据将被选中。点击 Options 键,将结果输出(Export)名为 cuya2k_popu.dbf 的文件。如果愿意,可以把该文件中多余的数据列删去,只保留我们需要的 STFID 和 POP2000 两列。

这一步其实可以省略。也就是说,我们可以跳过第 5 步,直接用第 6 步将表 tgr39000sf1trt.dbf 连接到图层 cuyautm 上,所得结果将自动去掉其他县的数据。这里设计这一步是为了让读者练习属性查询这一功能。

6. 连接空间数据和属性数据

右键单击图层 cuyautm>Joins and Relates>Join,基于公共标签 STFID 将表 cuya2k_popu.dbf 连接到 cuyautm。STFID 是每个普查小区的唯一标志码,包含州(2 位数)、县(3 位数)及普查小区(6 位数)的编码。图 1.3 显示了空间数据和属性数据的连接方式及与地图要素的关系。

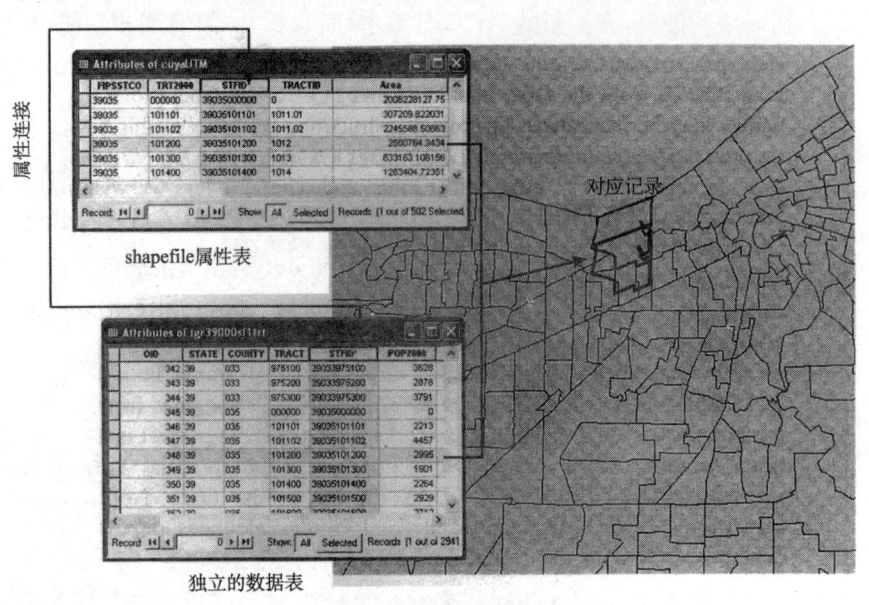

图 1.3 ArcGIS 中的属性连接

## 7. 添加并计算人口密度

右键单击图层 cuyautm,选择 Open Attribute Table,打开属性表以检查连接结果。在连接后的表中,列的名称由两部分组成,第一部分为源表名,第二部分为列名。例如,cuyautm.area 表示该列来源于 cuyautm 属性表中的 area 变量,tgr39000sf1trt.STFID 表示来源于 tgr39000sf1trt.dbf 中的 STFID(变量名过长时会自动截短)。在本书后续讲解(例如计算公式、表连接等操作)中,除非为了强调,当我们提到列名称时,将省略源表名。

单击 Options 按钮> Add Field,新增一列 popuden,此列将显示在 cuyautm 属性表的最后,但位于表 cuya2k_popu.dbf 第一列之前。右键单击列 popuden,选择 Calculate Values,输入公式 1000000 * [POP2000]/[area]。在公式中,POP2000 和 area 都是通过直接双击最上面对话框中的列名称来实现的,这样既可以节省时间,也可以减少直接输入变量名可能出现的错误。在本书后续讲解中,为简单起见,我们只列出计算公式如 popuden=1000000 * POP2000/area。注意到地图投影的单位是米,而人口密度的单位为每平方公里的人口数,所以我们公式中乘上了 1000000。

## 8. 绘制人口密度图

右键单击图层 cuyautm> Properties> Symbology> Quantities> Graduated Colors,基于 popuden 绘制人口密度图。我们可以尝试不同的分类方法、分类数及色彩方案。在主菜单中,选择 View>Layout View 来预览地图。在主菜单中,选择 Insert>Legend(Scale Bar, North Arrow 等),可以插入比例尺、指北针等地图要素。

图 1.4 为研究区内的人口密度图,北部的那一大片空白区域为伊利湖。本图中的人口密度分级是作图者自己定义的。

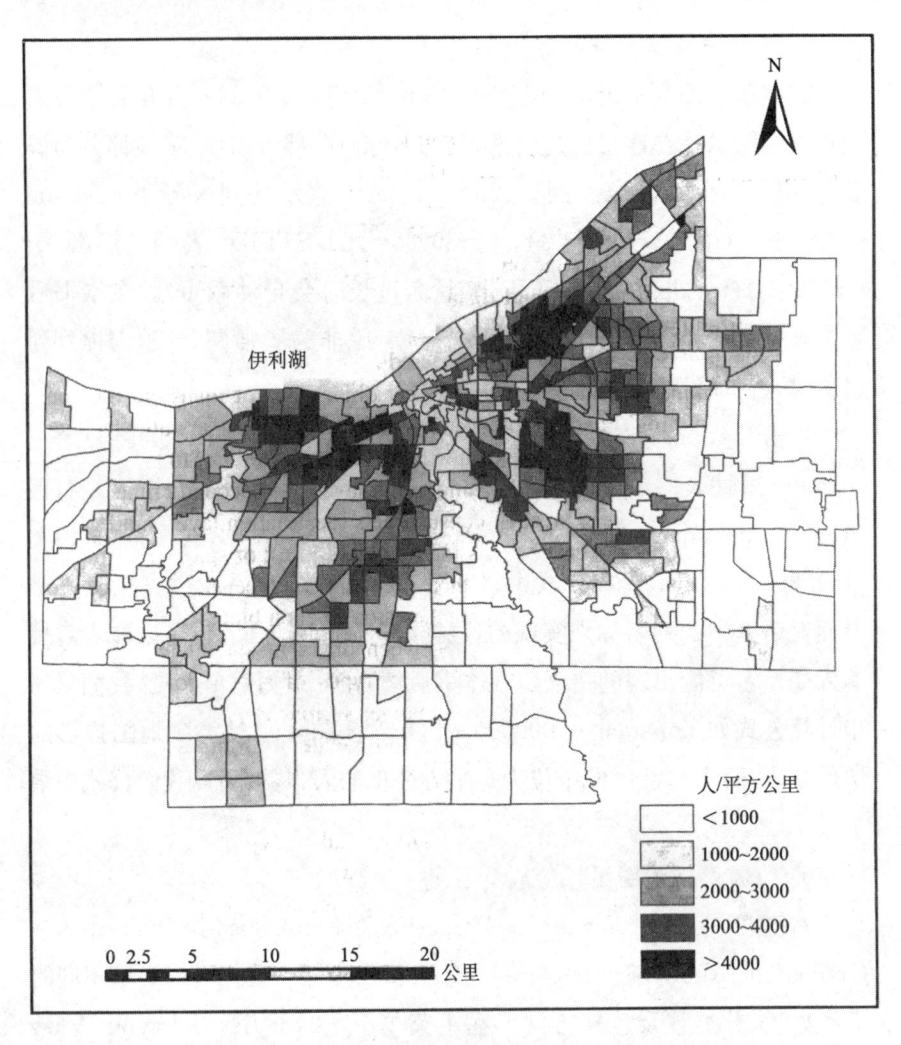

图 1.4　2000 年俄亥俄州库亚霍加县人口密度分布

## 1.3　ArcGIS 中的空间分析工具：查询、空间连接、地图叠加

许多空间分析任务需要利用空间要素之间的位置关系，包括查询（queries）、空间连接（spatial joins）及地图叠加（map overlays）。这三种

都是空间分析的基本工具。

查询包括属性(非空间)查询和空间查询。属性查询是基于属性表来提取该表中的属性信息以及对应的图层中的空间要素。在ArcMap中进行属性查询，有两种办法：①从主菜单中选择Selection by Attributes；②在一个打开的属性数据表中，选择Options按钮＞Selection by Attributes。两种方法都是基于属性变量，用SQL查询语句来选择空间要素(或只是简单地从一个独立的属性表中选取若干条记录)。案例1A第5步中已经用到了这个功能。在主菜单的Selection菜单下，另有一个选项为交互式选择方法(Interactive Selection Method)，就是用鼠标在屏幕(地图或属性表)上选择要素。

与其他信息系统相比，GIS的一个独特之处在于它的空间查询能力，即能够基于不同图层要素之间的位置关系进行信息查询。主菜单Selection菜单下有一个Selection by Location选项，它可以基于一个图层中的要素与另一个图层中的要素之间的位置关系进行查询。可供查询的空间位置关系包括相交(intersect)、在一定距离内(are within a distance of)、完全包含(completely contain)、完全在范围之内(are completely within)，等等。

查询(属性查询或空间查询)所得结果可以输出为新的数据文件：①用右键单击源图层，然后选择Data＞Export Data，可以将查询所得空间要素输出为新的图层文件；②单击数据表中的Options按钮＞Export，可以将结果保存为数据表。

属性连接是基于两表的共同列进行的，而空间连接是基于两个图层空间要素的位置关系如重叠、近邻等来完成的。我们用源图层和目标图层来区分不同图层在空间连接时的作用相异：源图层的属性经过空间连接后就转换到目标图层中了。如果源图层中的一个对象对应于目标图层中的一个或多个对象，则是一个简单的空间连接(simple join)。例如，将县域多边形图层(源图层)空间连接到学校位置(目标图层)的点图层，县图层的属性(如FIPS编码、县名、县长名)就转到那些落入县域边界内的学校。如果源图层的多个对象对应于目标图层的一个对象，就可能进行两种操作：汇总连接(summarized join)和距离连接(distance join)。汇总连接是指将源图层的数值属性进行汇总后(例如取平均值、求和、最小值、最大值、标准差、方差)再将结果添加到目标图层中。距离连接是从源图层所有要素中寻找一个距离目标图层的要素最近的要素，然后将它的属性及距离值(为两要素之间的距离)添加到目标图层中。例如，我们可以将各起犯罪事件(源图层为点要素)与普查小区(目标图层为面要素)进行空间连接，从而得到按普查小区汇总的犯罪数，这就是汇总连接；我们也可以将公交站点图层(源图层)与普查街区重心的点图层(目标图层)进行空间连接，从而得到距离每个普查街区重心最近的公交站点，这就是距离连接。

不同空间要素之间的连接方式多种多样(Price，2004：287-288)。表1.2是ArcGIS中各种空间连接的小结。与属性连接类似的是，空间连接是在ArcMap中实现：右键单击源图层＞选择Joins and Relates＞Join。在连接数据对话窗口中，选择"Join data from another layer based on spatial location"而不是"Join attributes from a table"，后者就是前面已经讲述的属性连接。

地图叠加可以广义地定义为任何综合不同图层、可能改变图层内各空间要素的分析方法。ArcGIS常用的地图叠加工具主要有：剪切(Clip)、相交(Intersect)、合并(Union)、缓冲区(Buffer)、多重缓冲区(Multiple Ring Buffer)。剪切是用一个图层的边界来截取另一个图层。相交是取叠加两图层的公共部分即交集。合并是取两个图层的并集。缓冲区是基于点、线或面状要素向外扩展一定的缓冲距离形成面状要素。多重缓冲区是基于多个距离同时生成一系列的缓冲区。在ArcGIS 9.0中，上述地图叠加工具分散在ArcToolbox＞Analysis Tools中的不同位置：剪切在Extract工具库中，相交、合并在Overlay工具库中，缓冲区、多重缓冲区在Proximity工具库中。本书用到的其他地图叠加工具还包括：删除(Erase，参见第1.4.2节第3步)、近邻(Near，参见第2.3.2节

第一章 ArcGIS 入门:数据管理及基本的空间分析工具　17

表 1.2　ArcGIS 中的空间连接类型

| 源图层(S) | 目标图层(D) | 简单连接 | 距离连接 | 汇总连接 |
|---|---|---|---|---|
| 点 | 点 | | 对 D 中的每个点,从 S 中寻找最近的点,并将这个最近的点的属性传给 D | 对于 D 中的每个点,从 S 中寻找那些距离该点比距离 D 中其他点近的点,并将 S 中这些点的属性汇总后传给 D |
| 线 | 点 | | 对 D 中的每个点,从 S 中寻找最近的线,并将该线属性传给 D | 对于 D 中的每个点,从 S 中寻找所有交于该点的线,并将这些线的属性汇总后传给 D |
| 面 | 点 | 对于 D 中的每个点,从 S 中寻找包含该点的多边形,并将该多边形的属性传给 D | 对 D 中的每个点,从 S 中寻找最近的多边形,并将该多边形的属性传给 D | |
| 点 | 线 | | 对 D 中的每条线,从 S 中寻找最近的点,并将该点的属性传给 D | 对于 D 中的每条线,从 S 中寻找所有该线相交或最近的点,并将这些点的属性汇总后传给 D |
| 线 | 线 | 对于 D 中的每条线(目标线),从 S 中寻找包含该目标线的源线,并将源线的属性传给 D | 对 D 中的每条线,从 S 中寻找最近的线,并将该线的属性传给 D | 对于 D 中的每条线,从 S 中寻找所有与该线相交的线,并将这些线属性汇总后传给 D |
| 面 | 线 | 对于 D 中的每条线,从 S 中寻找完全包含这条线的多边形,并将该多边形属性传给 D | 对 D 中的每条线,从 S 中寻找最近的多边形,并将该多边形的属性传给 D | 对于 D 中的每条线,从 S 中寻找所有与该线相交的多边形,并将这些多边形的属性汇总后传给 D |

续表

| 源图层(S) | 目标图层(D) | 简单连接 | 距离连接 | 汇总连接 |
| --- | --- | --- | --- | --- |
| 点 | 面 | | 对D中的每个多边形,从S中寻找最近的点,并将该点的属性传给D | 对于D中的每个多边形,从S中寻找所有落入该多边形的点,并将这些点的属性汇总后传给D |
| 线 | 面 | | 对D中的每个多边形,从S中寻找最近的线,并将该线的属性传给D | 对于D中的每个多边形,从S中寻找所有与该多边形相交的线,并将这些线的属性汇总后传给D |
| 面 | 面 | 对于D中的每个多边形(目标多边形),从S寻找那些完全包含目标多边形的源多边形,将源多边形的属性汇总后传给D | | 对于D中的每个多边形,从S中寻找所有与该多边形相交的多边形,并将这些多边形的属性汇总后传给D |

2步)、点距离(Point Distance,参见第2.3.1节第2步)、边界合并(Dissolve,参见第4.3.1节第2步)、附加(Append,参见第4.3节)等。

有读者可能已经注意到空间查询、空间连接及地图叠加之间的相似之处。事实上,许多空间分析任务可以用这三种方法中的任何一种来实现。表1.3列出了它们之间的区别。空间查询只是寻找并显示所需信息,它本身并不创建新的图层(除非我们将选中的要素输出成新的文件)。空间连接总是将连接结果保存为一个新的图层。空间连接与地图叠加有重要区别。空间连接只是识别输入图层空间要素之间的位置关系,它并不改变原来的空间要素,也不创建新的要素。在地图叠加过程中,一些输入要素被分割、融合或删除,以创建一个新的图层。地图叠加比空间连接的运算时间长,而空间连接的运算时间又比空间查询长。

表1.3 空间查询、空间连接和地图叠加的对比

| 基本空间分析工具 | 功能 | 是否创建新的图层 | 是否生成新的空间要素(点、线、面) | 运算时间 |
| --- | --- | --- | --- | --- |
| 空间查询(spatial query) | 基于不同图层要素之间的位置关系进行信息查询,然后显示在屏幕上 | 否(除非将选中的要素输出为新的数据文件) | 否 | 最少 |
| 空间连接(spatial join) | 根据不同图层要素之间的位置关系,将源图层要素的属性数据综合处理后传给目标图层 | 是 | 否 | 介于其间 |
| 地图叠加(map overlay) | 将不同图层叠加以生产新的要素,并将结果保存为新的图层 | 是 | 是(分割、融合或删除一些要素,创建新的要素) | 最多 |

## 1.4 案例1B:提取克利夫兰市的普查小区、分析多边形的邻接关系

本例将用到随书光盘中的如下数据:

① shapefile 文件 cuyautm：俄亥俄州库亚霍加(Cuyahoga)县的所有普查小区；

② coverage 图层文件 clevbnd：俄亥俄州克利夫兰(Cleveland)市的边界。

光盘中的所有 coverage 文件都是 ArcInfo 交换文件格式(.e00)，需要先进行格式转换：选择 ArcToolbox 的 Coverage Tools＞To Coverage＞Import From Interchange File。这里的 shapefile 文件 cuyautm 是案例 1A 所得结果，但为了方便，光盘中也提供了这个数据，以便读者可以独立于案例 1A 进行下面的操作。Coverage 文件 clevbnd 是从网上下载的。

### 1.4.1 提取克利夫兰市的普查小区

很多情况下，GIS 使用者需要从一个较大区域中提取一部分作为自己的研究区。下面我们要做的就是从库亚霍加县中提取克利夫兰市的普查小区。将两个图层叠加后发现，clevbnd 的边界跟 cuyautm 边缘处的普查小区边界不完全重合。Cuyautm 包含更多的地理细节，clevbnd 的边界比较粗略。虽然二者的边界不完全一致，但 Cuyautm 中各普查小区的质心都落在 clevbnd 边界之内。我们的目的就是要找到 cuyautm 图层中那些落入 clevbnd 边界之内的小区质心，以此提取克利夫兰普查小区的多边形图层。如果我们只是简单地用 clevbnd 的边界来剪切 cuyautm，将会丢失 cuyautm 中一些小区的地理细节。

1. 生成库亚霍加县内的普查小区质心

激活 ArcToolbox＞选择 Data Management Tools＞Features＞Feature To Point。在弹出的对话框中，选择 cuyautm 作为输入要素，将输出要素命名为 cuya_pt，并选中 Inside 的选项。得到的 shapefile 文件 cuya_pt 就是县域内的普查小区质心。

2. 提取市区内的普查小区质心

右键单击目标图层 cuya_pt，选择 Joins and Relates＞Join。在对话

# 第一章 ArcGIS入门：数据管理及基本的空间分析工具

框中，选择"空间连接"(Join data from another layer based on spatial location)，设置源图层(source layer)为 clevbnd polygon，连接选项为 it falls inside(cuya_pt 的点在 clevbnd 内的)，将输出结果命名为 tmp1。图 1.5 为空间连接对话框示意图。打开 tmp1 的属性表可以看到，对于市内的普查小区，clevbnd_id=1，而克利夫兰边界之外的普查小区，clevbnd_id=0。

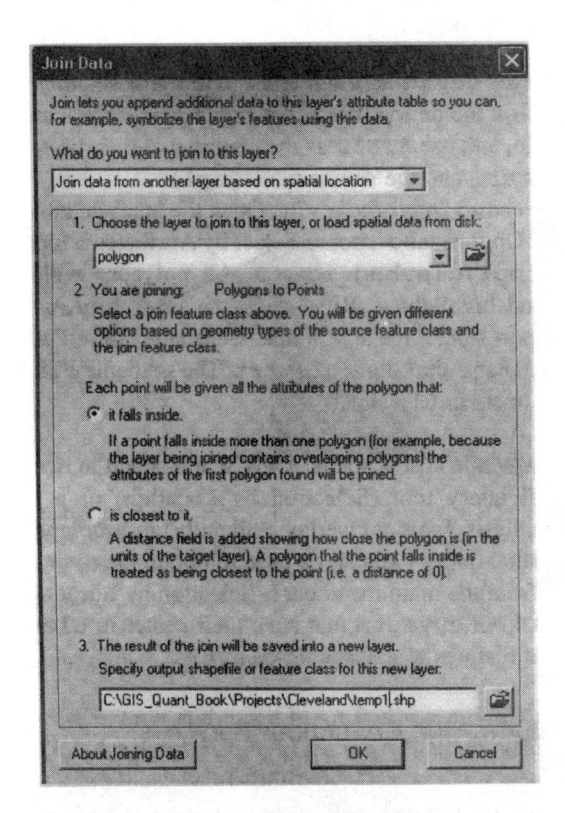

图 1.5　空间连接对话框

3. 将普查小区质心信息添加到多边形图层

添加 cuyautm 图层，右键单击图层并选择 Joins and Relates>Join>选择"属性连接"(Join attributes from a table)，用 tmp1 作为源数据表，选 STFID 为连接关键词(目标图层 cuyautm 和源图层 tmp1 都以此为关

键词)。

4. 提取市区内的普查小区

打开 cuyautm 的属性表＞单击 Options 标签＞选择 Select by Attributes＞设置选择标准 tmp1.clevbnd_id=1。所有在市内的多边形将被选中并加亮。右键单击图层 cuyautm，并选择 Data＞Export Data，需要注意的是，最顶端 Export 一览中为 Selected features(只输出选中的要素)，将输出结果命名为 clevtrt。所得 shapefile 文件 clevtrt 为克利夫兰市的所有普查小区。

上面我们用到了空间连接。正如第 1.3 节中介绍的那样，我们也可以用空间查询(Selection by Location)，或地图叠加工具(ArcToolbox＞Analysis Tools＞Overlay＞Identity)来完成上述任务。例如，用空间查询的方法为：在主菜单中，点击 Selection＞Selection by Location＞使用查询条件 select features from cuyautm that have their center in clevbnd polygon＞将所得结果输出为 shapefile 文件 clevtrt。

### 1.4.2　识别邻接多边形

空间分析中，定义多边形邻接矩阵是一项非常重要的任务。例如在第九章基于面单元的空间聚类和空间回归时，我们用邻接矩阵来定义空间权重，从而分析空间自相关。多边形之间的邻接包括两种：① R 邻接(rook contiguity)，也称边邻接，即两个多边形有一段共同的边界；② Q 邻接(queen contiguity)，也称广义邻接，指两个多边形有共同点或边时即为邻接多边形(Cliff and Ord, 1973)。对于 R 邻接，我们可以用 ArcInfo 工作站里面的 PALINFO 命令来得到多边形邻接矩阵。下面的案例介绍如何实现 Q 邻接来定义的邻接多边形。通过这个实验，我们依次演示第 1.3 节中介绍的空间分析工具。

这里我们以一个普查小区为例，寻找它的邻接多边形。与第 1.4.1 节中第 4 步类似，从 clevtrt 图层中选取 TRACTID ='1038' 的普查小区，并将其输出成名为 zonei 的 shapefile 文件。下面将基于 Q 邻接来寻找 zonei 的邻接小区。图 1.6 显示了抽样小区周边普查小区的 TRACTID 值。基于 Q 邻接，普查小区 1038 共有 6 个邻接普查小区（1026、1028、1029、1035、1036 和 1039）。如果是基于 R 邻接，它邻接多边形则不包括普查小区 1028。

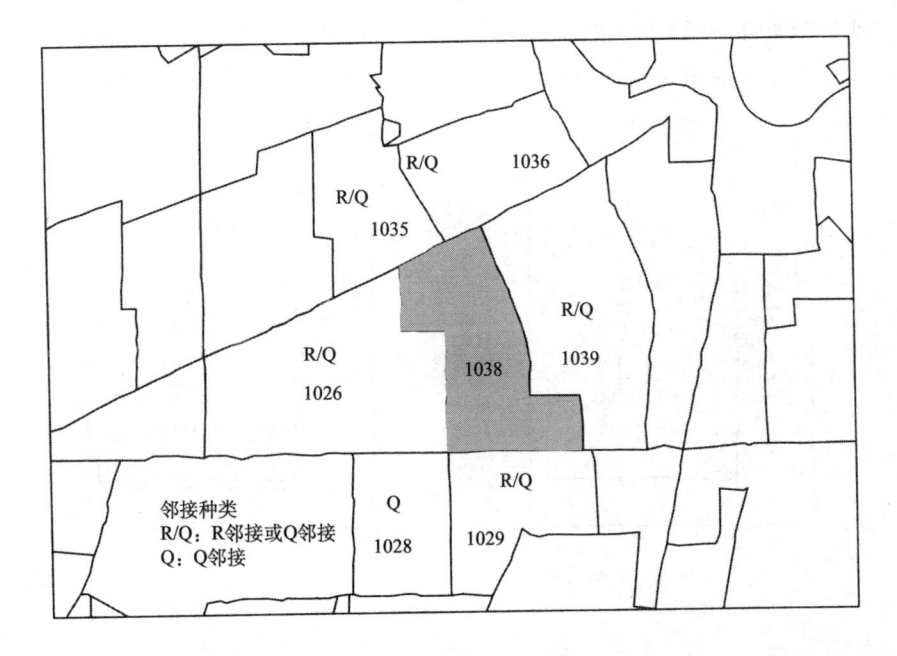

图 1.6　R 邻接与 Q 邻接

下面是识别 zonei 的邻接小区的具体过程。

1. 生成缓冲区

在 ArcToolbox 中，选择 Analysis Tools＞Proximity＞Buffer。以一个较小的距离（如 30 米）在 zonei 周边做一个缓冲区，将结果输出名为 zonei_buff 的文件。缓冲区的距离必须大于模糊容差（对于这里的 zonei，模糊容差大约为 1 米），但也要足够小，以避免超出与它直接相邻的多边形的范围。

2. 从研究区中剪切缓冲区

在 ArcToolbox 中，选择 Analysis Tools＞Extract＞Clip。选择 clevtrt

作为输入要素，zonei_buff 作为剪切要素，将输出结果命名为 zonei_clip。

3. 提取邻接多边形

在 ArcToolbox 中，选择 Analysis Tools＞Overlay＞Erase。选取 zonei_clip 作为输入要素，zonei 作为删除要素，将输出结果命名为 zonejs。所得的 shapefile 文件 zonejs 包含了 zonei 基于 Q 邻接的所有邻接小区。

图 1.7 演示了操作过程。图层 zonei 只包含一个普查小区即 1038。

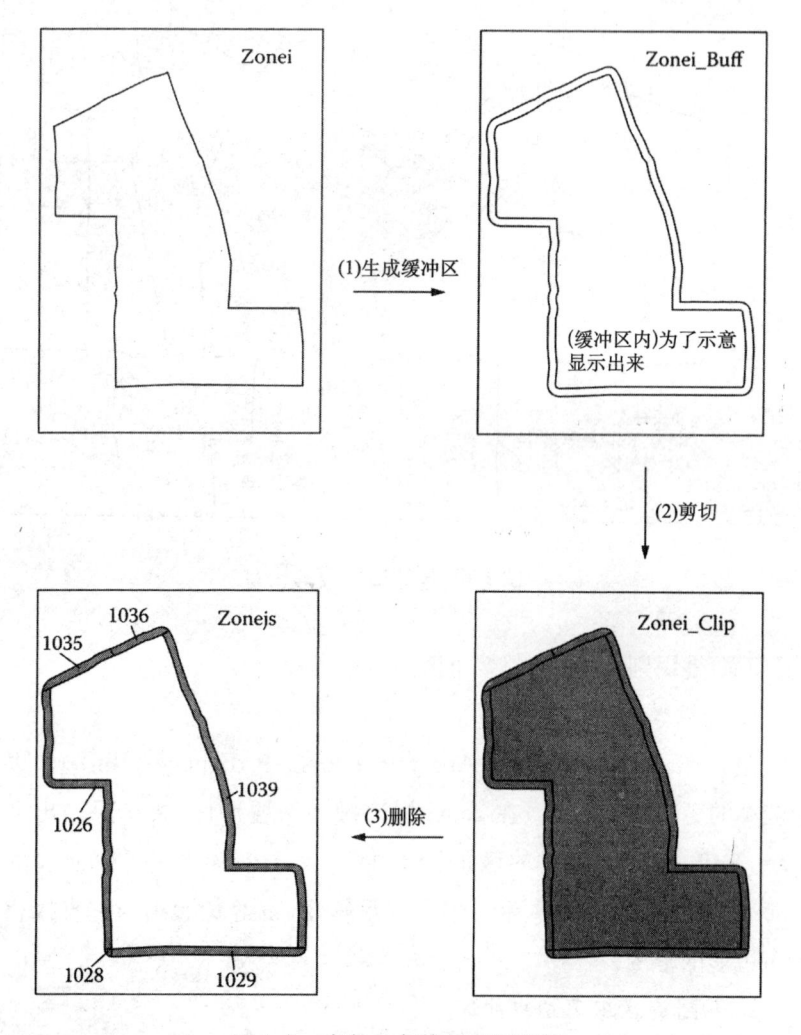

图 1.7　确定 Q 邻接的工作流程

所得缓冲区 zonei_buff 只包含一个多边形(在图 1.7 中,缓冲区里还显示出一个稍小的多边形,这是普查小区 1038 本身,这里显示出来只是为了示意)。用缓冲区剪切研究区得到 zonei_clip,包括普查小区 1038 一共 7 个多边形。通过删除操作可以从 zonei_clip 中去掉原来的普查小区 zonei。所得结果 zonejs,包含 6 个普查小区(图 1.7 中给出了各自的 TRACTID 值)。

生成研究区所有多边形的邻接矩阵,需要对所有普查小区循环进行上述操作。我们在光盘中提供了一个 AML(Arc Micro Language)程序 Queen_Cont.aml 来实现这个任务,该程序是基于沈清(Shen,1994)的工作开发的。

最后,我们可以用 ArcCatalog 删除不需要的文件,以节省存储空间。我们可以只保留 cuyautm、cuya_pt 和 clevtrt 三个图层即可,后续章节中将用到这三个图层。

## 1.5 小　　结

本章介绍的 GIS 及空间分析技能,主要包括如下几点:
① ArcGIS 中的空间数据格式及格式转换;
② 地图投影及投影变换;
③ 属性数据管理(创建、编辑、删除数据库及数据列);
④ 属性连接(包括属性数据与空间数据的连接);
⑤ 绘制属性地图;
⑥ 空间连接;
⑦ 属性查询与空间查询;
⑧ 地图叠加操作(剪切、缓冲区、相交、合并、删除)。

其他重要的操作还包括:从公共资源(主要是万维网)中查找空间及属性数据,计算 shapefile 文件中多边形的面积,从多边形图层中提取质心来创建一个点图层。后续章节将用到上述技能。

本章也介绍了一些基本概念如数据表之间的各种关系(一对一、多对一、一对多、多对多)，各种空间连接，空间查询，空间连接与地图叠加之间的区别。

读者如果想进行更多的基于 GIS 的制图练习，可以下载某个自己熟悉地区的普查数据和 TIGER 数据，然后绘制该地区的一些人口统计属性(人口、种族、年龄、性别等)和社会经济变量(收入、贫困状况、教育水平、家庭结构、住房属性等)。

## 附录 1 用 ArcGIS 输入、输出 ASCII 文件

小的 ASCII(文本)格式的数据文件很容易转换成 ArcGIS 可以识别的格式。一般来说，我们可以用 Microsoft Excel 来打开文件，在最顶端添加一行来作为列名，并将其保存为 CSV 文件(逗号分隔的文本文件)。CSV 文件可以用 ArcGIS 读取。主要问题是，按这种方式处理时，没法控制每列数据的类型及格式。例如，在 ASCII 文件中，所有普查小区编码或 STFID 值看起来都是数值型(numeric)的。从 ASCII 文件转换过来的 CSV 文件自动地定义各列为数值型，从而使它很难与从 TIGER 文件提取的 GIS 图层进行连接，因为在 TIGER 图层中，这些列通常定义为字符型(character)。

怎样在 ArcGIS 中输出 ASCII 文件呢？在 ArcMap 中，我们可以打开一个数据表(可能是空间要素的属性数据表，也可能是一张独立的表)，选择 Options＞Export，将其输出成 dBase 格式的表格。然后，我们可以用 Microsoft Excel 打开 dBase 文件，再将其保存为 ASCII 文件。另外一种方法是，使用 ArcToolbox＞Spatial Statistics Tools＞Utilities＞Export Feature Attribute to Ascii，将要素坐标及所选属性值输出成空格、逗号或分号分隔的 ASCII 文本文件。但局限的是，我们每次只能输出一个变量(及要素的坐标)。

Microsoft Access 也常常用于属性数据管理，即输入、输出 ASCII

文件。

下面介绍如何用 ArcInfo 工作站来输入/输出大型 ASCII 文本文件。

① 将 ASCII 文件转换为 INFO 文件

  a. 在 ArcCatalog 中,打开将用于保存新文件的目录或工作空间(workspace),选择 File＞New＞INFO table 来创建一个新的 INFO 文件(比方说把文件命名为 ninfo),定义所有的列(名称、数据类型、数据格式)。

  b. 启动 ArcInfo 命令行界面:点击电脑的开始菜单＞ 程序＞ArcGIS＞ArcInfo Workstation＞Arc。输入 w …以切换到相应的工作目录(例如:w c:\Quant_GIS\proj1),输入 tables 以激活 TABLES 模块。

  c. 在 TABLES 模块下,输入 select ninfo 来选择刚刚新建的 IN-FO 文件。

  d. 假设 tfile 是需要转换的文本文件。输入 add from tfile 来添加所有数据。转换后的数据可以通过 list 命令来查看。

  e. 输入 quit 以退出 TABLES 模块,再输入 quit 以退出 ArcInfo 工作站。

② 将 INFO 文件或 ArcGIS 图层的属性表转换成 ASCII 文件

  类似地,我们可以把 INFO 文件或 ArcInfo 属性表(.PAT 或 .AAT)转换成 ASCII 文件,方法如下。

  a. 在 ArcInfo 工作站中,切换到相应的工作目录,输入 tables 来激活 TABLES 模块。

  b. 在 TABLES 模块中,输入 select ninfo(假设 ninfo 为文件名)来选中数据表。

  c. 输入 unload tfile1,将数据的所有各项输出成将命名为 tfile1 的 ASCII 文件。我们也可以自己设定需要输出的数据列:unload yfile item1 item2(即输出 item1 和 item2 两列);也可以设定输出数据列的格式,只要设置 COLUMNAR 选项即可,如:

unload yfile item1 item2 columnar。用 COLUMNAR 选项的一个好处是，输出的 ASCII 文件是以一定的空间分隔的，每列的所有记录占用空间相同，很整齐，正如 INFO 文件中定义的那样。如果没有设置 COLUMNAR 选项，UNLOAD 命令输出的结果为逗号分隔的 ASCII 文件，字符型数据列将自动在各数据栏上添加单引号("')。

# 第二章 距离和时间的测算

本章介绍空间分析中经常遇到的一个问题：测算距离和时间。空间分析归根结底是考察自然和人类活动在空间分布上的变化，换言之，即考察这些活动相对于参照位置随距离的变化。很多时候，一旦通过 GIS 测定了距离或时间，我们就可以在 GIS 环境之外开展进一步的研究，包括很复杂的数量分析。GIS 技术的不断进步和广泛应用使距离和时间的测算工作变得越来越方便。

距离和时间的估算任务贯穿全书。例如，在第三章的空间平滑和空间插值中使用距离来确定纳入计算的对象及其对计算影响的程度。在第四章服务区分析中，商店与消费者之间的距离（或时间）确定了距离消费者最近的商店以及居民到商店购物的频率。第五章可达性测量中，距离或时间是构建移动搜寻法和引力法的基础。第六章考察的是人口密度或土地利用强度从城市或区域中心向外随距离衰减的态势。在本书其他各章中也都会用到距离或时间的测算。

本章结构如下：第 2.1 节概略介绍各种距离度量；第 2.2 节介绍路网最短距离（时间）的计算方法及如何用 ArcGIS 来实现；第 2.3 节为方法示例，例子是计算中国东北地区各县与几大中心城市间的欧式距离和路网距离；第 2.4 节是本章的简要小结。

## 2.1 距离的测算

日常用到的距离包括欧式距离（Euclidean distance）、曼哈顿距离（Manhattan distance）和路网距离（network distance）。欧式距离是两点之间的直线距离，除非特别说明，本章提到的距离都是欧式距离。

在有 GIS 之前,我们全靠用数学公式来计算距离,计算的准确性有限,也受收集到的数据精度和所用计算公式的复杂性影响。如果研究区的地理范围较小(如一个城市或一个县域单元),直角坐标系下两个节点 $(x_1, y_1)$、$(x_2, y_2)$ 之间的欧式距离可以近似地表示为:

$$d_{12} = [(x_1-x_2)^2+(y_1-y_2)^2]^{1/2} \qquad (2.1)$$

如果研究区的范围较大(如一个州或一个国家),则需要计算大地距离(geodetic distance),要考虑到地球的曲面。两点之间的大地距离是假设地球为球形时两点之间的最大圆弧的长度。已知两点的地理经纬度坐标以弧度计为 $(a, b)$、$(c, d)$,它们之间的大地距离为:

$$d_{12} = r*a\cos[\sin b*\sin d+\cos b*\cos d*\cos(c-a)] \qquad (2.2)$$

这里,$r$ 为地球平均半径(约为 6367.4 km)。

正如其名,曼哈顿距离是度量那些路网类似纽约曼哈顿(正北正南直东直西)的距离。曼哈顿距离是 $x$ 和 $y$ 方向距离之和。欧氏距离是直角三角形中的弦,曼哈顿距离为勾、股之和。例如,直角坐标系下,两点 $(x_1, y_1)$、$(x_2, y_2)$ 之间的曼哈顿距离记为:

$$d_{12} = |x_1-x_2|+|y_1-y_2| \qquad (2.3)$$

与式(2.1)一样,式(2.3)定义的曼哈顿距离只在一个较小地区内(例如一个城市)才有意义。

路网距离是基于实际路网(如公路网、铁路网)的最短路径(或最短时间、最小成本)距离,将在第 2.2 节中详细讨论。如果是栅格形路网,可以用曼哈顿距离近似地代替路网距离。

在 ArcGIS 中,可以通过简单地点击 ("measure")工具来得到两点之间的欧式距离(或若干点之间的累计距离)。许多 ArcGIS 空间分析功能会顺带给出一些距离值。例如,第 1.3 节介绍的距离连接(空间连接法之一)给出了两个空间数据集合中不同要素之间的最短距离。在空间连接中,线或多边形之间的距离是线或多边形上的最近点之间的距离。在 ArcToolbox>Analysis Tools>Proximity 下,Near 工具用来计算图层中任一点与另一图层中跟它最近的线或点的距离。某些操作需要用到同一图层或不同图层中任意两点之间的距离即距离矩阵。ArcToolbox 里的点距离(Point Distance)工具可以实现这个功能,调用办法为依次点击 ArcToolbox＞Analysis Tools＞Proximity＞Point Distance。在输出文件中,如果 DISTANCE 值为 0,则可能实际距离确实为 0(例如,某点跟它自身的距离),也可能是超出了搜索半径之外。

由于曼哈顿距离计算工具不太常用,当前的 ArcGIS 版本中没有内嵌该工具。计算曼哈顿距离时,需要从 ArcToolbox 生成各点的直角坐标。对于一个 shape 文件,可以调用 Data Management Tools＞Features＞Add XY Coordinates 来实现。对于一个 coverage 文件,可以调用 Coverage Tools＞Data Management＞Tables＞Add XY Coordinates 来完成。在 ArcGIS 中计算路网距离则更为复杂,我们将用以下两节介绍。

## 2.2 测算路网距离和网络时间

网络由一组节点及连接节点的线段(边或连接线)组成。如果线段方向是确定的(如单向的街道),我们得到一个定向网络。一个没有确定方向的网络可以看做定向网络的一种特例,即每条线段都是双向的。最短路径问题就是寻找从某个起点到某个终点之间的最短路径,即在给定线段阻滞(如旅行速度)的情况下距离最短或时间(费用)最省。最短路径问题有多种解决办法,如本节将要讨论的标号设定算法(label setting algorithm)及附录 2 中介绍的赋值图像法(valued-graph method)或称 L-矩阵法。

### 2.2.1 最短路径的标号设定算法

广为使用的标号设定算法最早由迪卡斯特拉(Dijkstra,1959)提出。该方法是这样的,为每个节点设置一个"标签",代表到某个节点的最短距离。为简便起见,起始节点被称为节点 1。该方法包括如下 4 步:

1. 赋予起始节点(节点 1)的固定标签 $y_1=0$,其他节点赋予一个临

时标签 $y_j = M$(一个很大的数)。令 $i=1$。

2. 以节点 $i$ 为起点,重新计算临时标签 $y_j = \min(y_j, y_i + d_{ij})$,从而得到节点 $j$ 的临时标签,并且 $d_{ij} < M$($d_{ij}$ 是 $i$、$j$ 之间的距离)。

3. 寻找所有临时标签中的最小值,例如 $y_i$。于是,节点 $i$ 得到一个固定的标签值 $y_i$。

4. 重复上述 2~3 步直到所有节点都得到一个固定的标签值。

我们用下面的例子来演示这种方法。图 2.1(a)为由节点及连接线组成的网络,连接线上的数字为阻滞。

第 1 步,设置节点 1 的固定标签值为 $y_1=0$;临时标签 $y_2=y_3=y_4=y_5=M$。令 $i=1$。固定标签以"*"标记。见图 2.1(b)。

第 2 步,节点 1 与节点 2、3 相连,于是重新计算得到 2、3 的临时标签。$y_2=\min(y_2,y_1+d_{12})=\min(M,0+25)=25$,类似地,$y_3=\min(y_3,y_1+d_{13})=\min(M,0+55)=55$。

第 3 步,最小的临时标签值是 $\min(25,55,M,M)=25=y_2$。于是给节点 2 一个固定标签,令 $i=2$。见图 2.1(c)。

回到第 2 步,重新计算节点 3、4、5 的临时标签值。节点 2 与节点 3、4、5 相连。$y_3=\min(y_3,y_2+d_{23})=\min(55,25+40)=55$,$y_4=\min(y_4,y_2+d_{24})=\min(M,25+45)=70$,$y_5=\min(y_5,y_2+d_{25})=\min(M,25+50)=75$。

再是第 3 步,最小临时标签值为 $\min(55,70,75)=55=y_3$。给节点 3 一个固定标签,令 $i=3$。见图 2.1(d)。

再回到第 2 步,重新计算节点 4、5 的临时标签值。节点 3 与节点 5 相连,则 $y_5=\min(y_5,y_3+d_{35})=\min(75,55+30)=75$。

再是第 3 步,最小临时标签值为 $\min(70,75)=70=y_4$。给节点 4 一个固定标签,令 $i=4$。见图 2.1(e)。

再回到第 2 步,计算节点 5 的值。从节点 4 到节点 5,可得 $y_5=\min(y_5,y_4+d_{45})=\min(75,70+35)=75$。

节点 5 是剩下的唯一临时标注点,因此我们给它一个固定标签。于

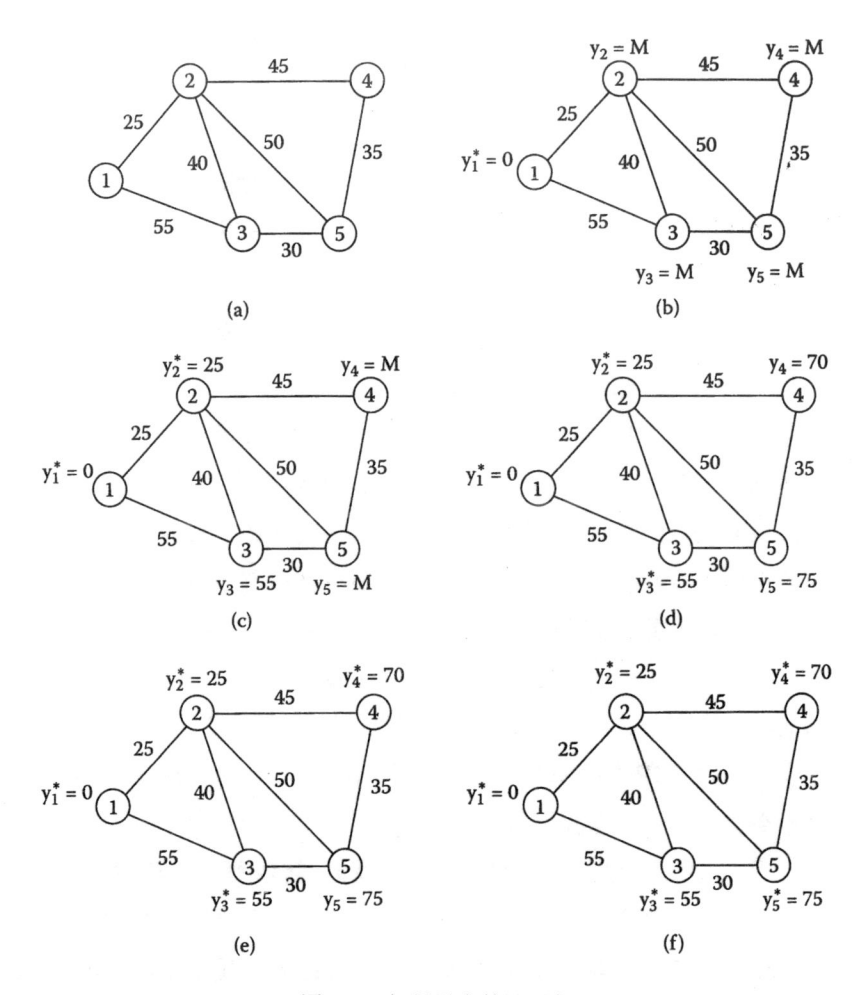

图 2.1 标号设定算法示例

是,所有节点都得到一个固定值,问题得到解决。见图 2.1(f)。

固定标签值 $y_i$ 是节点 1 到节点 $i$ 之间的最短距离。一旦某个节点被赋予一个固定的标签值,则该节点被扫描一次。当标签改变时,最短距离随之改变,并以"扫描节点"的形式保存下来(Wu and Coppins,1981:319)。上面的例子可以总结为表 2.1。

表 2.1 求解最短路径问题

| 始末节点 | 路径包含的曲线段 | 最短距离 |
|---|---|---|
| 1, 2 | (1, 2) | 25 |
| 1, 3 | (1, 3) | 55 |
| 1, 4 | (1, 2), (2, 4) | 70 |
| 1, 5 | (1, 2), (2, 5) | 75 |

### 2.2.2 用 ArcGIS 测算路网距离和时间

ArcGIS 中处理的网络包括交通网络和市政管道网络,我们这里只讨论交通网络。许多 GIS 教科书(如 Chang,2004,第十六章;Price,2004,第十四章)讨论了如何用 ArcGIS 获取两点之间的距离或某点与多个点之间的距离。在许多空间分析中,我们需要一系列起点和终点两两之间的距离矩阵。为此,需要用 ArcInfo 工作站,即用 ArcPlot 模块里面的 NODEDISTANCE 命令。默认情况下,NODEDISTANCE 命令是通过路网来计算最短距离。同时它也提供了计算欧式距离或曼哈顿距离的选项。定义选项 IMPEDANCE 为时间或成本,就可以计算最短交通时间或最小交通成本。下面介绍如何用 ArcGIS 计算路网距离矩阵。

第一步,建立网络。交通网络由线段费时、转弯费时、单行线、天桥、地下通道等网络要素构成(Chang,2004:351)。建立这样一个路网的数据采集和处理工作量都很大,往往是非常昂贵甚至是不可行的。例如,从美国人口普查局的 TIGER 文件里提取的公路图层并不包含公路节点、转弯参数或限速等信息。在此情况下,我们只好假设用一些自动工具(如 ArcGIS 里构建拓扑关系的工具)生成的公路节点是相对可靠的,近似反映了真实路网的情况。而对于线段费时,我们可以基于道路等级设定限速标准,并考虑到交通堵塞的因素。有的研究(Luo and Wang,2003)根据美国统计局在 TIGER 文件中公路的 CFCC 编码来设定公路限速。另一项研究(Wang,2003)基于土地利用强度(商业和居住密度)及其他一些因素建立回归模型来考虑交通堵塞程度,从而预测行车速度。

第二步,用 NETCOVER 命令建立网络计算的路径系统。

第三步,定义始节点、末节点及阻力参数。可以用 CENTERS、STOPS、NODES 等来定义始末节点,用 IMPEDANCE 指定用网络属性表中的哪一项来定义线段长度或费时。

最后,用 NODEDISTANCE 命令来计算始末节点之间的路网距离。

需要注意的是,NODEDISTANCE 命令只计算网络上节点之间的距离,但起始点或终点很可能并不在网络上。虽然起始点(或终点)到网络节点之间的距离可能很小,但仍需计算在内,这是计算路网距离时需要考虑的一个重要步骤,详见下面的案例 2。

## 2.3 案例 2:测算中国东北地区各县到四大中心城市之间的距离

本例计算中国东北地区各县到中心城市之间的距离,所得结果将在案例 4B 中用于定义城市腹地(参见第四章第 4.4 节)。

我们将研究区选为中国的东北平原是因为该地区是一个相对完整的区域,包括黑龙江、吉林和辽宁三省。按人口和经济规模划分,有四大中心城市:三个省会城市(哈尔滨、长春、沈阳)和一个滨海商业城市(大连)。铁路一直是中国客货运输的主要方式,在本研究区尤其如此,因此这里用铁路来测量路网距离。见图 2.2。

本书光盘提供了本例所需的下述数据:

1. 包含中国东北地区 203 个县(或县级行政单元)的多边形文件 cntyne;

2. 本区四大中心城市的点文件 city4;

3. 研究区铁路网络的线文件 railne。

为了保证网络的完整性,铁路网络涵盖的范围比三省范围略大。这里关于各县和中心城市的空间数据是从中国县级单元 GIS 数据库中提取的,可以从 http://sedac.ciesin.columbia.edu/china 下载。铁路数据

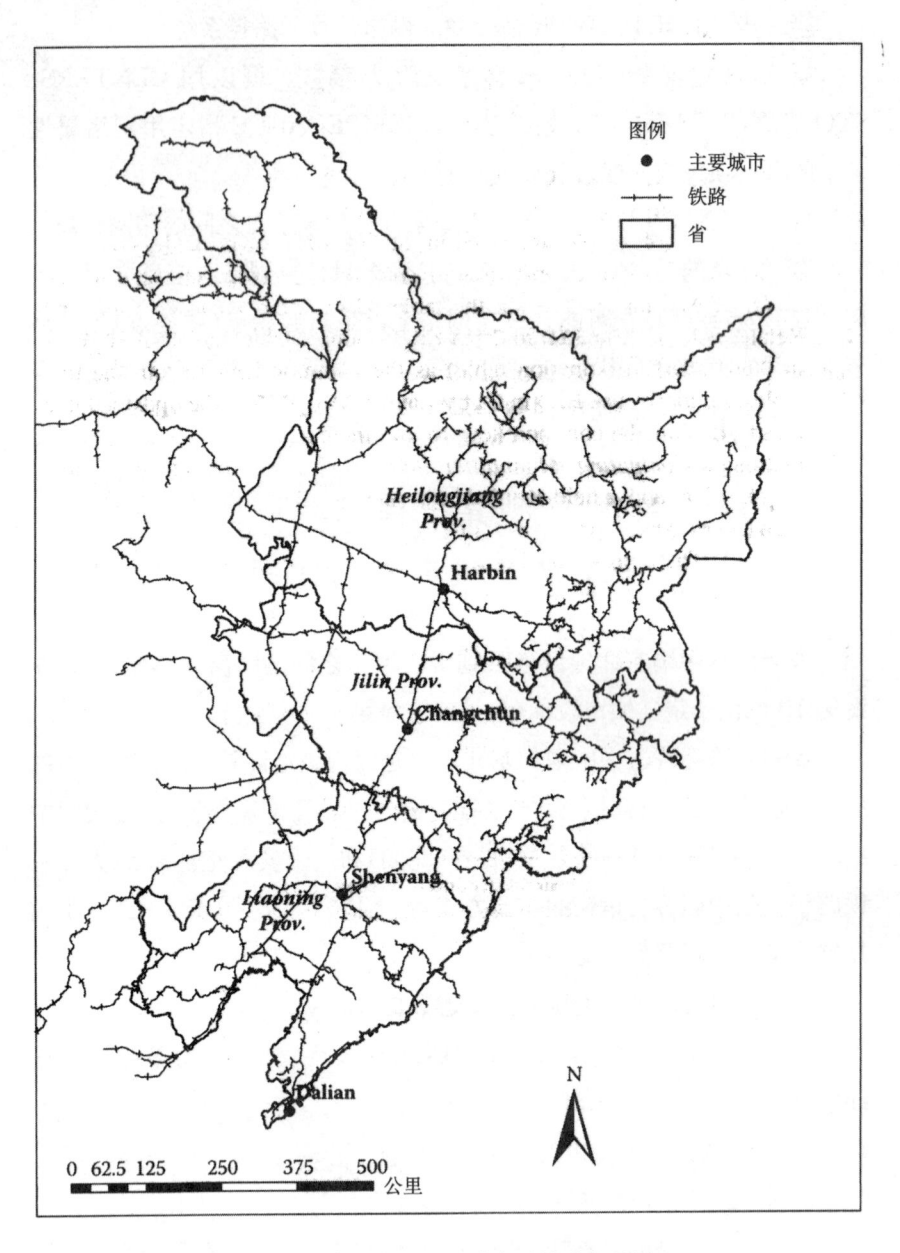

图 2.2　中国东北地区城市及铁路交通图

由中国科学院地理科学与资源研究所的金凤君先生提供。

### 2.3.1 测算欧式距离和曼哈顿距离

如前所述,欧式距离和曼哈顿距离可以通过网络分析中的 NODEDISTANCE 命令来实现。本节介绍如何不用网络分析来计算这两种距离。曼哈顿距离不适于像中国东北这么大区域范围内的测算(参见第2.1节),下面第 3~5 步只是为了演示曼哈顿距离的计算方法,为可选操作。

1. 生成县域质心

在 ArcToolbox 中依次选择 Data Management Tools＞Features＞Feature To Point,选择 cntyne 作为输入要素,并将输出要素(县域质心)命名为 CntyNEpt,选中选项"Inside"(既质心在县城范围内)。

2. 计算欧式距离

在 ArcToolbox 中,依次选择 Analysis Tools＞Proximity＞Point Distance,选择 CntyNEpt 作为输入要素(Input Features),选择 city4 (point)作为近邻要素(Near Features),并将结果命名为 Dist.dbf。这里不需要限定搜索半径,因为我们需要计算所有的距离。所得表中一共有 203(县)× 4(市)= 812 条距离记录。在距离表中加入一列 airdist,根据公式 airdist=distance/1000 计算,得到欧式距离的公里数(原图距离单位是米)。

3. 可选操作:添加县域质心及城市质心的 XY 坐标

在 ArcToolbox 中,依次选择 Data Management Tools＞Features＞Add XY Coordinates,选择 CntyNEpt 作为输入要素。在 CntyNEpt 的属性表中,所得结果保存在 point-x 和 point-y 两列中。此外,在 ArcToolbox 中,依次选择 Coverage Tools＞Data Management＞Tables＞Add XY Coordinates,选择 city4 作为输入文件。在属性表 city4 中,所得结果保存在 x-coord 和 y-coord 两列中。

4. 可选操作：将坐标连接到县市间的距离表中

在 ArcMap 中，右键点击表 Dist.dbf，依次选择 Joins and Relates>Join，用 CntyNEpt 属性表（源数据表）中的 FID 和 Dist.dbf（目标表）中的 INPUT_FID 作为连接关键词将二表连接在一起。类似地，用 City4 属性表（源数据表）中的 FID 和新 Dist.dbf（目标表）中的 NEAR_FID 作为连接关键词将二表连接在一起。

5. 可选操作：计算曼哈顿距离

打开新表 Dist.dbf，添加一列 Manhdist，按照公式 Manhdist=abs(x-coord - point-x)/1000+abs(y-coord - point-y)/1000 计算。所得曼哈顿距离的单位为公里，比欧式距离大。

### 2.3.2 测算交通路网距离

两地之间的交通距离（从起始县城到目的地中心城市的路网距离）由三部分组成，图 2.3 给出了一个示例：① 第一段（S1）是县城编号♯76 到它最近的铁路节点 171 的直线距离；② 第二段（S2）是铁路上两节点 171 和 162 之间铁路路网距离（途经 165 和 163 两个节点）；③ 第三段（S3）是中心城市编号♯4 到它最近的铁路节点 162 的直线距离。在这里，S1 和 S3 以直线距离近似地代替，S2 为两节点之间的路网距离。换言之，从县城♯76 到城市♯4，假设其通行路径为：先从县城♯76 到最近的节点 171，然后通过铁路到节点 162（途经节点 165 和 163），最后到达中心城市♯4。本节的主要工作即是寻找这些距离县城或城市最近的铁路节点，然后计算上述三段的距离，最后将其加总。

1. 准备交通网络图层

在 ArcToolbox 中，依次点击 Coverage Tools>Data Management>Topology>Build，在 railne 图层上创建线拓扑关系。重复此过程，创建点拓扑关系。理想状态下，节点应定义为实际的铁路站点，但我们没有这样的数据，这里假设 ArcGIS 拓扑工具产生的节点就是铁路站点。

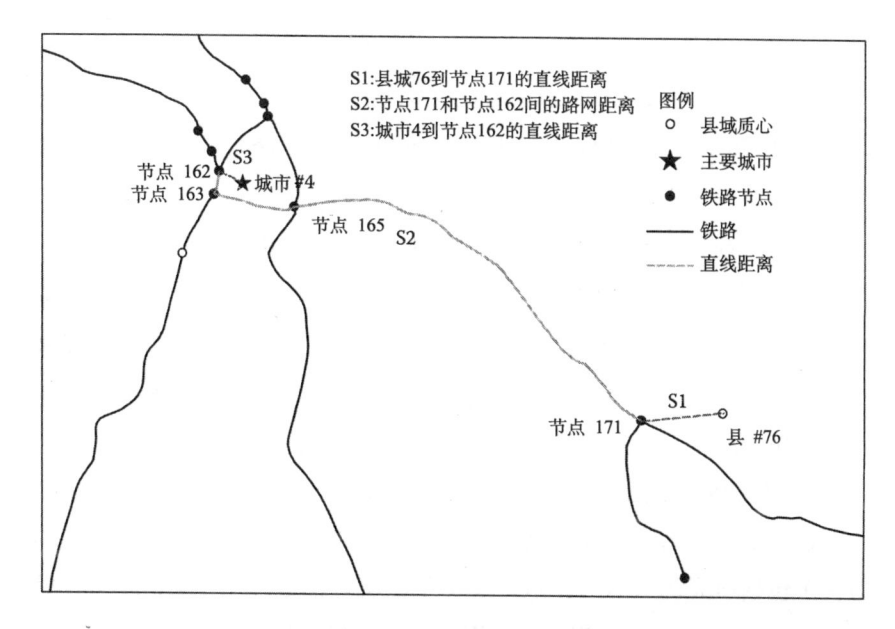

图 2.3 构成交通距离的三段

2. 计算县城、中心城市与最近铁路节点之间的直线距离

在 ArcToolbox 中,依次选择 Analysis Tools>Proximity>Near,并选择 CntyNEpt 作为输入要素,railne(node)作为最近邻要素(Near Features)。在更新后的 CntyNEpt 属性表中,列 NEAR_FID 为距离县城的最近节点,而列 NEAR_DIST 为它们之间的直线距离。用图层 city4 重复上述操作得到离中心城市最近的节点:以 city4(点)为输入要素,railne(node)为最近邻要素。在更新后的 City4 属性表中,列 NEAR_FID 为距离城市最近的铁路网络节点,另外一列 NEAR_DIST 为它们之间的直线距离。这一步工作分别得到了县城和中心城市与其最近铁路节点之间的直线距离(图 2.3 中的 S1 和 S3)。

3. 定义不重复的始末节点

在计算路网距离时,起(始)节点不能重复。在 CntyNEpt 属性表中,有多个县城对应 NEAR_FID 中的同一个节点。例如,编码 FID=5 及 FID=8 的两个县城,其最近邻节点都是 NEAR_FID=34 的节点。也就是说,一些近邻的县城共享铁路网络上的同一个最近邻节点(始节点)。在 city4 属性表中,每个中心城市对应不同的铁路节点(末节点),因此无需再处理,四个中心城市对应于四个不同的末节点,下面介绍如何定义不重复的始节点。

打开属性表 CntyNEpt,右键单击列 NEAR_FID,选择 Summarize,将结果保存为表 Sum_FID.dbf,在该表中,列 Cnt_NEAR_F(频率统计)代表每个 NEAR_FID 节点对应的县城数。当频率数大于 1 时,表明是多个县城共享同一个节点。表 Sum_FID.dbf 有 149 条记录,表明有 149 个不同的始节点。203 个县城对应于 149 个不同的始节点。

4. 定义始末节点的 INFO 文件

这一步主要为下一步准备两个 INFO 文件:一个包括所有的始节点,另一个包括所有的末节点。这两个 INFO 文件都必须用 ArcInfo 工作站来生成。数据表 Sum_FID.dbf 用于生成始节点的 INFO 文件,属性表 city4.pat 本身已经是 INFO 文件了,它将用于生成末节点的 INFO 文件。在 ArcInfo 工作站中,多边形或点图层属性表文件的扩展名为 .PAT,意为 Polygon(Point) Attribute Table 多边形(或点)属性表;线(Arc)属性表文件的扩展名为 .AAT;节点(Node)属性表文件的扩展名为 .NAT。在 ArcInfo 工作站中的操作方法如下:

在 ArcInfo 工作站中,切换到目标工程文件夹(路径)(例如,通过输入命令 w c:\Quant_GIS\proj2 来实现),然后输入下述命令(这里,"/ *"之后的内容为命令行的注释说明):

Dbaseinfo sum_fid.dbf tmp / * sumfid.dbf 转换成名为 tmp 的 INFO 文件;

Pullitems tmp fm_node near_fid / * 提取 tmp 中的列 near_fid,并生成 INFO 文件 fm_node,即始节点文件;

Pullitems city4.pat to_node near_fid/ * 提取 city4.pat 中的列 near_fid 并生成 INFO 文件 to_node,即末节点文件。

INFO 文件 fm_node 和 to_node 中的列名称 near_fid 需要改为

railne-id 以便与铁路图层中的名字相对应。节点属性表 railne.nat 中的 railne-id 为每个节点的唯一标志码。这可以用 ArcCatalog 来实现：右键单击 fm_node（或 to_node），从内容菜单中选择属性（Properties），选择 Items 标签，打开对话框窗口，点击 Edit 可以修改某项的名字。熟练 ArcInfo 工作站的用户，可以在工作站环境下修改变量名，也可以通过编写一段 AML 程序来自动实现。

5. 计算铁路网络节点之间的距离

可以用下述 ArcInfo 工作站命令来实现：

```
ap                                    /* 调用 arcplot 模块
netcover railne railroute             /* 设置路径系统
centers fm_node                       /* 定义始节点
stops to_node                         /* 定义末节点
nodedistance centers stops rdist 3000000 network ids
q                                     /* 退出
```

在这里的"nodedistance"命令以 3000km（或一个非常大的距离值）作为阈值，计算 centers 中每个节点跟 stops 中每个节点两两之间的距离，所得结果生成一个名为 rdist 的 INFO 文件。最后两个参数是可选参数：参数"network"为默认选项（其他两个选项为"Euclidean"、"Manhattan"，分别用于计算欧式距离和曼哈顿距离），参数"ids"用于指定节点的 ids 值作为始末节点的唯一标志（默认值为"noids"）。在 INFO 文件 rdist 中，railne-ida 项用于确定始节点，railne-idb 项用于确定末节点，而 network 项是它们之间的路网距离。上述过程用于计算始末节点之间的路网距离（即图 2.3 中的 S2）。在 fm_node 表中有 149 个始节点，表 to_node 中有 4 个末节点，从而 rdist 中有 $149 \times 4 = 596$ 条距离值，这比欧式距离文件 Dist.dbf 中的 812 条距离值要少。

下一步是将这三段距离值连接到一起：S2 保存在表 rdist 中，而我们在上述第 2 步中得到的 S1 和 S3 分别保存在更新后的表 CntyNEpt 和 city4 中。然而，我们不能简单地将 CntyNEpt 和 rdist 连接起来得到 S1

和 S2。由于每个末节点对应唯一的中心城市，把表 City4 和 rdist 连接起来（基于共同的末节点），从而得到一个包含距离 S3 和 S2 的表是不存在问题的。在上面第 3 步中我们已经提到，每个始节点可能对应着 CntyNEpt 中的若干个县城；而一个始节点又对应着 rdist 中的 4 个末节点。因此，表 CntyNEpt 和 rdist 的关系将会是多对多的关系，这给我们创建包含 S1、S2、S3 这三段距离值的数据表带来一个挑战。在下面第 6 步中，我们将用欧式距离文件 Dist.dbf 作为一个模板来实现这个任务。图 2.4(a)~(c)为这一过程的示例，以方便读者理解。

6. 添加直线距离值

在 ArcMap 中，右键点击欧式距离表 Dist.dbf，依次选择 Joins and Relates>Remove Join(s)。这是为了去掉前面操作时连接的一些不必要的数据列。与第一部分中的第 4 步类似，两次使用"join"：将属性表 CntyNEpt 连接到表 Dist.dbf（对应的连接标志分别为 FID 和 INPUT_FID），将属性表 city4 也连接到 Dist.dbf（对应的连接标志分别为：FID 和 NEAR_FID）。注意，属性表得到了更新，即上述第 2 步计算得到的直线距离值 S1 和 S3 添加到了表 Dist.dbf 中：CntyNEpt.NEAR_DIST 为县城与最近邻节点之间的距离，point：NEAR_DIST 为中心城市与其最近邻节点之间的距离。图 2.4(a)为本步的图示。

7. 添加路网距离值

为了将路网距离值 rdist 连接到表 Dist.dbf，我们需要创建一个公共的连接标志 linkid，用于确定始末节点间的唯一铁路路径。列 linkid 由始、末节点的 ID 标志组成。

打开 INFO 表 rdist，添加一列 linkid（定义类型为"long integer"），并根据公式 linkid＝1000 * railne-ida＋railne-idb 计算。例如，如果 railne-ida＝198，railne-idb＝414，则 linkid＝198414，见图 2.4(b)中的左表。类似地，在表 Dist.dbf 中添加列 linkid，并根据公式 Dist.linkid＝1000 * CntyNEpt.NEAR_FID＋point：NEAR_FID 计算，见图 2.4(b)中的右表。最后，基于公共的连接标志 linkid 将 rdist 连接到表 Dist.dbf。

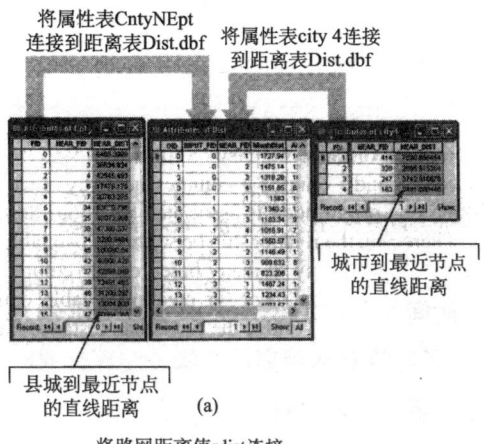

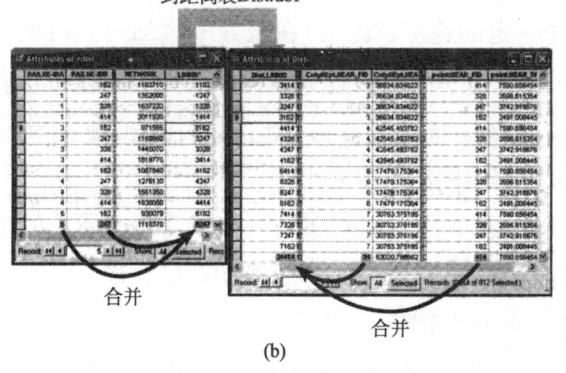

图 2.4 计算交通距离时的表格连接

8. 汇总三段距离值

在 Dist.dbf 中新增一列 RoadDist(定义其类型为"float"),根据公式 Dist.RoadDist＝(CntyNEpt.NEAR_DIST＋point:NEAR_DIST＋rdist:network)/1000 计算。这里,表 Dist.dbf 中的 RoadDist 为各县城与各大城市之间的交通路网距离(公里)。图 2.4(c)为最后的结果。

### 2.3.3 测算交通时间

第二部分演示了测算路网距离的方法。测算交通时间的方法与此类似,下面仅仅指出二者的不同之处。

在第 1 步中,在路网属性表 railne.aat 中添加速度属性 speed,并为每段道路赋予一定的速度。然后,在该表中添加一列时间属性 time,并根据公式 time＝length/speed 计算。注意距离和速度的单位,必要时进行单位换算。例如,如果速度为 km/hr,则公式应为 time＝(length/1000)/speed,所得时间的单位是小时。

在第 5 步中,在执行 NODEDISTANCE 命令之前,添加一条命令用于定义交通阻力项:impedance time。在 INFO 文件 rdist 中,属性项 network 代表时间而不是距离。

在第 8 步中,可以为两端的直线距离赋予一个假设的速度值。假设速度为 50 km/hr,则全程的时间(小时)计算公式为:Dist.roadtime＝(CntyNEpt.NEAR_DIST＋point:NEAR_DIST)/1000/50＋rdist:network。

最后,我们可以用 ArcCatalog 删掉一些不需要的数据,在表 Dist.dbf 中保留三种计算得到的距离值(欧式距离、曼哈顿距离和路网距离)即可。这里的距离值将用于案例 4B。

## 2.4 小 结

本章主要介绍了四种基本的分析技能:

① 测算欧式距离；

② 测算曼哈顿距离；

③ 测算路网距离；

④ 测算交通时间。

欧式距离和曼哈顿距离很容易通过 GIS 来得到，而计算路网距离和交通时间则需要道路网络数据，计算步骤要复杂一些。本书后面一些章节中还会涉及欧式距离、路网距离或交通时间的计算，使得在本章学到的这些基本技巧还有更多的训练机会。

## 附录2 用赋值图法求解最短路径问题

赋值图或 L 矩阵提供了另外一种求解最短路径的方法（Taaffe et al., 1996: 272-275）。

以图 A2.1 所示的网络为例。这个网络代表了俄亥俄州北部地区的高速公路网，节点 1 为托莱多（Toledo），节点 2 为克利夫兰（Cleveland），节点 3 为剑桥（Cambridge），节点 4 为哥伦布（Columbus），节点 5 为代顿（Dayton）。我们用一个 $L^1$ 矩阵来表示这个网络，矩阵的每个元素为两

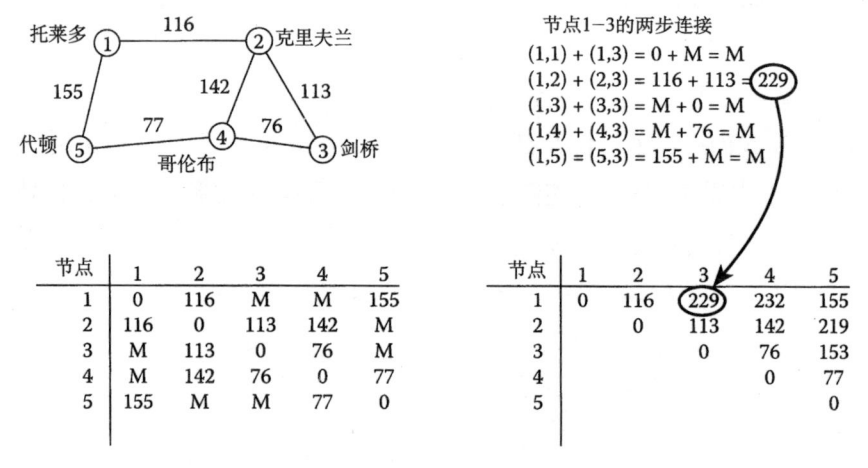

节点1-3的两步连接
(1,1) + (1,3) = 0 + M = M
(1,2) + (2,3) = 116 + 113 = 229
(1,3) + (3,3) = M + 0 = M
(1,4) + (4,3) = M + 76 = M
(1,5) + (5,3) = 155 + M = M

| 节点 | 1 | 2 | 3 | 4 | 5 |
|---|---|---|---|---|---|
| 1 | 0 | 116 | M | M | 155 |
| 2 | 116 | 0 | 113 | 142 | M |
| 3 | M | 113 | 0 | 76 | M |
| 4 | M | 142 | 76 | 0 | 77 |
| 5 | 155 | M | M | 77 | 0 |

| 节点 | 1 | 2 | 3 | 4 | 5 |
|---|---|---|---|---|---|
| 1 | 0 | 116 | 229 | 232 | 155 |
| 2 |  | 0 | 113 | 142 | 219 |
| 3 |  |  | 0 | 76 | 153 |
| 4 |  |  |  | 0 | 77 |
| 5 |  |  |  |  | 0 |

图 A2.1　赋值图法示例

节点之间的直接距离(一步直接相连)。如果两个节点之间没有直接的交通联络,则用一个很大的数 M 表示。对角线上的元素 $L^1(i,i)$ 都为 0,因为节点与自身的距离为 0。

接下来,我们用矩阵 $L^2$ 代表两步连接。在 $L^1$ 矩阵中那些非 M 值的元素保持不变,因为两步连接不可能比一步连接(直接连接)还要短。我们只要修改那些 M 值即可。例如,$L^1(1,3)=M$ 需要修改,下面列出了所有可能的两步连接:

$L^1(1,1)+L^1(1,3)=0+M=M$;

$L^1(1,2)+L^1(2,3)=116+113=229$;

$L^1(1,3)+L^1(3,3)=M+0=M$;

$L^1(1,4)+L^1(4,3)=M+76=M$;

$L^1(1,5)+L^1(5,3)=155+M=M$。

元素 $L^2(1,3)$ 的值为上述连接的最小值,即 $L^1(1,2)+L^1(2,3)=229$。值得注意的是,它不仅记录了节点 1、3 之间的最短距离,也记录了二者之间的通行路径(途经节点 2)。

类似地,我们可以得到其他元素的值,有 $L^2(1,4)=L^1(1,5)+L^1(5,4)=155+77=232$,$L^2(2,5)=L^1(2,4)+L^1(4,5)=142+77=219$,$L^2(3,5)=L^1(3,4)+L^1(4,5)=76+77=153$,等等。矩阵 $L^2$ 的最终结果见图 A2.1。

现在,矩阵 $L^2$ 中所有元素都有一个确定的值,所有 M 都已经被替换,从而我们得到了最短路径问题的解。如果矩阵 $L^2$ 仍然有待定的 M 值,则我们需要继续进行矩阵运算,直到所有的 M 值都被确定的数值替换。例如,$L^3$ 可以这样计算:

$$L^3(i,j) = \min\{L^1(i,k)+L^2(k,j), \forall k\}$$

# 第三章 空间平滑和空间插值

本章介绍基于 GIS 空间分析中常用的两个操作：空间平滑（spatial smoothing）和空间插值（spatial interpolation）。空间平滑和空间插值关系密切，它们都可以用于显示空间分布态势及空间分布趋势，还共享某些算法（如核密度估计法）。空间平滑和空间插值的方法有很多种，本章只介绍其中最常用的几种。

空间平滑与我们熟识的移动平均值在概念上类似：移动平均是求一个时间段内的均值，而空间平滑是计算一个空间窗口内平均值。第 3.1 节介绍空间平滑的概念和方法。第 3.2 节是案例分析 3A，用空间平滑法研究中国南方台语地名的分布。空间插值是用某些点的已知数值来估算其他点的未知数值。第 3.3 节介绍了基于点的空间插值。第 3.4 节为案例 3B，演示了一些常用的点插值法。案例 3B 所用数据与 3A 相同，是案例 3A 工作的延伸。第 3.5 节介绍基于面的空间插值，用一套源面域的数据（一般面域单元较小）来估算另一套目标面域的数据（面域单元较大）。面插值可用于数据整合以及不同面域单元的数据转换。第 3.6 节为案例 3C，介绍两种简单的面插值法。第 3.7 节为小结。

## 3.1 空间平滑

与移动平均法计算一个时间段的平均值（例如，五日平均温度）相似，空间平滑是将某点周围地区定义为一个空间窗口，计算窗口内的平均值作为该点的平滑值，以此减少空间变异。空间平滑适用面很广，其中一种应用是处理小样本问题，我们在第八章会详细讨论。对于那些人口较少的地区，由于小样本事件中随机误差的影响，癌症或谋杀等不常见事件发生概率的估算不够可靠。对于某些地区,这样的事情只要发生一次就形成一个高发生率,而对于另外许多地区,没有发生这种事情的结果是零发生率。另外一种应用是将离散的点数据转化为连续的密度图,从而考察点数据的空间分布趋势,可参见下面的第 3.2 节。本节介绍两种空间平滑方法:移动搜索法(floating catchment area,简称 FCA)及核密度估计法(kernel density estimation),附录 3 介绍经验贝叶斯估计(empirical Bayes estimation)。

### 3.1.1 移动搜索法

移动搜索法(FCA)是以某点为中心画一个圆或正方形作为滤波窗口,用窗口内的平均值(或点密度)作为该点的值。将窗口在研究区内移动,直到得到所有位置的平均值。平均值的变动比原始的观察值变动小,从而实现空间上的平滑效果。FCA 也可以用于可达性测算(见第五章第5.2 节)等其他研究中。

图 3.1 是由 72 个网格单元组成的研究区。以网格 53 为中心的圆定义了一个包含 33 个网格的窗口(如果网格的中心在圆内,则它属于这个圆),从而这 33 个网格的平均值为网格 53 的空间平滑值。取不同网格中心为圆心,在研究区内移动同半径的圆,求圆内观察点的平均值,就得到所有网格的空间平滑值。例如,以网格 56 为中心的等半径圆包含的另外33 个网格定义了网格 56 的滤波窗口。值得注意的是,研究区边界附近的滤波窗口包含网格较少,从而平滑度较低,这种效果称为"边缘效应"(edge effect)。

窗口的大小很重要,需要仔细确定。较大的窗口得到较强的空间平滑效果,从而更好地反映了区域全局分布态势,而不是局部差异;较小窗口则得到相反的效果,抓住了更多的局部变化。我们可以通过试验不同大小的窗口来寻求一个合适的窗口。

案例 3A 详细介绍了 FCA 法在 ArcGIS 中的应用。我们先计算所有点之间的距离(例如欧式距离),然后提取那些小于或等于阈值的距离。

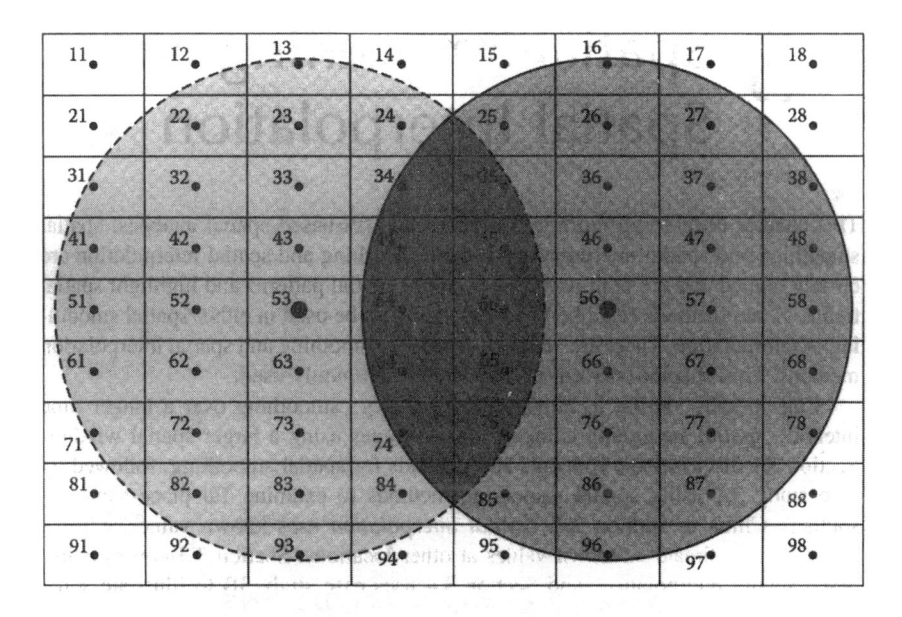

图 3.1 空间平滑的 FCA 法

在计算距离时,我们也可以选用阈值距离作为搜索半径,从而直接得到阈值范围内的距离。这里我们先计算所有点之间的距离,然后通过属性值(距离)大小提取不同窗口内的观察值,会比较灵活些。在 ArcGIS 中,我们可以基于提取的距离表,通过汇总基于起始点的属性均值来计算在起始点周边范围内观察点的平均值。因为距离表只包含那些阈值范围内的距离,只有在窗口之内的观察值才参与了汇总操作,实现了搜索的效果,这样可以省掉逐个画圆并查询圆内点的反复计算过程。

## 3.1.2 核密度估计法

核密度估计法与 FCA 的方法类似。两种方法都要用一个滤波窗口来定义近邻对象。所不同的是,在 FCA 法中,所有对象参与者平均值计算时的权重相同,而在核密度估计法中,距离较近的对象,权重较大。这种方法在分析和显示点数据时尤其有用。离散点的数据直接用图表示,空间趋势往往不明显。核密度估计法可以得到研究对象密度变化的图示,空间变化是连续的,又有"波峰"和"波谷"强化空间分布模式的显示。这种方法也可以用于空间插值。

核密度方程的几何意义为:密度分布在每个 $x_i$ 点中心处最高,向外不断降低,当距离中心达到一定阈值范围(窗口的边缘)处密度为 0,见图 3.2。网格中心 $x$ 处的核密度为窗口范围内的密度和:

$$\hat{f}(x) = \frac{1}{nh^d}\sum_{i=1}^{n} K\left(\frac{x-x_i}{h}\right)$$

这里 $K(\ )$ 为核密度方程,$h$ 为阈值,$n$ 为阈值范围内的点数,$d$ 为数据的维数。参见相关文献(Silverman,1986:43)中常用的核密度方程。例如,当 $d=2$ 时,一个常用的核密度方程可以定义为:

$$\hat{f}(x) = \frac{1}{nh^2\pi}\sum_{i=1}^{n}\left[1 - \frac{(x-x_i)^2 + (y-y_i)^2}{h^2}\right]^2$$

这里,$(x-x_i)^2 + (y-y_i)^2$ 为点 $(x_i,y_i)$ 和 $(x,y)$ 之间的离差。

与 FCA 法中窗口的作用类似,这里较大的阈值揭示一种区域分布态势,而较小的阈值则强调局部分布差异(Fotheringham et al.,2000:46)。

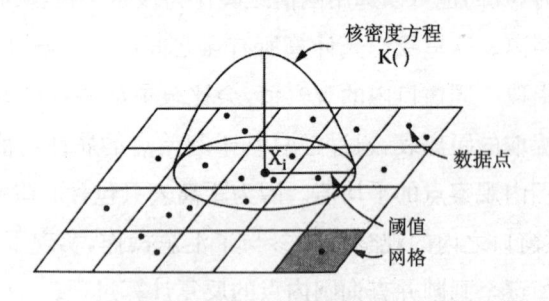

图 3.2 核密度估计

ArcGIS 内置有核密度估计法工具。在调用之前,我们先要打开空间分析扩展模块,可以通过主工具条的扩展键来实现,即点击空间分析下拉箭头,点击 Density,对于对话框中的 Density Type,选择 Kernel。

## 3.2 案例 3A:用空间平滑法分析中国南方的台语地名分布

本案例研究中国南方台语地名的分布模式,它是作者参与的、由美国国家基金会(NSF)资助的一个研究项目的一部分。项目负责人还包括北伊利诺伊大学的约翰·哈特曼(John Hartmann)和罗卫。项目的主要研究目的是探求分布在中国南方和东南亚地区台语民族的历史起源。台语(Tai)语系是侗台语族(Kam-Tai)的一支,包括中国境内的壮语、布依语、傣语、临高话(海南岛)和国外的泰语、老挝语、掸语、黑泰语、白泰语、坎梯语、石家语、土语、农语、岱语和已经基本消亡的阿含语等。台语民族所到之处,常常以地理或自然界的事物而命名,如"稻田"、"乡村"、"河口"、"山峰"等。他们历史上虽然迁徙各地,但停留的痕迹可以在地名上反映出来。另外,一些台语地名则在汉化过程中逐渐湮没或改变。我们的研究项目主要是为了重构早期的台语民族的分布,同时探索地名的演变过程。本案例用来演示 GIS 技术在历史、语言、文化研究中的应用,这是当前学者较少涉猎的领域。

我们这个小实验的研究区为广西钦州市(图 3.3)。地图是研究空间分布模式的一种重要方法,但是直接标绘台语地名能够读取的信息不多。图 3.3 是台语与非台语地名的分布,由此可以粗略地看到台语地名在空间分布上疏密有别,而空间平滑技术则可以形象地显示台语地名在空间分布上的变化。

本例需要用到光盘中的下述数据:

钦州市乡镇地名的点图层 qztai,属性 TAI 为台语地名(=1)或非台语地名(=0)标记。

qzcnty 为研究区内 6 个县的边界图层。

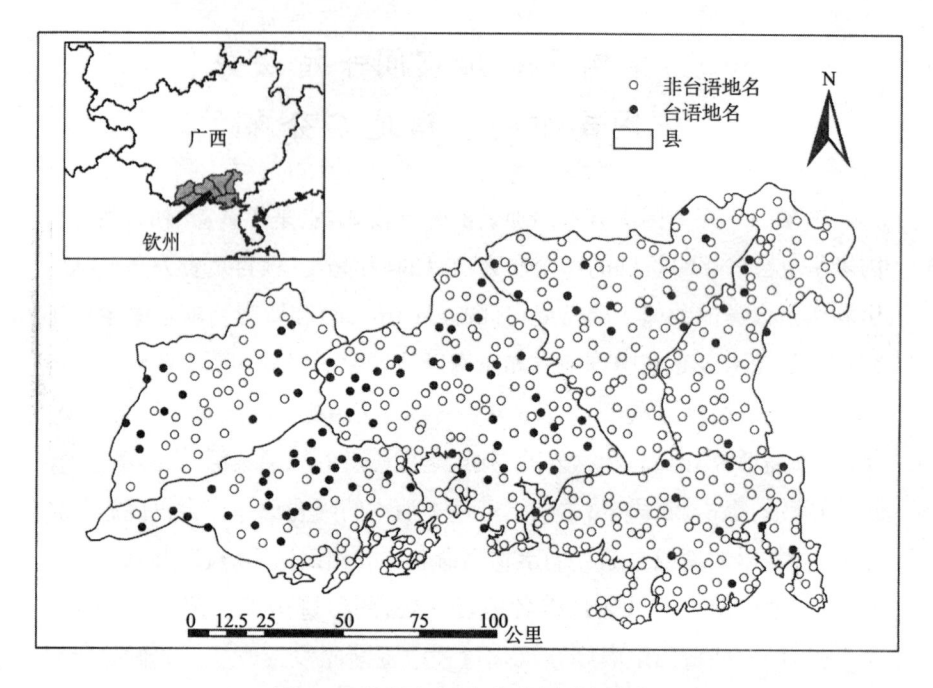

图 3.3 钦州市台语、非台语地名分布

### 3.2.1 基于移动搜索法的空间平滑

首先应用移动搜索法进行研究。我们要试验不同的窗口大小，寻找一个适中窗口。在这个过程中，我们希望既有一定的平滑程度，以便显示总体分布态势，又不能平滑过度，需要保留一些地区差异。在围绕某点的窗口内，台语地名在所有地名中的比率代表该点周围台语地名的集中度。在实际应用时，关键的一步是利用各地名点两两之间的距离矩阵来提取某点周围一定半径范围内的地名点。

1. 计算各点之间的距离矩阵

参照第 2.3.1 节的办法测算欧式距离。在 ArcToolbox 中，依次选择 Analysis Tools>Proximity>Point Distance。在"Input Features"和"Near Features"栏都输入 qztai（point），将输出表命名为 Dist_50km.dbf。"search radius"取 50km，这样我们可以利用距离表处理

50km 以内的不同窗口。在距离表 Dist_50km.dbf 中，列数据 INPUT_FID 为起点，而 NEAR_FID 为终点。

2. 将台语地名属性连接到距离矩阵

以 qztai 中的 FID 和 Dist_50km.dbf 中的 NEAR_FID 为连接指针，将属性数据表 qztai 连接到距离表 Dist_50km.dbf。这样，每个终点可以通过属性数据 point:Tai 来判断是否为台语地名。

3. 提取窗口内的距离矩阵

例如，要定义一个 10km 半径的窗口，打开表 Dist_50km.dbf，进行下述操作：单击右下边的"option"，选择 Select By Attributes，输入条件 Dist_50km.DISTANCE <= 10000，执行操作后，对每个起点，所有 10km 距离内的终点将被选中。点击 Options>Export，输出新表，命名为 Dist_10km.dbf，里面为所有距离小于 10km 的数据。那些距离值为 0 (distance=0)的点（即起点和终点相同）为圆心。

4. 计算窗口内台语地名的比重

打开表 Dist_10km.dbf，右键单击列 INPUT_FID 选择 Summarize，在弹出的对话框中，第一栏(field to summarize)里为 INPUT_FID，在第二栏(summary statistics)中选择 TAI(Sum)，并将输出表命名为 Sum_10km.dbf，所得表中，列 Sum_TAI 为 10km 距离内的台语地名数，而列 Count_INPUT_FID 为 10km 内的总地名数。在表 Sum_10km.dbf 中添加新的一列 Tairatio，按照公式 Tairatio=Sum_TAI/Cnt_INPUT_ 计算数值。这里，Cnt_INPUT_ 为列名 Count_INPUT_FID 的简写。所得比值为窗口内台语地名数占所有地名数的比重。

5. 将台语地名比重值连接到点图层

以 Sum_10km.dbf 中的 INPUT_FID 及 qztai 中的 FID 为连接指针，将 Sum_10km.dbf 连接到 qztai 的属性数据表。

6. 绘制台语地名比重图

用"proportional point symbols"方式绘制台语地名比重图（比重值代表每点周围 10km 范围内台语地名的比重），见图 3.4。

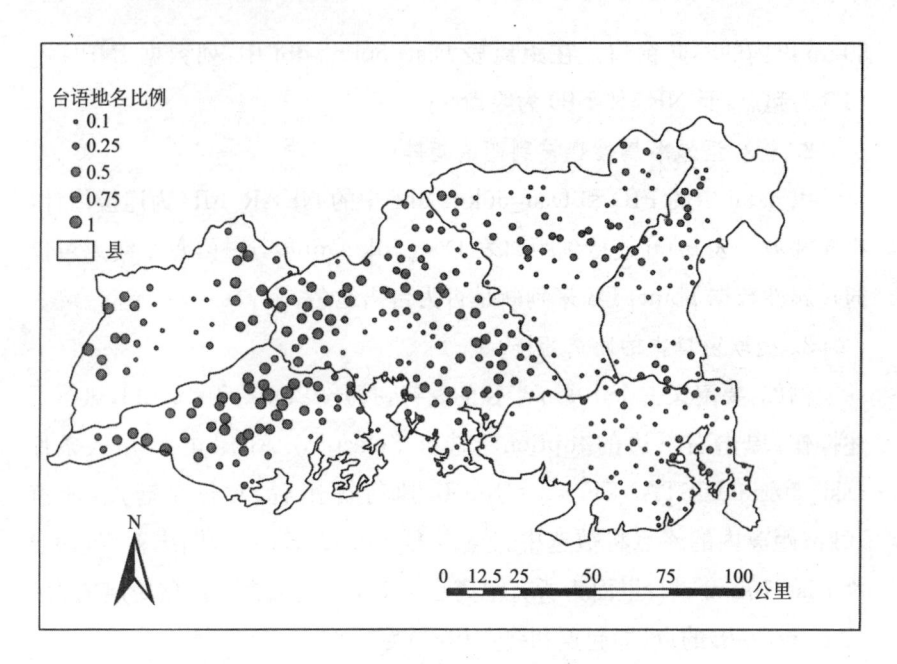

图 3.4　用 FCA 计算的钦州市台语地名比重

上面演示的即为 FCA 空间平滑法，它将二值变量 TAI 转化为比值变量 Tairatio。

7. 敏感性分析

用其他窗口值如 5 km 或 15 km，重复上述 3～6 步的操作，将所得结果与图 3.4 对比，以考察窗口大小的影响。表 3.1 是所得数据的一些统计描述值。由此可知，当窗口值增加时，台语地名比重值的标准离差降低，表明空间平滑性增加。

表 3.1　基于不同窗口大小的 FCA 空间平滑

| 窗口大小(半径) | 台语地名的比例 | | | |
| --- | --- | --- | --- | --- |
| | 最小值 | 最大值 | 均值 | 标准差 |
| 5 km | 0 | 1.0 | 0.1868 | 0.3005 |
| 10 km | 0 | 1.0 | 0.1886 | 0.1986 |
| 15 km | 0 | 0.8333 | 0.1878 | 0.1642 |

## 3.2.2 基于核密度估计法的空间平滑

1. 执行核密度估计法

打开 ArcMap 的空间分析(Spatial Analyst)扩展模块:单击 Tools 菜单>选择 Extensions >选中 Spatial Analyst,单击 View 菜单> 选择 Toolbars >选中 Spatial Analyst。单击 Spatial Analyst 下拉箭头>选择 Density,弹出新的对话框。在对话框中,Input data 栏选择 qztai(point),在 Population field 栏选择 TAI,选择 kernel 作为 Density type,设置 Search radius 为 10000 (meters),Area units 为 square kilometers,Output cell size 为 1000 (meters),将输出栅格数据命名为 kernel_10k。

2. 绘制核密度图

在默认状况下,核密度图以 9 级分色显示,图 3.5 是按 5 级显示,背景为县域边界。核密度图上台语地名的分布为一个连续的面,显示了波峰与波谷的分布态势。但是,图上的密度值只表示相对的集中度,并不像

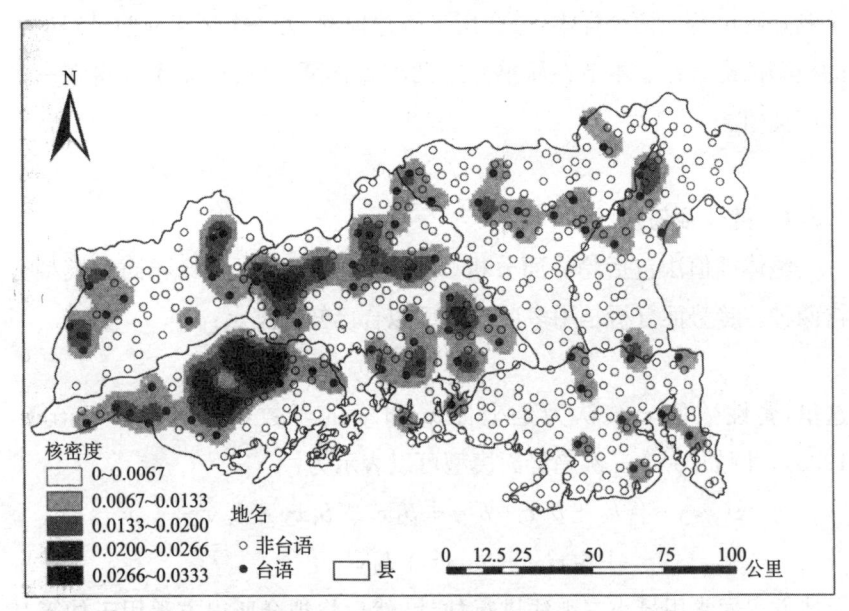

图 3.5 钦州市台语地名的核密度

FCA 法得到的 Tairatio（台语地名在一定范围内的百分比）有实际的意义。

## 3.3 基于点的空间插值

基于点的空间插值包括整体和局部两种方法。整体插值（global interpolation）借助所有已知点（控制点）的数据来估计未知值。局部插值（local interpolation）借助未知点周边的样本来估计未知值。正如托布罗第一地理定律（Tobler,1970）所述，"所有事物彼此相关，距离越近关系越强"。是用整体插值还是局部插值，取决于远处的控制点是否对待估未知数据点有作用。究竟选取哪一种方法并没有明确的规律可循。可以认为，从整体到局部的尺度是连续的。如果数值主要受邻近的控制点影响，可以用局部插值法。局部插值法的计算量要比整体插值法小得多（Chang,2004:277）。我们也可以用检验技术来比较不同的方法。例如，控制点可以分成两个样本：一个用于构建模型，另一个用于检验已经构建的模型的准确性。本节在简单介绍两种整体插值法之后，重点讲解三种局部插值法。

### 3.3.1 整体插值法

整体插值法包括趋势面分析（trend surface analysis）和回归模型分析两种。趋势面分析是用多项式模型拟合已知数据点：

$$z = f(x, y)$$

这里，属性数值 $z$ 被认为是坐标 $x$ 和 $y$ 的函数（Bailey and Gatrell, 1995）。例如，一个三次趋势面模型可以表示为：

$$z(x,y) = b_0 + b_1 x + b_2 y + b_3 x^2 + b_4 xy + b_5 y^2 + b_6 x^3 + b_7 x^2 y + b_8 xy^2 + b_9 y^3$$

上述方程通常用最小二乘法进行估计，然后将拟合所得方程用于估算其他点的值。

一般来说,高阶模型可用于描述复杂表面,从而得到较高的拟合优度 $R^2$ 或较低的 RMS。其中 RMS(root mean square 均方根)的计算方法为:$RMS = \sqrt{\sum_{i=1}^{n}(z_{i,obs} - z_{i,est})^2/n}$。但是,对控制点拟合较好的模型并不一定是估算未知数值的好模型。有必要对不同模型进行比较检验。如果因变量(即待估属性)是二值变量(即 0 和 1),则模型为逻辑斯蒂趋势面模型(logistic trend surface model),结果是一个概率曲面。局部趋势面分析是用一个未知点周边的控制样本来估算该点的未知数值,通常称为局部多项式插值。

ArcGIS 提供了最高 12 阶的趋势面模型。为了实现这种方法,需要打开 Geostatistical Analyst 扩展模块。在 ArcMap 中,操作过程为:单击 Geostatistical Analyst 下拉箭头＞Explore Data＞Trend Analysis。

回归模型是用线性回归法来得到因变量与自变量之间的方程,然后用来估算未知点的数值(Flowerdew and Green,1992)。回归模型既可以用空间变量(不一定是上述趋势面模型中用到的 $x$-$y$ 坐标),也可以用属性变量,而趋势面分析只能用 $x$-$y$ 坐标进行预测。

### 3.3.2 局部插值法

下面讨论三种局部插值法:反距离加权法(inverse distance weighted,简称 IDW)、薄片样条插值法(thin-plate splines)、克里金法(kriging)。

反距离加权法(IDW)用周边点的加权平均值作为未知点的估计值,这里的权重按距离的幂次衰减(Chang,2004:282)。因此,IDW 法实现的就是托布罗第一地理定律。IDW 模型可以表示为:

$$z_u = \frac{\sum_{i=1}^{s} z_i d_{iu}^{-k}}{\sum_{i=1}^{s} d_{iu}^{-k}}$$

这里 $z_u$ 为待估 $u$ 点的未知值,$z_i$ 为控制点 $i$ 的属性值,$d_{iu}$ 是点 $i$ 与 $u$ 之间的距离,$s$ 为所用控制点的数目,$k$ 为幂次。幂次越高,距离衰减作用越强(越快)(即近邻点的权重比远处点的权重高得多)。换言之,距离的幂次越高,局部作用越强。

薄片样条插值是通过拟合得到一个曲面,对所有控制点的预测值完全拟合,并在所有点的变化率最小(Franke,1982)。其模型可表示为:

$$z(x,y) = \sum_{i=1}^{n} A_i d_i^2 \ln d_i + a + bx + cy$$

这里,$x$ 和 $y$ 是未知数据点的坐标,$d_i = \sqrt{(x-x_i)^2 + (y-y_i)^2}$ 是到控制点 $(x_i, y_i)$ 的距离,$A_i$,$a$,$b$ 和 $c$ 待估的 $n+3$ 个参数。这些参数可以通过解一个由 $n+3$ 个线性方程组来得到(参见第十一章),则有:

$$\sum_{i=1}^{n} A_i d_i^2 \ln d_i + a + bx_i + cy_i = z_i$$

$$\sum_{i=1}^{n} A_i = 0; \sum_{i=1}^{n} A_i x_i = 0; \sum_{i=1}^{n} A_i y_i = 0$$

需要注意的是,上面第一个方程实际上代表了 $i=1,2,\cdots,n$ 取值时的 $n$ 个方程,$z_i$ 为已知 $i$ 点的属性值。

薄片样条插值法在数据较少的区域将产生陡峭的梯度值,可以用张力薄片样条插值(thin-plate splines with tension)、规则样条插值(regularized splines)、紧缩规则样条插值(regularized splines with tension)来减轻这个问题(Chang,2004:285)。这些高级插值法都可归为径向基函数(radial basis functions)。

克里金法(Krige,1966)认为空间变异包含三个部分:空间相关组分,代表区域化变量;"漂移"或结构,代表趋势;随机误差。克里金法借助半方差函数(semivariance)来检验自相关:

$$\gamma(h) = \frac{1}{2n} \sum_{i=1}^{n} [z(x_i) - z(x_i + h)]^2$$

这里 $n$ 为相距(或称空间滞后)$h$ 的控制点对的数目,$z$ 为属性值。由于空间依赖关系,$\gamma(h)$ 随 $h$ 增加而增大,即近邻物体之间的相似性大于远距离物体。可以用半方差图来显示 $\gamma(h)$ 随 $h$ 变化的情况。

克里金法通过拟合半方差图得到一个数学模型,以此来估计任意给定距离的半方差函数，从而用之计算空间权重。这里所用空间权重的效果与 IDW 法相似，即近邻控制点的权重比远点的权重高。例如，对于某个未知点 $s$（需要插值的点），控制点 $i$ 的权重为 $W_{is}$，则 $s$ 点的插值为：

$$z_s = \sum_{i=1}^{n_s} W_{is} z_i$$

这里，$n_s$ 为 $s$ 周围样本控制点数，$z_s$ 和 $z_i$ 分别为 $s$ 和 $i$ 点的属性值。与核密度估计法相似，克里金法可以基于点数据得到一个连续的面。

在 ArcGIS 中，三种局部插值都可以在 Geostatistical Analyst 扩展模块中实现。在 ArcMap 里，单击 Geostatistical Analyst 下拉箭头＞Geostatistical Wizard＞选择 Inverse Distance Weighting、Radial Basis Functions 或 Kriging 来分别调用 IDW 法、各种薄片样条插值法、克里金法。这三种局部插值法也可以用 Spatial Analyst 或 3D Analyst 来实现。这里推荐 Geostatistical Analyst 法，因为它提供更多信息和更好的交互界面(Chang，2004：298)。

## 3.4 案例 3B：表面建模及中国南方台语地名图的绘制

这里延续案例 3A 的工作，用各种表面建模技术绘制钦州市台语地名的空间分布图，所用数据不变。同时还会用到前面案例 3A 第一部分所生成的数据，尤其是用 FCA 法计算得到的台语地名百分比的数据。

### 3.4.1 用趋势面分析法制图

1. 激活 Geostatistical Wizard 对话框

在案例 3A 中，如果退出 ArcMap 时没有保存工程，则需要重复案例 3A 第一部分第 5 步的工作：将表 Sum_10km.dbf 连接到属性表 qztai。在 ArcMap 中，打开 Geostatistical Analyst 和 Spatial Analyst 扩展模块。单击 Geostatistical Analyst 下拉箭头＞选择 Geostatistical Wizard，弹出

对话框。

2. 用趋势面分析生成趋势面

在第一步弹出的对话框中,在输入数据框(Input Data)中选择 qztai,属性框(Attribute)中选择 Sum_10km. Tairatio,方法框(Methods)中选择 Global Polynomial Interpolation。在下一个对话框中,用不同的幂次(例如 1,3,4,8,10)分别试验,观察所得趋势面及对应的 RMS 值。随着幂次的增加,趋势面包含的局部信息越多,得到的 RMS 值越小。这里,我们取幂次为 10,得到的 RMS=0.1124,生成的趋势面图层 Global Polynomial Interpolation Prediction Map 将自动添加到图层中。

3. 绘制研究区的趋势面图

右键单击趋势面图层,选择 Data>Export to Raster。将输出栅格图命名为 trend10。单击 Spatial Analyst 下拉箭头>选择 Options>设置 qzcnty 为 Analysis mask。再次单击 Spatial Analyst 下拉箭头> 选择 Raster Calculator>双击图层一栏中的 trend10,将其添加到计算框中,再单击 Evaluate。计算得到的栅格图 Calculation 即为研究区内的趋势面图。

右键单击 Calculation 图层,选择属性(Properties)以改善显示效果(例如,在 Display 选项卡中,定义透明度为 30%;在 Symbology 选项卡中,修改图例等)。图 3.6 为台语地名相对集中比的趋势面图,它跟用核密度估计法得到的图 3.5 的分布态势相似,但显示了更明显的整体趋势。它清楚地表明,台语地名高度集中在西南地区,并向东北及其他方向延伸。值得注意的是,趋势面分析的有些插值结果如负值和大于 1 的值在现实中并不存在。

[可选操作] 逻辑斯蒂趋势面分析

ArcGIS 也可以直接用原始的 0-1 二值变量 Tai 来生成趋势面。在第二步的对话框中,属性(Attribute)一栏选择 point:Tai,其他选项不变,重复上述操作,即可得到基于逻辑斯蒂趋势面分析的概率面(即某点为台语地名的概率)。

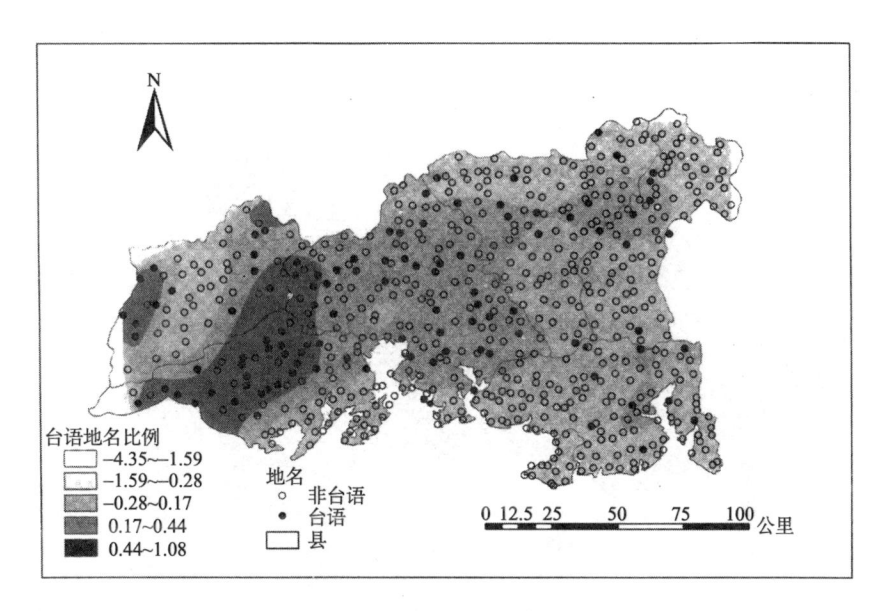

图 3.6 用趋势面分析法对钦州市台语地名比重进行插值

### 3.4.2 用局部插值法绘制分布图

1. 用 IDW 法绘制趋势面

与上面第一部分第 1 步类似,打开 Geostatistical Wizard 对话框。选择 qztai 为输入数据(Input),Sum_10km. Tairatio 为属性(Attribute),选择方法框里面的 Inverse Distance Weighting。使用默认的幂次为 2,设置邻近点数(neighbor to 选项)为 15,并用圆域来选择控制点。计算得到的 RMS=0.0844。将所得趋势面输出为栅格图 idw2。与上述第一部分第 3 步类似,我们将得到研究区内的趋势面,如图 3.7 所示。需要注意的是,所有插值与原始数据的范围相同,即在 0~1 之间。与图 3.6 相比,图 3.7 的局部分布态势更明显。

2. 用薄片样条线法绘制趋势面

类似地,在 Geostatistical Wizard 对话框中,选择 Radial Basis Functions 作为插值方法,其他选项不变。单击 next,设置插值的参数,使用默认的 Completely Regularized Spline 法,其他项使用默认设置即可,于是

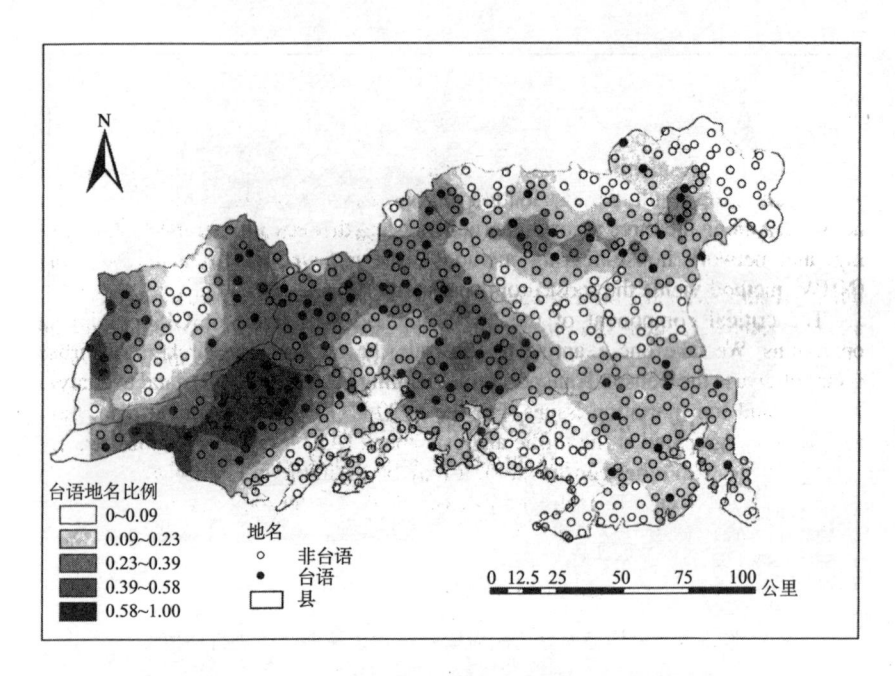

图 3.7 用 IDW 法对钦州市台语地名比重进行插值

得到一个新的趋势面,将所得栅格图命名为 regspline。所得图形与图 3.7 略有不同,从略。

3. 用克里金法绘制趋势面

类似地,在 Geostatistical Wizard 对话框中,选择 Kriging 作为插值方法,其他选项不变。单击 next,设置插值的参数,使用默认的 Ordinary Kriging Prediction Map 法,其他项使用默认设置即可,于是得到一个新的趋势面,将所得栅格图命名为 ordkrig。所得图形与图 3.7 类似,从略。

## 3.5 基于面域的空间插值

基于面域的插值(area-based interpolation)也称为交叉面域数据整合(cross-area aggregation),它是将数据从一种面域单元系统(源区域)转换到另一种面域单元系统(目标区域)。点插值中用到的一些方法如克里金法或多阶趋势面分析也可用于面域插值,就是先插值生成栅格数据,然后把栅格单元的值转化为目标区域的值。换言之,假设面状单元可以用它的质心代替,基于点的插值方法可以近似地用于面域单元的属性插值。

面域插值的方法有很多种(Goodchild et al. ,1993),其中最简单也最常用的是面积权重插值(areal weighting interpolator)(Goodchild and Lam,1980)。这种方法假设属性值在每个源区域内均匀分布,进而将源区域的属性值按面积比例分配到目标区域。

如果能拿到研究区更多的辅助信息,我们还可以用一些更高级的方法来改进插值。下面介绍一种对美国人口普查数据进行插值时尤其有用的方法。利用美国统计局 TIGER 数据中的路网数据,谢一春(Xie,1995;Batty and Xie,1994a,1994b)提出了一些网络覆盖算法(network-overlaid algorithm),将人口或其他基于居民的属性数据从一个面域单元投影到另一个面域单元。居民住房通常沿街道或道路分布,从而人口分布与路网紧密相关。在基于"路网长度"、"路网等级权重"和"路网住房载荷"三种算法中,路网等级权重法(network hierarchical weighting,简称NHW)得到的结果最为理想。

NHW 法的关键部分由一系列 GIS 叠加操作组成。下面举例说明。在研究美国城市问题时,我们常用交通规划普查数据库(CTPP)来分析土地利用和交通问题。1990 年 CTPP 数据下载网站是:http://www.bts.gov/publications/census_transportation_planning_package_1990。2000 年 CTPP 数据下载网站是:http://www.fhwa.dot.gov/ctpp/。在 1990 年的 CTPP 城市要素数据(Urban Element)中,大部分区域的数据是按交通分析小区(traffic analysis zone,简称 TAZ)这一层次进行汇总的。例如,在 1990 年 303 个 CTPP 城市要素区域中,作者根据美国交通统计局发布的文件 Regncode.asc 进行汇总表明,265 个区域的数据是按 TAZ 汇总的,13 个是按普查小区进行的,25 个按街区进行。由于种种原因(例如,要把 CTPP 数据与一些普查小区的数据合并在一起),我们需要将基于 TAZ 的 CTPP 数据转普到普查小区上。在这里,TAZ 为源区域,普查小区为目标区域。实现这一操作可以通过下述五步:

1. 把 TAZ 图层与普查小区图层进行叠加得到新的图层 TAZ-tract (多边形),将 TAZ-tract 图层与道路网络图层叠加得到一个控制网(线)图层。

2. 根据不同类型的道路赋予不同权重,因为不同道路沿线分布的人口和商业密度不同。

3. 将 TAZ 图层和网络图层叠加,计算不同道路的长度以及每个 TAZ 内的加权长度,将人口及其他一些属性分配给网络。

4. 将第 3 步得到的结果(人口及其他属性)连接到控制网图层,然后基于 TAZ-tract 图层计算每个多边形内属性值之和。

5. 按普查小区计算汇总属性值,从而得到每个普查小区的属性插值。

## 3.6 案例 3C:将克利夫兰地区普查数据从普查小区转到邻里单元和校区

本案例介绍两种常用的基于面域的数据整合方法。第一种本质上并不是插值法,它只是简单地将数据从一种面域单元转换到另一种面域单元,因为每个目标区的地域单元包含多个完整的源区地域单元(或者假设近似如此)。第二种方法是面积权重插值。第一种方法将在下面第一部分介绍,我们将把克利夫兰市的普查数据从普查小区转换到邻里单元,每个邻里单元包括多个完整的普查小区。具体操作时以人口数据为例来演示这种插值方法。

本书光盘附有本例所需下述数据:

克利夫兰市 36 个邻里单元或称统计规划区(statistical planning area,简称 SPA)的 shapefile 文件 clevspa2k。

库亚霍加县统一校区的 shapefile 文件 tgr39035uni。这里所说的"校区"(school district)是美国按住宅区划分的中、小学学生就读学校的范围,美国的校区往往独立于行政的市镇界限,有自己独立的董事会和管理者,由公共税收支持。

库亚霍加县的普查小区 shapefile 文件 cuyautm 及普查小区的质心文件 cuya_pt。

### 3.6.1 用简单整合将普查小区数据转到邻里单元

这种简单整合,可以通过空间连接的办法将数据从源区域直接转换到目标区域。

在 ArcMap 中,打开 cuyautm 的属性表,它包括人口密度数据,但没有人口数据。因为在前面案例 1A 中用来附加人口数据的属性连接是暂时性的,那些连接的列在退出工程时就没有了,但添加的新数据列 area 和 popuden 都还在。我们可以用两种方法来恢复 POP2000 数据,一是重新连接表 tgr39035trt00.dbf,二是添加一列 POP2000,然后按照 POP2000=area * popuden/1000000 的公式计算得到。对普查小区质心 shapefile 文件 cuya_pt 进行同样的操作。

右键单击目标图层 clevspa2k(面图层),选择 Joins and Relates>Join。在弹出的对话框中,选择"Join data from another layer based on spatial location",选择 cuya_pt(点图层)作为源图层,在数据汇总选项(其说明文字为"Each polygon will be given a summary of the numerical attributes of the points that fall inside it …")中,选中"Sum"前面的复选框,将输出结果命名为 spa_pop。如果选择 cuyautm 为源图层,执行的就是多边形到多边形的连接。比较保险的做法是上述点到多边形的连接。spa_pop 属性表中的 sum_pop2000 数据列即为汇总的邻里单元人口数(其他列可删去)。

### 3.6.2 用面积权重插值将普查小区数据转到校区

1. 准备校区图层

在 ArcToolbox 中，调用 Data Management Tools＞Projections and Transformations＞Feature＞Project，将地理坐标系的 tgr39035uni 转换到 UTM 坐标系的 cuyauni 文件，这里的 UTM 投影参数从 clevspa2k 文件导入(import)。在 cuyauni 的属性表中添加一个新的变量 area 列，计算校区面积用以更新 area 列数据(参照第 1.2 节第 3 步)。

2. 普查小区与校区图层叠加

ArcToolbox 中，调用 Analysis Tools＞Overlay＞Intersect＞先选择 cuyautm 作为输入要素，然后再添加 cuyauni 作为输入要素，将输出结果命名为 tmp_int。在 tmp_int 的属性表中，数据列 area 是从 cuyautm 得到的普查小区面积，数据列 area_1 是从 cuyauni 得到的校区的面积。图 3.8 以研究区右下角的一块区域为例演示了叠加过程。注意图中的普查小区 184104 被分成了两部分：多边形 A 属于校区 10016，多边形 B 属于校区 04660。

3. 根据面积大小分配属性数据

在 tmp_int 的属性数据中添加一列 area_2，计算新叠加生成的 shapefile 文件的各单元面积，用以更新 area_2 列数据。在 tmp_int 的属性数据中再新增一列 popu_est，并按照公式 popu_est＝pop2000 * area_2/area 求值。这样，我们就按面积权重法得到了叠加操作后各多边形的人口插值。例如，多边形 A 的人口数等于普查小区 184104 的人口乘以多边形 A 的面积再除以普查小区 184104 的面积，即 1468 * 1297600/16810900＝113。

为了检验所得数据，读者可以新添加一列 popu_valid，并按照 popu_valid＝popuden * area_2/1000000 公式进行计算，所得结果应该与 popu_est 相同。面积权重法假设每个普查小区内的人口呈均匀分布，从而叠加后的多边形(普查小区的一部分)和普查小区的人口密度一样。

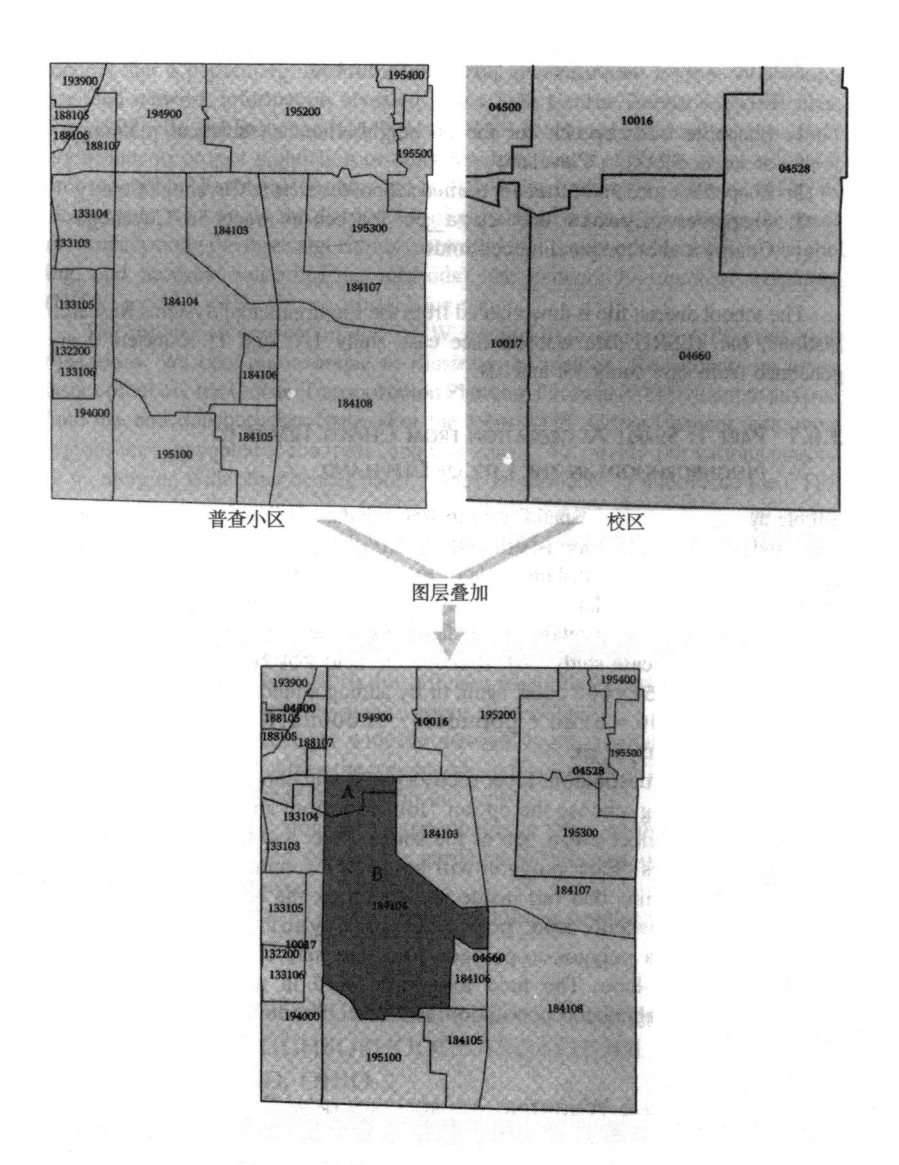

图 3.8　从普查小区到校区的面积权重插值

4. 将数据转换到校区

在 tmp_int 的属性表中，右键单击列 unified（校区编码），在第二个对话框中选择 Summarize＞选择 popu_est(sum)，并将输出结果命名为 uni _pop. dbf。uni_pop. dbf 表的数据列 sum_popu_e 即为校区的人口插值，它可以连接到 cuyauni 图层以便进行绘图等其他操作。

## 3.7 小　　结

本章介绍的技能包括下面几种：
① 用 FCA 法进行空间平滑；
② 用核密度估计法显示点状数据的空间分布；
③ 趋势面分析（包括逻辑斯蒂趋势面分析）；
④ 局部插值法，如反距离权重法、薄片样条线法、克里金法；
⑤ 简单数据整合（每个目标区的地域单元包含多个完整的源区地域单元）；
⑥ 面积权重插值（源区与目标区的地域单元边界不完全吻合）。

空间平滑和空间插值经常用于绘制空间分布模式图。案例 3A 和 3B 就是用这两种方法绘制中国南方台语地名分布图的。这两种技术可应用于许多基于点状数据的工作。例如，在下一章案例 4A 中分析专业球队的影响区时，我们使用了一种简单空间插值法来绘制居民选择不同球队的概率趋势面（图 4.4）。但是，趋势面仅仅是描述性的，究竟哪些地区呈现空间集聚还是分散？判断常常是主观的；哪些地方的集聚具有统计上的显著性而不是偶然的呢？要回答这类问题需要严格的统计分析，例如空间聚类分析。本书第九章将讨论这个问题（案例 9A 基于同一套数据来判断台语地名的空间集聚）。

基于面域的空间插值常常用于数据整合分析，即将数据从不同源区域转换到同一个面域单元。它也可用于研究可变地域单元问题（MAUP），因为数据总是可以从一个高精度面域汇总到各种低精度面域，从而拥有多种地域单元下的同类数据。例如，在后面案例 6 关于城市密度方程的问题中，数据就是从普查小区转换到大的 township 单元，然后分析基于不同面域单元的方程，看结果是否稳定。

## 附录3 空间平滑的经验贝叶斯估计

经验贝叶斯(Empirical Bayes,简称 EB)估计是另外一种常用于调整或平滑面域变量(尤其是比率)的方法(参见 Clayton and Kaldor,1987;Cressie,1992)。因为两个事件的联合概率等于第一个事件的概率与第二个事件基于第一个事件的条件概率之积,在估计数据的概率分布时,贝叶斯推断可看做关于数据集内生的先验信息或推断(Langford,1994:143),即:似然函数×先验概率=后验概率。

以疾病风险为例,研究区的观测数据可用泊松分布的似然函数表示。先验信息是基于研究区观测数据的相对风险(率)分布,例如,人口较多地区比人口较少地区的相对风险估计要可靠得多。总而言之,① 研究区内的平均风险率是可靠和无偏的;② 比较而言,对大规模人口疾病风险率的估计更准确;③ 疾病风险率服从一种已知的概率分布。

假定用一种概率分布如 $\Gamma$ 分布来描述先验的风险率分布。$\Gamma$ 分布有两个参数,即形态参数 $\alpha$ 和尺度参数 $\nu$,均值为 $\nu/\alpha$,方差为 $\nu/\alpha^2$。参数 $\alpha$ 和 $\nu$ 可以综合用马歇尔(Marshall,1991)提出的最大似然法和力矩法进行估算。对于某个人口数为 $P_i$,病例数为 $k_i$ 的 $i$ 地区,发病的原始概率为 $k_i/P_i$。可以证明,后验期望率或经验贝叶斯估计为:

$$E_i = \frac{k_i + \nu}{P_i + \alpha}$$

如果地区 $i$ 的人口数较少,与 $\nu$ 和 $\alpha$ 相比,$k_i$ 和 $P_i$ 都较小,从而经验贝叶斯估计 $E_i$ 接近于 $\nu/\alpha$(全研究区的比率)。相反,如果地区 $i$ 的人口较多,$k_i$ 和 $P_i$ 相对较大,从而经验贝叶斯估计 $E_i$ 接近于原始概率 $k_i/P_i$。经验贝叶斯估计 $E_i$ 是原始概率 $k_i/P_i$ 经 $\nu$ 和 $\alpha$ 两个内生参数平滑的结果。

当经验贝叶斯估计用于整个研究区时,所有地区的比率都基于整个研究区的比率进行了平滑,即全局经验贝叶斯平滑。当它用于局部地区时,基于每个地区定义一个邻域,将比率按邻域地区的平均比率进行平滑,此即为局部经验贝叶斯平滑。一个地区的邻域定义为它的邻近地区与它本身之和。邻域可以按"R 邻域"或"Q 邻域"(参见第 1.4 节)、一阶或二阶邻域等方式定义。

  鲁科·安索林(Luc Anselin)和他的同事合作开发了一种免费软件包 GeoDa(http://sal.agecon.uiuc.edu/geoda_main.php),它可以用来做 EB 估计的空间平滑。在 GeoDa0.9.5-i 中,依次选择 Map>Smooth>Empirical Bayes(或 Spatial Empirical Bayes)即可。这里的 Empirical Bayes 命令将比率按整个研究区均值进行平滑,因而是一种全域经验贝叶斯平滑。Spatial Empirical Bayes 命令是将比率按个地区周边的空间窗口(基于一个空间权重文件,按每个地区及其邻域地区进行定义)进行平滑,因而是局部经验贝叶斯平滑。

# 第二部分

# 初级数量方法及应用

# 第四章 基于 GIS 的服务区分析及其在商业地理和区域规划中的应用

"成功的商家不仅要提供优质的商品和服务，还需要考虑三个因素，那就是：区位、区位、再区位"(Taneja,1999:136)。商店选址时，例行的服务区(trade area)分析十分重要。服务区是指"顾客分布的主要区域，在其范围内该店的商品销售量或服务营业额超过其竞争对手"(Ghosh and McLafferty,1987:62)。对于一家规划中的新店，研究服务区可以在现存竞争对手(包括那些属于同一连锁店的商家)背后发掘商机，从而有利于确定最佳选址。对于现有商店，通过服务区分析可以考察市场潜力，评价经营业绩。此外，服务区分析还有助于企业开展下述活动：确定广告覆盖的重点地区，揭示顾客较少的薄弱地段，提出企业扩张计划等等(Berman and Evans,2001:293-294)。

划分服务区的方法有类比法(analog method)、邻域法(proximal area method)、重力法(gravity model)等几种。类比法是一种非地理方法，常用的是回归分析法。邻域法和重力法都是地理方法，可以借助 GIS 技术来实现。类比法和邻域法比较简单，将在第 4.1 节中介绍。重力法是本章的重点，将在第 4.2 节详细阐述。因为本书重在 GIS 应用，所以第 4.3 和第 4.4 节将举例说明如何通过 GIS 来实现两种地理方法(邻域法和重力法)。案例 4A 从一个新的视角来演示传统的商业地理问题，例子并不是典型的零售店服务区的界定，而是分析芝加哥两支专业棒球队的球迷分布。案例 4B 演示了服务区分析方法在区域规划中的应用，实例是划分中国东北大城市的腹地范围(影响区)；腹地划分是区域规划中常见的一个重要任务。第 4.5 节是本章小结。

## 4.1 服务区分析的基本方法

### 4.1.1 类比法及回归模型

类比法最早由阿波巴姆(Applebaum,1966,1968)提出,是第一个基于经验数据系统预测零售服务的模型。该模型基于现有商店营运情况来预测新开的类似商店的销售量。阿波巴姆的类比法最初并不包括回归分析,它通过一定样本的问卷调查来获取类比商店的顾客信息:顾客的地理分布、人口结构特征、消费习惯等。据此,可以确定不同距离范围内商店的市场渗透力(例如顾客数量及分布、人均消费额等)。分析的结果可以用于预测在类似环境下新增商店的市场潜力。虽然类比法可以用于划分一个商店不同距离的市场容量,但其主要目的是预测销售情况而不是从地理上划分服务区。类比法操作简单,但有一些重大缺陷。什么商店才是可以类比的呢?选择往往依赖于主观判断(Applebaum,1966:134),也没有考虑很多影响商店经营状况的环境和场地特征。

通过引入回归模型可以完善原始的类比法。回归模型考虑到影响商店效益的各种变量(Rogers and Green,1978),其表达式为:

$$Y = b_0 + b_1 x_1 + b_2 x_2 + \cdots + b_n x_n$$

这里,$Y$是商店的销量或利润,$x_i$是各种影响因素(变量),$b_i$是回归系数,$i=0,1,2,\cdots,n$。

选择什么样的变量(影响因素),根据各种商店的具体情况确定。例如,奥尔森和罗德(Olsen and Lord,1979)分析银行的零售业时,采用了反映服务区特征(购买力、家庭收入、自有住房情况)、场地吸引力(雇员水平、银行储蓄所面积)、竞争性(竞争银行数、同类银行服务区的重叠)等几类变量。即使是对同一种零售商店,也可以将商店分成不同的类型分别进行拟合,得到不同的回归模型。例如,戴维斯(Davies,1973)根据服装店是否位于街角将其分为两类,他发现影响这两类服装店销量的变量存在明显差异。对于街角服装店,前五位影响因素分别是商店面积、商店可达性、分支商店数、城市增长速度、到最近停车场的距离;对于非街角的服装店,前五位影响因素分别是城市总零售消费额、商店可达性、销售区面积、商店面积、分支商店数。

### 4.1.2 邻域法

邻域法是一种界定服务区的简单地理方法,它假设消费者遵循就近购物原则(Ghosh and McLafferty,1987:65),这也是经典中心地理论的一个假设(Christaller,1966;Lösch,1954)。邻域法认为消费者购物时只考虑通行距离(或通行时间),从而一个商店服务区内的消费者到该商店的距离比到其他商店的距离都要近。定义了邻域区(proximal area)之后,通过分析服务区的人口特征并考察他们的购物习惯即可预测销量。

邻域法的GIS应用可以从两个角度来实现。第一种是顾客导向的方法。首先从一个居民点出发,搜索所有商店中最近的商店;然后,将这个搜索过程应用到所有的居民点;最后,所有共享同一家最近商店的居民点组成该商店的邻域区。这可以用ArcGIS工具箱里面的near工具来实现,near工具可以通过Analysis Tools>Proximity>Near来调用。

第二种是商店导向的方法。首先,基于各商店构造泰森多边形(Thiessen polygons),围绕每家商店的多边形即为其近邻区;其次,将泰森多边形与包含消费者信息的图层(例如人口普查小区图层)叠加,即可得到每个近邻区的人口统计量。生成的泰森多边形图层,其覆盖范围是由商店分布位置而定的,可能并不完全覆盖所有的居民点。在ArcGIS中,泰森多边形是从一个包含商店位置的点图层(数据格式现限为ArcInfo coverage)产生的,通过调用Coverage Tools>Analysis>Proximity>Thiessen菜单来实现。图4.1(a)~4.1(c)演示了基于五个点的泰森多边形是怎样形成的。图4.1(a)显示了五个点的分布;图4.1(b)中,邻近的两点连成一线,线的中点处再画一垂直线;最后图4.1(c)显示这些垂直线相交形成泰森多边形。

这里的邻域法用的是欧式距离,当然也可以用路网距离或旅行时间

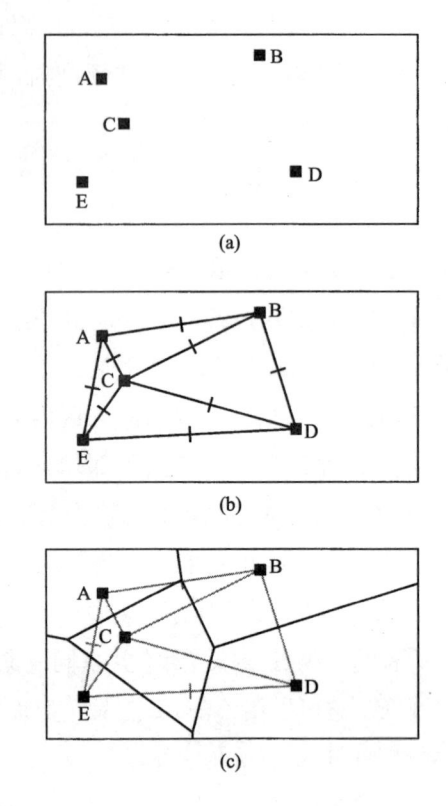

图 4.1　基于 5 个点的泰森多边形

来代替。案例 4A 和 4B 都是基于顾客导向法实现的：首先，根据所有消费者和商店两两之间的距离或时间构造距离或时间矩阵（参见第二章）；然后，找出离每个消费者距离最近（或时间最短）的商店；最后，将所得结果添加到消费者图层进行绘图或更多的分析。

## 4.2　划分服务区的引力模型

### 4.2.1　赖利定律

邻域法定义服务区时只考虑了距离（或时间）。但是，消费者有可能跳过最近的商店而去光顾那些价格低廉、质量优越、品种齐全和形象悦目的商店。由于购物行为的多样性,提供不同商品和服务的商店集聚区往往能够比孤立商店更吸引顾客。基于引力模型的方法考虑两个因素:距离商店的远近、商店吸引力的大小。赖利(Reilly,1931)零售引力定律最初是用来划分两个城市的吸引范围,当然也可以用来划分相邻两家商店的服务区。

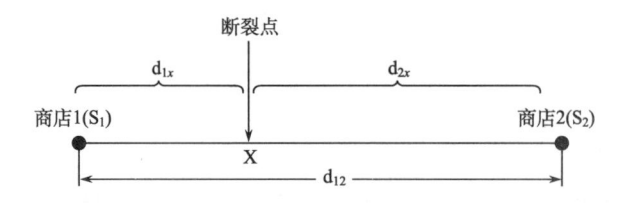

图 4.2 用赖利定律确定的两个商店之间的断裂点

考察相距 $d_{12}$ 的商店 1 和商店 2(图 4.2)。假设商店 1 和 2 的吸引力分别为 $S_1$ 和 $S_2$(例如以商店的销售面积算),划分这两家商店的服务区就是确定它们之间的断裂点。设断裂点到商店 1 和商店 2 的距离分别为 $d_{1x}$ 和 $d_{2x}$,即有:

$$d_{1x}+d_{2x}=d_{12} \qquad (4.1)$$

根据引力模型的概念,商店对某一点的零售引力(简称"势能")与它本身的吸引力成正比,与距离成反比。位于断裂点的消费者去哪家商店购物都是一样的,也就是说在断裂点,商店 1 和商店 2 的引力相等,即有:

$$S_1/d_{1x}^2 = S_2/d_{2x}^2 \qquad (4.2)$$

根据式 (4.1),我们有 $d_{1x}=d_{12}-d_{2x}$。代入式(4.2)解得:

$$d_{1x} = d_{12}/(1+\sqrt{S_2/S_1}) \qquad (4.3)$$

类似地,

$$d_{2x} = d_{12}/(1+\sqrt{S_1/S_2}) \qquad (4.4)$$

式(4.3)和(4.4)定义了两家商店服务区的界限,此即为赖利定律。

### 4.2.2 哈夫模型

赖利定律只适用于划分两家商店之间的服务区。哈夫(Huff,1963)

模型是更一般的引力模型,可以用于划分多家商店的服务区。哈夫模型"简单易懂,使用方便,解决问题的适用性更广"(Huff,2003:34),自创立以来,得到了持续广泛的应用。哈夫模型的基础与多目标选择的逻辑斯蒂(logistic)模型类似。在所有备选商店中,消费者选择某一家的概率与该选择的效用成正比,也就是:

$$P_{ij} = U_j \Big/ \sum_{k=1}^{n} U_k \qquad (4.5)$$

这里 $P_{ij}$ 为消费者 $i$ 选择商店 $j$ 的概率,$U_j$ 和 $U_k$ 分别是选择商店 $j$ 和 $k$ 的效用,$k$ 是所有可能的选择($k=1, 2, \cdots, n$)。

在实际应用时,商店的效用是用引力模型来定义的。与式(4.2)相似,某地的势能大小与商店的吸引力(例如以面积衡量的规模)呈正比,而与商店和消费者间的距离呈反比。也就是:

$$P_{ij} = S_j d_{ij}^{-\beta} \Big/ \sum_{k=1}^{n} (S_k d_{ik}^{-\beta}) \qquad (4.6)$$

这里 $S$ 为商店规模,$d$ 为距离,$\beta>0$ 是距离摩擦系数,其他参数和变量与式(4.5)中的定义相同。可见,式(4.6)是式(4.2)的一般形式,式(4.2)为式(4.6)中 $\beta=2$ 的特殊情况。$S_j d_{ij}^{-\beta}$ 通常称为势能,表示商店 $j$ 对位于 $i$ 的消费者的影响。

也许有人认为用重力(引力)模式来度量效用纯粹是为了实践上的方便。事实上,从效用最大化可以推导出引力模型(也称为空间相互作用模型)(Niedercorn and Bechdolt,1969;Colwell,1982),这也是引力模型的经济基础(参见附录4)。威尔逊(Wilson,1967,1975)也借助熵最大化法为引力模型提供了一个理论基础,他的工作也带来了新的发现,即一系列引力模型:起点约束模型(production-constrained model)、终点约束模型(attraction-constrained model)、起点-终点约束模型(production-attraction-constrained model)或称双向约束模型(doubly-constrained model)(Wilson,1974;Fotheringham and O'Kelly,1989)。

从式(4.6)可知,消费者到各商店购物的概率是不同的,商店的服务区由最大概率的消费者构成。实际应用时,对于 $i$ 地点的消费者,式(4.6)的分母对所有的商店 $j$ 都是相同的,从而分子大的概率就大。分子 $S_j d_{ij}^{-\beta}$ 通常称为商店 $j$ 在距离 $d_{ij}$ 的"势能"。这意味着,只要找到一个商店最大势能的集合即可确定商店的服务区,这很容易用 ArcGIS 来实现。当然,如果我们想得到商店购物概率的连续分布曲面,需要基于式(4.6)算出具体的概率。事实上,哈夫模型的一个主要贡献就是,零售服务区是一个连续的渐变范围,不同商店的零售服务区相互重叠,与中心地理论互不重叠的规则几何服务区不同(Berry,1967)。

实际应用哈夫模型时,要利用商店与消费者之间的距离矩阵,用式(4.6)计算消费者到每个商店的购物概率。这些都可以借助 ArcGIS 来实现。计算结果不是简单的边界,而是一个连续的概率曲面。如果我们还是想要划定每个商店自己占优势的服务区,那就是由那些到该店购物概率最大的居民点所组成。

### 4.2.3 赖利定律与哈夫模型的关系

赖利定律可以看做是哈夫模型的特殊形式。在式(4.6)中,假设只有两家商店($k=2$),断裂点处的概率 $P_{ij}=0.5$,即有:

$$S_1 d_{1x}^{-\beta}/(S_1 d_{1x}^{-\beta} + S_2 d_{2x}^{-\beta}) = 0.5$$

假设 $\beta=2$,上式即为式(4.2),从而可以得到赖利定律。

对于任意的 $\beta$,赖利模型的一般式可以表示为:

$$d_{1x} = d_{12}/[1+(S_2/S_1)^{1/\beta}] \tag{4.7}$$

$$d_{2x} = d_{12}/[1+(S_1/S_2)^{1/\beta}] \tag{4.8}$$

根据式(4.7)和(4.8)可知,如果商店 1 的规模比商店 2 增加得快(即 $S_1/S_2$ 上升),则 $d_{1x}$ 增加而 $d_{2x}$ 下降,表明断裂点向商店 2 移动,从而商店 1 的服务区扩大。这在实际生活中是显而易见的。如果考虑距离摩擦系数 $\beta$ 的影响,我们同样可以得到有趣的结果。当 $\beta$ 降低时,断裂点的移动依赖于商店的规模:

1. 如果 $S_1 > S_2$，即 $S_2/S_1 < 1$，$(S_2/S_1)^{1/\beta}$ 降低，从而 $d_{1x}$ 增加，$d_{2x}$ 减少，表明规模大的商店扩大服务区；

2. 如果 $S_1 < S_2$，即 $S_2/S_1 > 1$，$(S_2/S_1)^{1/\beta}$ 增加，从而 $d_{1x}$ 减少，$d_{2x}$ 增加，表明规模小的商店收缩服务区。

历史上由于交通技术和路网的改善，$\beta$ 值递减，距离对人们出行的摩擦力减少。由上面的推论可以看出，递减的 $\beta$ 使大商店优势更为明显。这一点可以帮助我们理解今日零售业的竞争，大型超级市场取代便利小店是不可避免的。

### 4.2.4 哈夫模型的推广

原始哈夫模型的商店规模指数固定为1。对哈夫模型式(4.6)的一个简单改进可以表示为：

$$P_{ij} = S_j^\alpha d_{ij}^{-\beta} \Big/ \sum_{k=1}^{n} (S_k^\alpha d_{ik}^{-\beta}) \tag{4.9}$$

这里指数 $\alpha$ 表征了商店的规模弹性。例如，由于规模经济效益，大型购物中心的吸引力比若干商店吸引力的简单相加大得多。

改进的模型依然只用规模来表示商店的吸引力。有研究者(Nakanishi and Cooper,1974)提出一个更一般形式的，即竞争互动的乘数模型(multiplicative competitive interaction model，简称 MCI)。除了规模与距离因素之外，这个模型考虑了诸如商店形象、地理可达性等其他因素。MCI 模型定义的消费者 $i$ 在商店 $j$ 购物的概率 $P_{ij}$ 为：

$$P_{ij} = \Big(\prod_{l=1}^{L} A_{lj}^{\alpha_l}\Big) d_{ij}^{-\beta} \Big/ \sum_{k \in N_i} \Big[\Big(\prod_{l=1}^{L} A_{lk}^{\alpha_l}\Big) d_{ik}^{-\beta}\Big] \tag{4.10}$$

这里，$A_{lj}$ 是商店 $j$ 的第 $l$ 个属性($l=1,2,\cdots,L$)，$N_i$ 是消费者 $i$ 可能前往购物的商店集，其他变量和参数与式(4.6)和式(4.9)中的定义相同。

如果有个人购物行为的数据，我们可以用多项选择模型(multinomial logit model，简称 MNL)来刻画购物行为(Weisbrod et al.,1984)，模型可表示为：

$$P_{ij} = (\prod_{l=1}^{L} e^{\alpha_{lj}A_{lij}})e^{-\beta_{ij}d_{ij}} \Big/ \sum_{k \in N_i}[(\prod_{l=1}^{L} e^{\alpha_{lik}A_{lk}})e^{-\beta_{ik}d_{ik}}] \quad (4.11)$$

跟式(4.10)用幂函数方程表征商店吸引力不同,式(4.11)用指数函数来表征商店吸引力。上述模型可以用多项选择的 logit 模型来估算。

### 4.2.5 引力模型中 $\beta$ 值的估算

引力模型中的距离摩擦系数 $\beta$ 是个重要参数,使用哈夫模型时首先要计算 $\beta$ 值。由于 $\beta$ 值随时而变、因地而异,因此,最好根据实际的研究区而定。

与式(4.6)所示的原始哈夫模型相对的是地区间联系的早期引力模型,表示为:

$$T_{ij} = aO_iD_jd_{ij}^{-\beta} \quad (4.12)$$

这里 $T_{ij}$ 是区域 $i$(即居住地)和 $j$(商店)之间的联系强度(比如人流量), $O_i$ 为出发地规模(这里为居住地人口规模), $D_j$ 为目的地规模(商店规模), $a$ 为比例系数(常量), $d_{ij}$ 和 $\beta$ 的定义与式(4.6)相同。式(4.12)两边取对数,得到:

$$\ln[T_{ij}/(O_iD_j)] = \ln a - \beta \ln d_{ij} \quad (4.13)$$

这意味着,如果原始模型中的商店规模没有指数参数的话, $\beta$ 可以通过式(4.13)这样的简单二元回归模型得到,可参见金凤君等人(Jin et al.,2004)的一个研究。

类似地,哈夫模型的改进式(4.9)对应于下面的引力模型:

$$T_{ij} = aO_i^{\alpha_1}D_j^{\alpha_2}d_{ij}^{-\beta} \quad (4.14)$$

这里 $\alpha_1$ 和 $\alpha_2$ 分别为出发地吸引力 $O_i$、目的地吸引力 $D_j$ 的弹性指数,式(4.14)经过对数变换即为:

$$\ln T_{ij} = \ln a + \alpha_1 \ln O_i + \alpha_2 \ln D_j - \beta \ln d_{ij} \quad (4.15)$$

应用哈夫模型的改进式(4.9)时,式(4.15)即为计算 $\beta$ 值的多变量回归模型。

## 4.3 案例4A:确定芝加哥小熊队和白袜队的球迷范围

在芝加哥众所周知的两大职业棒球队中,不管各自的赢球记录如何,小熊队(Cubs)总是比白袜队(White Sox)吸引更多的球迷。许多因素,诸如球队历史、棒球场周边环境、球队管理的公共形象、赢球记录等等都会对球迷的吸引力产生影响。在本案例中,我们试图从地理学角度来考察这一现象。作为服务区分析的示例,我们只考察棒球场周边人口这个变量。首先,我们假设球迷选择最近邻的球队,邻域法就可用来考察各球队的球迷范围。然后,我们用引力模型来计算球迷支持每个队的概率,从而划分球迷范围。为演示引力模型,我们暂用赢球率来衡量球队的吸引力。显然,这有些过于简化。尽管小熊队的记录一直不理想,但它却拥有"可爱的失败者"这一绰号,是体育界最受欢迎的专业球队之一。当然,赢球记录仍然很重要,在小熊队2003年冲进季后赛之后,2004年该队球赛的门票就特别抢手了。更具有讽刺意味的是,白袜队在芝加哥尽管不受青睐,2005年却战绩显赫,并最终赢得世界职业棒球大赛的冠军。作者是小熊队的忠实球迷,还在耐心等待他们举起世界职业棒球大赛冠军杯的那一天。

为简单起见,本例中采用欧式距离(案例4B中用的是路网距离),距离摩擦系数假设为2,即 $\beta=2$。

本例所用数据如下:

1. 研究区内包含普查小区信息的多边形图层数据(见所附光盘 e00 数据文件 chitrt);

2. 两支球队所在的库克(Cook)县公路与街道 shapefile 数据(见 tgr17031lka 文件);

3. 两支球队地址及赢球记录的数据(见逗号分割的文本文件 cub-soxaddr.csv)。

## 第四章 基于 GIS 的服务区分析及其在商业地理和区域规划中的应用

数据收集与处理是这样的。研究区为伊利诺伊州芝加哥结合大都市统计区(CMSA)的 10 个县(括号内为县的编码):Cook(031)、DeKalb(037)、DuPage(043)、Grundy(063)、Kane(089)、Kankakee(091)、Kendall(093)、Lake(097)、McHenry(111)和 Will(197)。如图 4.3 所示。空间数据从 ESRI 网站下载,按照与第 1.2 节类似的方法进行处理(参见案例 1A),并将各县的普查小区数据和 2000 年人口普查数据联系在一起。最后,通过调用 ArcToolbox 里面的 Data Management＞General＞Append 菜单,将各县整合在一起形成 chitrt 文件。本案例中只使用了人口数据,变量名为 popu。读者也可以用其他一些统计数据如收入、年龄、性别等做更深入的研究。

两支球队所在库克县的 shapefile 文件 tgr17031lka,包含公路和街道数据,也是从 ESRI 网站下载的,本图层用于对球队进行地理编码。

两支球队的地址以及他们 2003 年的赢球率(小熊队为 0.549,白袜队为 0.512)来自互联网,这些都包含在 cubsoxaddr.csv 文件中,共有球队名称、街道地址、邮编、赢球率四列数据。

下面是案例操作的简要说明。如有必要,读者可以参阅前面的案例以查看详细的相关步骤。本案例介绍一个新的 GIS 功能:地理编码(geocoding)或地址匹配(address matching),即将一系列地址转化为电子地图上的点。

### 4.3.1 用邻域法确定球迷范围

1. 球队位置地理编码

启动 ArcCatalog,依次用鼠标左键双击 Address Locators＞Create New Address Locator,在弹出的对话框里选择 US Streets with Zone (File),然后将 Name 一栏后面的"the new address locator"改为 mlb(即我们创建 address locator 的名字);单击 Primary table,Reference data 右边的按钮,找到 Chicago 文件夹里面的文件 tgr17031lka 并添加(add);其他选项默认值即可。

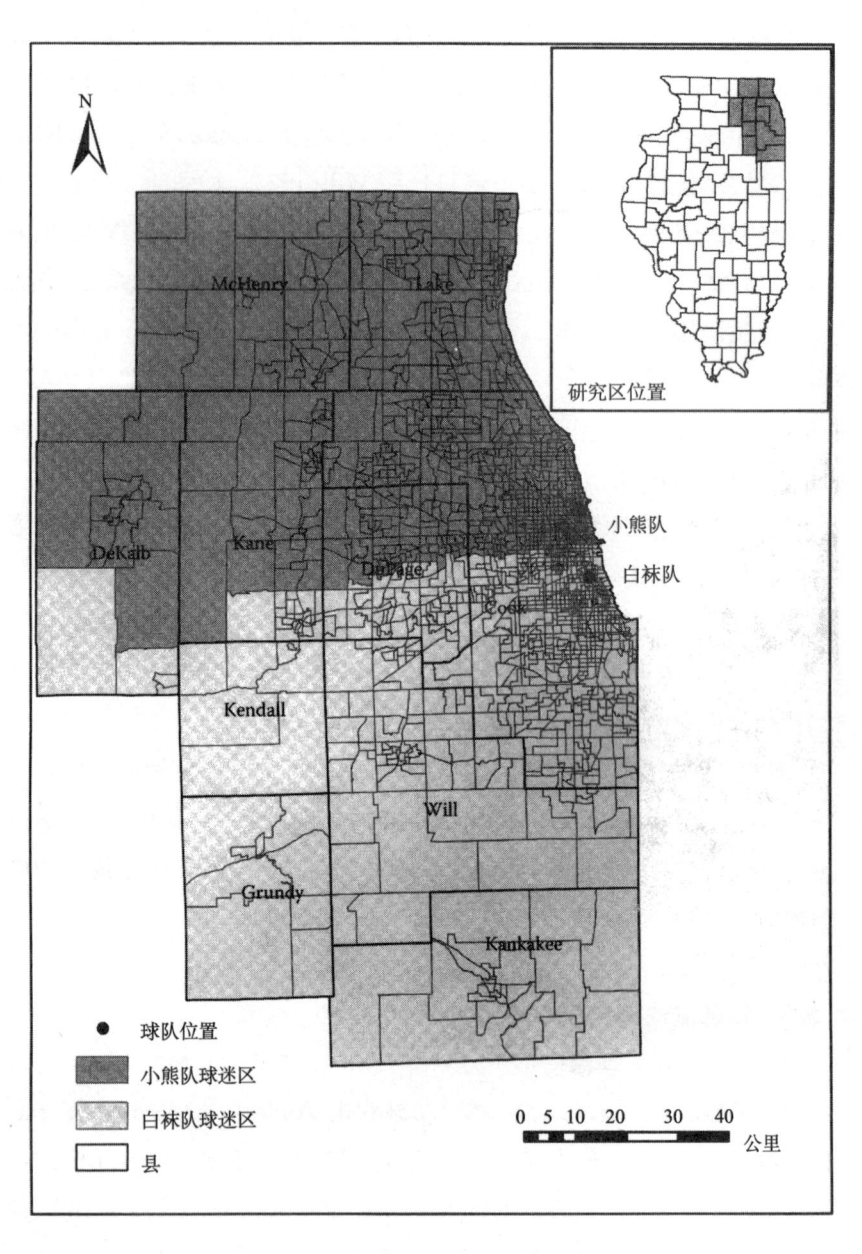

图 4.3　芝加哥小熊队和白袜队的邻域区

上述功能也可以调用 ArcToolbox 实现：Geocoding Tools＞Create Address Locator。我们选用 ArcCatalog，因为它提供了更多选项。

用 ArcMap 进行地址匹配：选择 Tools＞Geocoding＞Geocode Address。选择 mlb 作为 address locator，选择 cubsoxaddr.csv 为地址表，将结果存为名叫 cubsox_geo 的 shape 文件。借用 coverage 文件 chitrt 设置的投影参数（即 State Plane Illinois East）将 cubsox_geo 投影为 cubsox_prj（参见第 1.2 节第 2 步）。

2. 查找最近的球队

创建点图层 chitrtpt，即普查小区（图层 chitrt）的质心（具体办法参见第 1.4 节第一部分第 1 步）。也可以直接用光盘里面的 shape 文件 chitrtcent（人口重心）。第五章第 5.4 节介绍了获取这一 shape 文件的方法。用 ArcToolbox 里面的空间连接（spatial join）或近邻工具（Analysis Tools＞Proximity＞Near）来得到距离每个普查小区质心最近的球队，并将结果与多边形图层 chitrt 连接。图 4.3 是基于近邻法得到的两支球队的球迷范围图示。

如果想让每支球队的球迷范围显示为一个完整的多边形（当然，这并不是本例的目的），我们可以调用 ArcToolbox＞Data Management Tools＞Generalization＞Dissolve 菜单，将球迷分布的普查区按自己喜欢的球队进行分组合并。

3. 汇总结果

打开图层 chitrt 的属性表，将人口数（popu）按球队汇总（例如按 NEAR_FID 汇总）。在属性表中，选择 Options＞Select By Attributes 来得到以下几类普查小区：2 英里（＝ 3218 米）以内，5 英里（＝ 8045 米），10 英里（＝ 16090 米）以及 20 英里（＝ 32180 米），并汇总每支球队近邻的所有人口数。汇总结果见表 4.1。可见，小熊队明显占优势，尤其是在近距离范围内。如果考虑到居民收入的话，小熊队附近的居民收入明显高于白袜队附近的居民，优势更加明显。

表 4.1　按照服务区分析确定的小熊队和白袜队的球迷数

| 球队 | 邻域法 | | | | 哈夫模型 |
|---|---|---|---|---|---|
| | 2 英里 | 5 英里 | 10 英里 | 研究区 | |
| 小熊队 | 241 297 | 1 010 673 | 1 759 721 | 4 482 460 | 4 338 884 |
| 白袜队 | 129 396 | 729 041 | 1 647 852 | 3 894 141 | 4 037 717 |

[可选操作]用泰森多边形定义邻域区

用 ArcToolbox 将 shape 文件 cubsox_prj 转化为 Coverage 点图层 cubsox_pt：调用 Conversion Tools＞To Coverage＞Feature Class To Coverage。然后，基于 cubsox_pt 生成泰森多边形图层：调用 Coverage Tools＞Analysis＞Proximity＞Thiessen 来生成泰森多边形图层，命名为 thiess。用空间连接（或其他叠加工具）来得到那些质心在泰森多边形 thiess 里面的普查小区，然后按每支球队汇总人口数。所得结果与上面第二步的结果进行比较。泰森多边形的范围是由点图层的范围来定义的，因此可能不会覆盖整个研究区。

### 4.3.2　用哈夫模型确定球迷范围、绘制概率面

1. 计算球队与普查小区之间的距离矩阵

用 ArcToolbox 计算普查小区与球队之间的欧式距离：调用 Analysis Tools＞Proximity＞Point Distance，例如，用 chitrtpt 作为 Input Feature，cubsox_prj 作为 Near Feature(参见第 2.3 节第一部分第 2 步)。将距离文件命名为 dist.dbf。距离文件包含 1902(普查小区数)×2(球队数)＝3804 条记录。

2. 计算势能

将属性表 cubsox_prj 连接到距离表 dist.dbf，从而将赢球记录添加到距离文件。在 dist.dbf 中添加名为 potent 的变量(field)，按照公式 $potent=1000000*winrat/(distance/1000)\textasciicircum 2$ 来计算势能。需要注意的是，势能值是无量纲的，这里乘 1000000 是为了避免数值太小。按照式

(4.6)计算得到的结果保存在列 potent 中。

3. 计算概率

在表 dist.dbf 中,按普查小区(即按 INPUT_FID)对 potent 求和以得到式(4.6)中的分母,将结果保存为 sum_potent.dbf 文件,并将它与表 dist.dbf 连接。添加一列 prob,按照公式 prob=potent/sum_potent 计算 prob,所得即为每个普查小区内的居民选择某个球队的概率。

4. 绘制概率面

提取观看小熊队比赛的概率(例如,根据 NEAR_FID=0 的条件从 dist.dbf 选取记录),将结果保存为 Cubs_Prob.dbf,并将它连接到普查小区的点图层 chitrtpt。利用案例 3B 介绍的面模型技术来绘制小熊队的概率面,见图 4.4。其中的小插图为两支球队附近的放大图,显示沿着 0.5 的概率线,从一支球队的服务区到另一支球队的服务区的变化过程。本案例只包括两支球队。读者可以基于白袜队进行分析,得到的图形与图 4.4 正好相反,因为观看白袜队比赛的概率=1-观看小熊队的概率。

5. 用哈夫模型定义球迷范围

上述第 4 步将 Cubs_Prob.dbf 连接到 chitrtpt 之后,属性表 chitrtpt 有了一个名叫 prob 的变量,为居民观看小熊队比赛的概率。在 chitrtpt 中添加新的一列 cubsfan,按照公式 cubsfan=prob * popu 计算,并将结果汇总得到 4338884,此即为根据哈夫模型得到的小熊队的球迷数。余下的人口为白袜队的球迷,即 8376601(研究区内的总人口)-4338884=4037717。

### 4.3.3 讨论

用邻域法得到的球队影响区有确定的边界,在影响区内,所有人被假设支持两支球队中的一支。哈夫模型计算了居民支持每支球队的概率,在每个普查小区内,一部分人支持这一支球队,余下的支持另一支球队。哈夫模型更切合实际,因为住在同一个地区的人(甚至同一家人的不同成员)可能支持不同的球队。测量球队的影响力通常是一件非常复杂的事

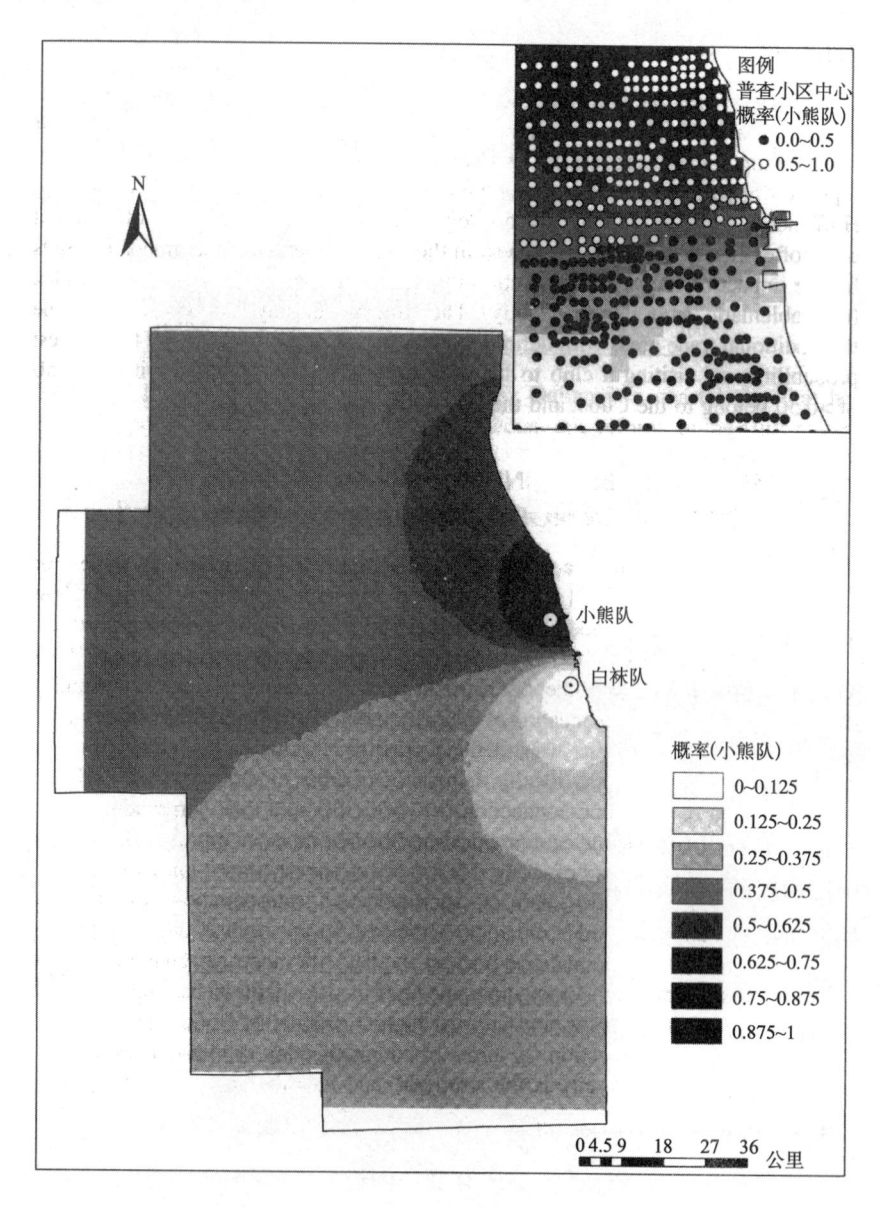

图 4.4 用哈夫模型计算的小熊队支持率

情(本例用了许多假设条件来简化问题)。哈夫模型也可以用于划定有明确边界的影响区,只要我们将支持球队概率最大的普查小区划为该球队的影响区即可。在本例中,概率大于 0.5(prob >0.5)的普查小区属于小熊队,余下的普查小区属于白袜队。

## 4.4 案例 4B:确定中国东北主要城市的腹地

本节提供另外一个服务区分析案例,即用于确定中国东北部主要城市的腹地。有研究者(Berry and Lamb,1974)曾用类似的方法确定城市影响范围。城镇体系或区域规划经常需要划分城市腹地。作者(Wang,2001a)的一项研究划分了中国 17 个中心城市的腹地。理想情况下,划分城市腹地应该以城市与周边地区的经济联系为基础,充分考虑交通流、通讯流或资金流等因素。一个城市的腹地是与该城市联系最紧密的区域。但是,获取上述流量数据的成本往往很高,或者很难得到,本案例就是如此。可以用邻域法和哈夫模型等服务区划分技术来近似地确定城市腹地。哈夫模型是基于引力模型而建立的。如果一个地区的居民到某个城市的概率最高,就意味着这个地区与该城市之间的相互作用(可能表现在信息流或交通流方面)最强,因此这个地区可以划为该城市的腹地。与案例 4A 不同的是,本案例用路网距离而不是欧式距离。正如我们前面阐述的那样(参见 2.3 节),我们用铁路旅程作为交通通行距离。

本案例所需数据与第二章中的案例 2 相同。此外,还要用到案例 2 生成的距离文件 Dist.dbf(见本书所附光盘)。人口变量作为哈夫模型里面的吸引力(即式(4.6)中的 S),见点数据 city4 中的 popu_nonfarm 列。非农人口数是中国确定城市规模的常用指标,我们用 1990 年人口普查的非农人口数作为城市规模,见表 4.2。在这 4 个主要城市中,沈阳、长春、哈尔滨分别为辽宁、吉林和黑龙江的省会;大连是港口城市,1978 年改革开放之后,人口增长很快。为了简便起见,我们假设哈夫模型中的=2.0。杨齐(1990)曾用引力模型研究过中国区域旅客流动模式,他计算得到的=2.1。

表 4.2　中国东北四大城市的腹地

| 中心城市 | 非农人口数 | 县的个数 | |
|---|---|---|---|
| | | 邻域法 | 哈夫模型 |
| 大连 | 1 661 127 | 7 | 7 |
| 沈阳 | 3 054 868 | 72 | 72 |
| 长春 | 2 192 320 | 32 | 24 |
| 哈尔滨 | 2 990 921 | 92 | 100 |

## 4.4.1　用铁路旅程确定邻域区

1. 提取县与最近城市之间的距离

打开距离文件 dist.dbf，用 Summarize 工具来计算离中心城市最近的铁路距离（即求基于 NEAR_FID 列 RoadDist 的最小值），将结果输出文件命名为 min_rdist.dbf，里面包括 INPUT_FID（县域质心）、Count_INPUT_FID（所有县都为 4）以及 Minimum_RoadDist（县与最近城市之间的距离）3 个变量，但不包含对应城市的信息。

2. 确定最近城市

将表 min_rdist.dbf 连接到表 dist.dbf（以 INPUT_FID 为共同的连接键），根据条件 RoadDist＝Minimum_RoadDist 选择数据，将结果输出为文件 NearCity_id.dbf。所得结果为原数据矩阵的一个子集，有 203 条记录，包含各县（以 INPUT_FID 为标志）及与它铁路距离最近的大城市（以 NEAR_FID 为标志）的数据。

3. 绘制中心城市邻域图

将表 NearCity_id.dbf 连接到县域质心文件 CntyNEpt，然后再连接到县域多边形图层 cntyne，以便绘制中心城市邻域图。为保险起见，可以将第一次连接的表输出成单独的文件，然后再将这个输出的文件连接到多边形图层，这样 NearCity_id.dbf 中包含的列信息不会在多次连接中丢失。

图 4.5 为中国东北四大城市的邻域范围（根据铁路路网距离定义）。

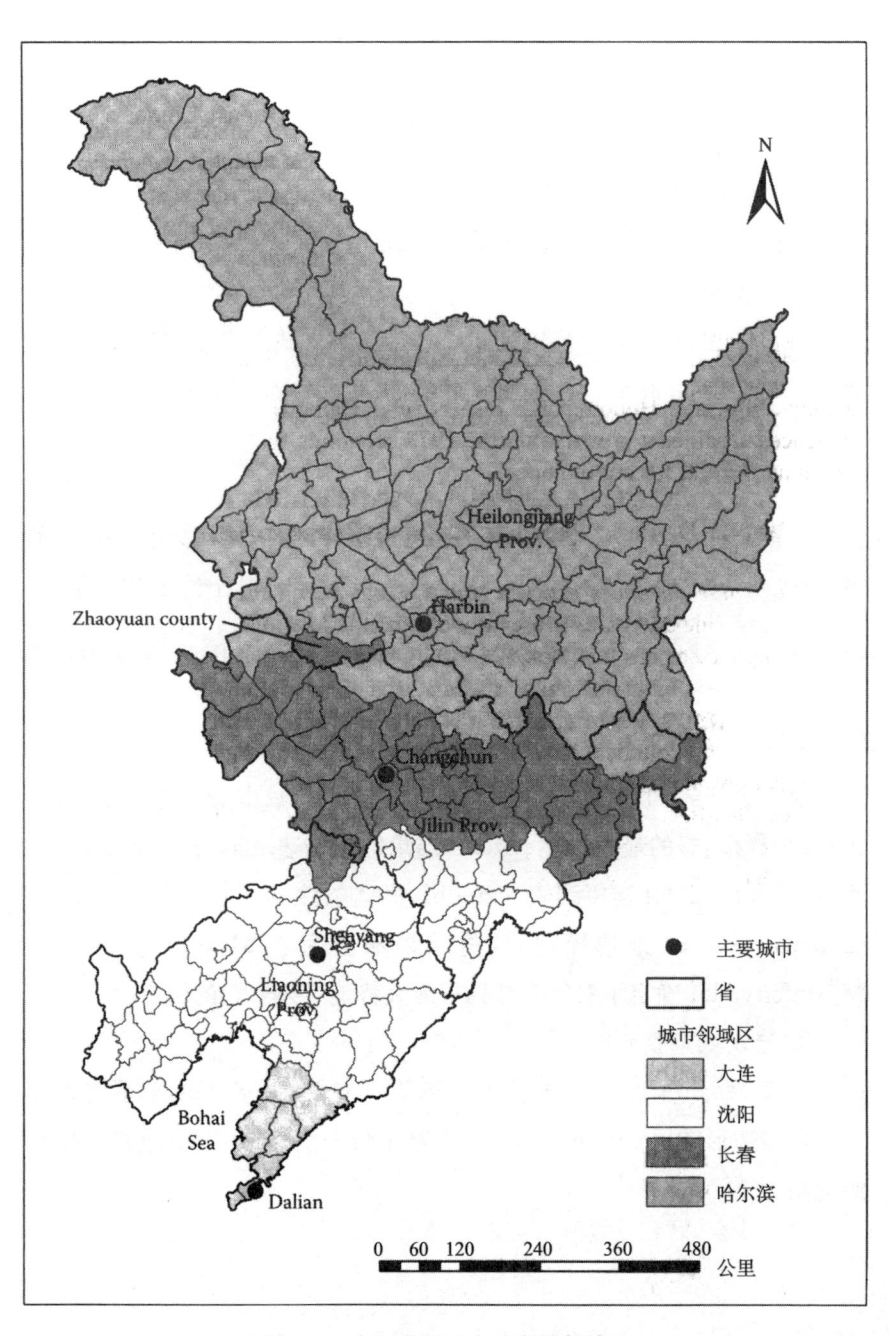

图 4.5　中国东北四大城市的邻域区

有兴趣的读者可以用同样的方法基于欧式距离来划邻域区,然后与图 4.5 进行比较。

### 4.4.2 用哈夫模型确定腹地

下述步骤类似于案例 4A 的第二部分(4.3.2 节)。

1. 计算势能

将 city4 的属性表连接到表 dist.dbf 以便将城市规模信息添加到距离表中。在表 dist.dbf 中添加一个新的列 potent,按照公式 potent = popu_nonfarm/RoadDist^2 计算结果。

2. 确定城市的最高势能

在本例中,我们需要确定具有最高势能(即对一个县影响力最大)的城市,也就是求 $S_j d_{ij}^{-\beta}(j=1,2,3,4)$ 的最大值。对于给定的 $i$ 县,式(4.6)中的分母 $\sum_{k=1}^{n}(S_k d_{ik}^{-\beta})$ 对任何城市 $j$ 都是一样的。因此,最大的势能分子意味着最大的概率,即 $P_{ij} = S_j d_{ij}^{-\beta} / \sum_{k=1}^{n}(S_k d_{ik}^{-\beta})$ 最大。

对于表 dist.dbf,用 Summarize 工具来提取城市对于各县(以 INPUT_FID 标志)的最大势能 potent,结果输出为表 max_potent.dbf。将表 max_potent.dbf 连接到表 dist.dbf,根据条件 dist.potent = max_potent.max_potent 来选择记录,将结果输出为表 Maxinfcity.dbf。表 Maxinfcity.dbf 确定了对每个县具有最大势能(影响力)的城市。

3. 绘制城市腹地图

将表 MaxinfCity.dbf 连接到县域质心文件 CntyNEpt,然后再连接到县域多边形图层 cntyne。图 4.6 为基于哈夫模型的中国东北四大城市腹地图。

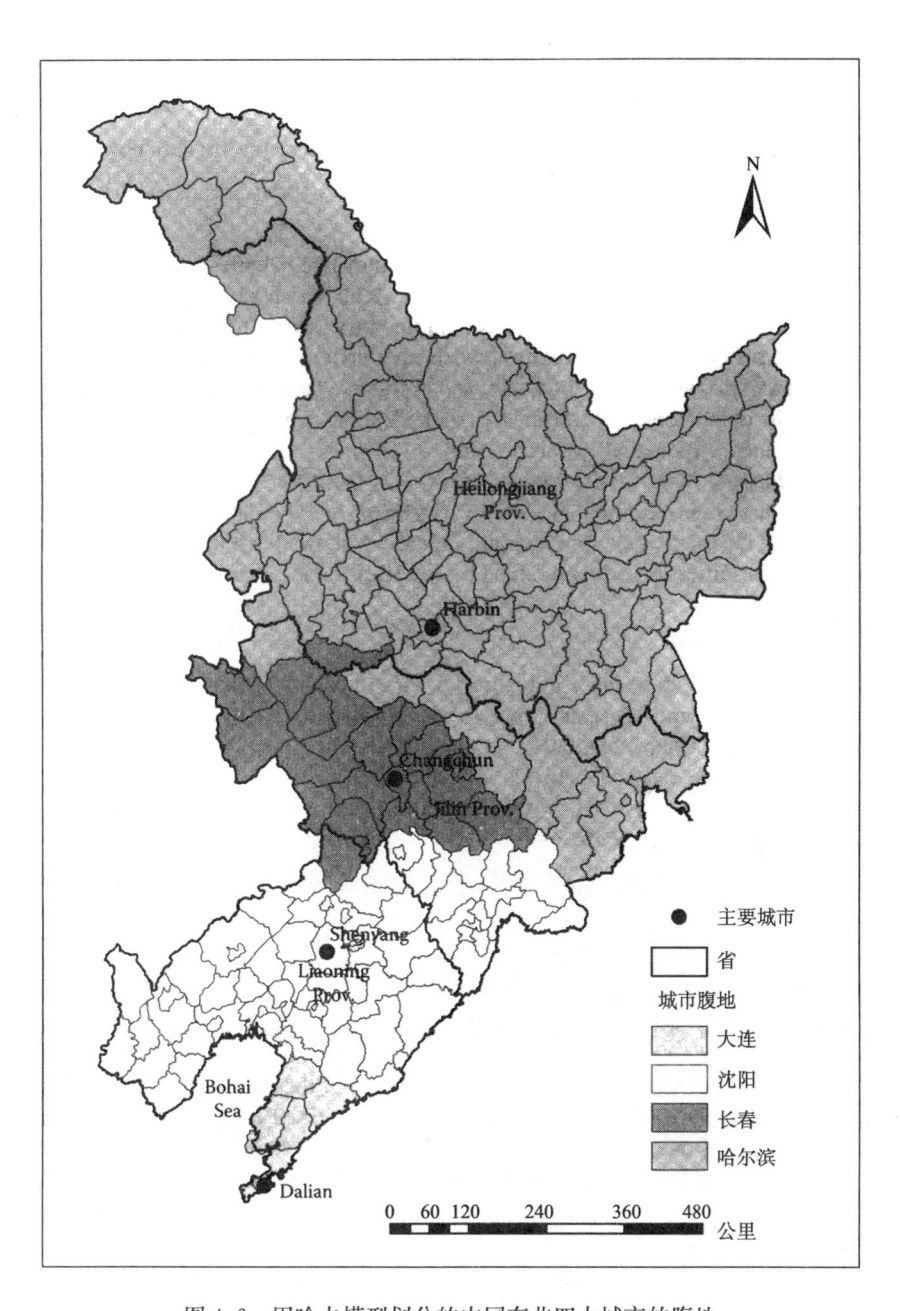

图 4.6 用哈夫模型划分的中国东北四大城市的腹地

### 4.4.3 讨论

图 4.5 有两点值得注意。第一，从直线距离看，黑龙江省的肇源县到哈尔滨比到长春近，但按照铁路里程计算的结果，肇源县属于长春的邻域区。从图 2.2 的铁路网络来看这是十分显然的结果。第二，对于图西南角的某些县，虽与大连隔海相望，但到大连的直线距离比到沈阳近。如果基于欧式距离计算邻域区，这些县应该属于大连的腹地。用铁路距离就不同了。历史上，这些县与沈阳的经济联系更紧密，因而属于沈阳的腹地。本案例显示了用交通路网距离计算邻域区的优点。一个值得注意的趋势是，跨渤海湾的水路联系越来越重要，这将加强这些县与大连的经济联系从而改变基于铁路网划分的腹地边界。图 4.6 是考虑了城市规模的哈夫模型划分的城市腹地图。与图 4.5 相比可知，沈阳和大连的腹地没变。但是，哈尔滨的腹地扩大了，包括了一些原来属于长春腹地的县，这是因为哈尔滨的城市规模比较大，基于引力模型的影响力就大一些。

## 4.5 结 论

邻域法和哈夫模型都很直观，但是要能成功地运用有赖于变量数据的准确定义，这是服务区分析中最棘手的一个问题。

第一，两种方法都用了距离或时间变量。邻域法基于地理学著名的"最小努力原理"(Zipf, 1949)。如案例 4B 所示，交通路网距离或时间比直线距离更好，但它们并不是衡量交通阻力最好的变量。交通费用、便捷度、舒适度、安全性可能同样重要。研究表明，不同社会经济地位的人对同一距离的感知不同，也就是感知距离(cognitive distance)与物理距离(physical distance)不同(Cadwallader, 1975)。交通距离或交通时间也依赖于特定的交通方式。案例 4B 使用了铁路距离，因为铁路是中国目前主要的客货运输方式。就像美国一样，航空和高速公路交通在中国正在发挥越来越重要的作用，而在某些地区，水路运输是一种重要的运输方式。因此距离或时间测算也不是一个简单的问题。如果考虑到通信、互联网及其他现代技术的影响,这个问题还要复杂得多。

第二,除了交通距离和时间之外,哈夫模型还有两个变量:吸引力和交通摩擦系数,即式(4.6)中的 S 和 $\beta$。案例 4A 中用赢球率代表吸引力,而案例 4B 中则为人口规模。其实两个例子都是非常简化的。更完善的方法要考虑很多变量来测量吸引力(例如前面提到的 MCI 模型)。交通摩擦系数 $\beta$ 也很难度量,因为它除了随时空变化之外,交通方式和运输的商品类型都会对它产生影响。

作为练习,读者可以对自己熟悉环境中的同类商店进行服务区分析。商店位置可以从网上或其他诸如黄页或商店目录中得到,然后按照例 4A 中的办法进行地理编码;消费者规模从人口普查数据中获取。服务区分析可以用于开发市场潜力,评价商店的经营状况。

# 附录 4　引力模型的经济基础

引力模型经常受到批评,尤其是受到经济学家的批评,因为它缺乏个人行为基础。这个附录参考了科威尔(Colwell,1982)的工作,目的是为引力模型提供理论基础。如果要查阅其他推演引力模型的方法,可以参考有关文献(Fotheringham et al. ,2000:217-234)。

假设某人出行的效用函数满足柯布—道格拉斯(Cobb-Douglas)方程:

$$u_i = ax^\alpha z^\gamma t_{ij}^{\tau_{ij}} \tag{A4.1}$$

这里,$u_i$ 是位于 $i$ 的个体的效用,$x$ 为一种复合商品(即所有商品消费),$z$ 为闲暇时间,$t_{ij}$ 是从 $i$ 到 $j$ 的旅行次数,$\tau_{ij}=\beta P_j^\varphi/P_i^\xi$ 为旅行效用弹性,它与目的地人口规模 $P_j$ 呈正相关,而与出发地人口规模 $P_i$ 呈负相关。$\alpha$、$\beta$、$\gamma$、$\varphi$ 和 $\xi$ 为正常数。这样定义旅行效用弹性,科威尔(Colwell,1982:543)是根据中心地理论:较大的中心地除提供低级中心地已经提供的服务外,还提供较高等级的服务,因此,从较小中心地到较大中心地旅行时,

弹性系数 $\tau_{ij}$ 比从较大中心地到较小中心地的弹性系数要大。

预算约束条件可以表示为：

$$px + rd_{ij}t_{ij} = wW \tag{A4.2}$$

这里，$p$ 为 $x$ 的价格，$r$ 为单位距离成本，$d_{ij}$ 为点 $i$ 和 $j$ 之间的距离，$w$ 为工资率，$W$ 为工作时间。

此外，时间约束条件为：

$$sx + hd_{ij}t_{ij} + z + W = H \tag{A4.3}$$

这里，$s$ 为消费单位 $x$ 所需的时间，$h$ 为穿行单位距离所需时间，$H$ 为总时间。

将式(A4.2)和式(A4.3)的约束条件汇总，得到：

$$(p+ws)x + (rd_{ij} + whd_{ij})t_{ij} + wz = wH \tag{A4.4}$$

对式(A4.1)基于约束条件(A4.4)求效用最大化，可得下面的拉格朗日方程：

$$L = ax^\alpha z^\gamma t_{ij}^{\tau_{ij}} - \lambda[(p+ws)x + (rd_{ij} + whd_{ij})t_{ij} + wz - wH]$$

基于四个一阶条件，即 $\partial L/\partial x = \partial L/\partial z = \partial L/\partial t_{ij} = \partial L/\partial \lambda = 0$，消去 $\lambda$，$x$ 和 $z$ 可以解得 $t_{ij}$ 值：

$$t_{ij} = \frac{wH\tau_{ij}}{(r+wh)d_{ij}(\alpha+\gamma+\tau_{ij})} \tag{A4.5}$$

假设单位距离交通费用 $r$ 是距离 $d_{ij}$ 的函数，即：

$$r = r_0 d_{ij}^\sigma \tag{A4.6}$$

这里 $r_0 > 0$，$\sigma > -1$，从而总交通费用是距离的增函数。类似地，单位距离的交通时间 $h$ 的函数类似，可表示为：

$$h = h_0 d_{ij}^\sigma \tag{A4.7}$$

从而交通时间与交通费用成比例。

为简单起见，假设效用函数中的各指数和为1，即：

$$\alpha + \gamma + \tau_{ij} = 1 \tag{A4.8}$$

将式(A4.6)、(A4.7)和(A4.8)代入(A4.5)，同时代入 $\tau_{ij} = \beta P_j^\alpha/P_i^\varepsilon$，可得：

$$t_{ij} = \frac{wH\beta P_i^{-\xi}P_j^{\varphi}}{(r_0+wh_0)d_{ij}^{1+\sigma}} \qquad (A4.9)$$

最后,在式(A4.9)两边乘以出发地人口规模,即可得到从 $i$ 到 $j$ 的旅行人次数:

$$T_{ij} = P_i t_{ij} = \frac{wH\beta P_i^{1-\xi}P_j^{\varphi}}{(r_0+wh_0)d_{ij}^{1+\sigma}} \qquad (A4.10)$$

此即为式(4.14)中的引力模型。

# 第五章 基于 GIS 的空间可达性测量及其在医疗服务研究中的应用

可达性或便捷度(accessibility)是指从给定地点到其他地方工作、购物、娱乐、就医或办事的方便程度。可达性的重要性不言而喻。资源或服务设施都是稀缺的,资源和设施的有效配置就是要方便消费者,保证人们的可达性。资源或服务设施的空间分布并不均衡,需要周密的规划布局以满足人们的需求。弱势群体(比如低收入和少数民族集聚区)常常因为经济困难或交通方式短缺而不能得到某些服务或者丧失许多机会。因此,可达性已经成为一个社会公平问题,要达到机会均等就要求政府部门制定适宜的规划和推行有效的公共政策。

可达性决定于供需分布以及二者在空间上的联系,是区位分析的经典问题,也很适合用 GIS 来解决。本章重点阐述用 GIS 方法测量空间可达性。第 5.1 节概述可达性相关概念。接下来用两种 GIS 方法来测量空间可达性:第 5.2 节介绍移动搜索法,第 5.3 节介绍引力法。第 5.4 节应用上述两种方法来测量芝加哥地区家庭医师的可达性。第 5.5 节是讨论和结论。

## 5.1 可达性问题

可达性可以根据两种角度(显性与隐性、空间与非空间)的不同组合而划分成四种类型:显性空间可达性(revealed spatial accessibility)、显性非空间可达性(revealed aspatial accessibility)、隐性空间可达性(potential spatial accessibility)、隐性非空间可达性(potential aspatial accessibility)(Khan,1992)。显性可达性是指对服务的实际消费,而隐性可达性是指对服务消费的可能性。显性可达性可以通过消费者使用该服务设施的程度和满意度来体现,可以通过调查得到。研究者更关注隐性可达性,规划师和决策者可以根据一个地区某类服务的隐性可达性,评价服务系统的现有状况,谋求改进服务的策略。空间可达性着重于研究联系供需点之间的距离屏障或克服这一屏障的交通媒介,而非空间可达性重点在非地理性的要素(Joseph and Phillips,1984)。非空间可达性由许多人口结构和社会经济因素决定。在一项关于就业便捷度的研究中,作者(Wang,2001b)研究了种族、性别、工资、家庭结构、教育水平及住房情况等因素对上班族通勤时间及就业方便程度的影响。在另一项关于医疗服务便捷度的研究中,作者和合作者(Wang and Luo,2005)将非空间变量分为如下几类:人口结构,如年龄、性别、种族等;社会经济因素,如贫困人口、女性单亲家庭、住宅状况(是租房还是买房)及收入水平等;居住环境类,如住房拥挤程度、缺乏基本设施的住宅单元数等;教育服务水平,如未获得中学教育的人数、英语交流障碍等;交通方便性,如无私车的家庭数,等等。上述变量常常彼此关联,因而可以借助主成分和因子分析法(参见第七章)将其整合成几个有限的变量。

本章重点讨论地理学家和区位分析研究者感兴趣的隐性空间可达性问题。

如果供给量不存在短缺的问题,我们可以用简单的单供给模型来衡量,只需要考虑离供给点的远近程度。例如,新西兰的研究者(Brabyn and Gower,2003)用与近邻医疗点之间的最短通行距离(时间)来度量医疗服务的可达性。最短距离或最短时间可以用第二章的方法测算。汉森(Hansen,1959)用一个基于引力的势能模型来度量上班的方便程度。该模型如下式所示:

$$A_i^H = \sum_{j=1}^n S_j d_{ij}^{-\beta} \tag{5.1}$$

这里,$A_i^H$是地点$i$的消费(服务)可达性,$S_j$是供应点$j$的供给规模,$d_{ij}$是供需两地之间的距离或通行时间,$\beta$是交通摩擦系数,$n$是供应点的总数。

这里的上角标 $H$ 表明本式是基于汉森（Hanson）模型的测量公式；类似地，后面公式(5.2)中的上角标 $F$ 表明那是基于两步移动搜索法（英文 Floating 的第一个字母）的计算公式，式(5.3)中的上角标 $G$ 是基于引力模型的测量公式。汉森的引力模型考虑了供给点对居民可达性的影响，每个供给点对居民可达性的贡献与其供应量成正比，又随距离而衰减。该模型并没考虑需求（消费者）这边的信息，也就是说，消费者的多少被认为对可达性没有影响。这个模型比较简单，是第 5.3 节中介绍的一种更完善的引力模型的基础。

大多数情况下，由于供给不是无限的，可达性测量需要同时考虑供需双方的信息，涉及供需匹配的比例。在 GIS 被广泛应用之前，大家通过计算给定地区（通常是一个行政管辖单元如市域或县域）内供给与需求的比例来度量可达性，这就是简单的供需比例法。例如，有研究者（Cervero, 1989；Giuliano and Small, 1993）把城市划分为几个大区，计算每个大区内工作岗位数（以上班所在地计）与从业劳动人口（以住宅所在地计）之间的比例来度量就业可达性或通勤便捷度，并用这个比例来解释城市内部各大区的不同通勤时间。在关于就业可达性或通勤便捷度的相关文献中，这就是通常所说的"职住平衡法"（jobs-housing balance approach）。类似地，在就医可达性方面，美国卫生部先定义"合理服务区"（rational service area）为整个县、县的一部分或一定大小的邻里单元，然后计算区内人口一医师比，以此作为划分"医疗短缺区"（health professional shortage area）（或简称缺医区 HPSA）的基本参数（Gao, 1995；Lee, 1991）。有兴趣的读者可访问下述网站：http://bphc.hrsa.gov/dsd。在关于医疗服务和缺医区的文献中，这种方法被称为区域短缺法（regional availability measure）。相应地，基于引力模型的方法称为区域可达性法（regional accessibility measure）（参见 Joseph and Phillips, 1984）。

供需比例法至少有两个缺点。首先，它不能揭示一个区域（通常比较大）内详细的空间差异。例如，职住平衡法用一个城市大区内工作岗位与从业劳动人口之间的比例来解释各大区之间的通勤，但是它忽略了大区内部的差异性。其次，它假设边界是完全绝缘的，只计算各个地区内的供需比例，不存在区间的交换。例如，在美国卫生部划定的缺医区，人口－医师比例的计算常常限定在县域尺度，其假设的前提是本县的居民不去其他县就医。

下面两小节将分别讨论两种方法：两步移动搜索法(two-step floating catchment area method,简称 2SFCA)和引力模型法。这两种方法都考虑到了供给和需求，克服了上述方法的缺陷。

## 5.2 移动搜索法

### 5.2.1 移动搜索法的早期模型

早期的移动搜索法很像我们在第 3.1 节中讨论的空间平滑法。例如，在彭仲仁(Peng,1997)的一项研究中，搜索区被定义为每个居民点周围的方形范围，搜索区内的职住率为该地的就业便捷度。在研究区内，搜索区从一个居民点浮动到另一个居民点，从而可以确定全部居民点的就业便捷度。搜索区也可以定义为一个圆形区域(Immergluck,1998; Wang,2000)，或者某个特定的通行时间范围(Wang and Minor,2002)，这在本质上都是一样的。

图 5.1 为这种方法的一个示例。为简单起见，假设每个需求点(例如普查小区)有 1 个居民(在普查小区的质心位置)，每个供给点的供应量为 1。用一个围绕居民点的固定半径的圆作为搜索区。普查小区内的可达性定义为搜索区内的供需比。例如，对于普查小区 2 的搜索区，总供给量为 1(在 a 处)，总需求为 7。因此，普查小区 2 的可达性即供需比为 1/7。圆从一个地方浮动到另一个地方，半径保持不变。普查小区 11 的搜索区的总供给为 3(在 a,b,c)，总需求为 7，则该处的可达性为 3/7。需要注意的是，供需比是以移动搜索区为基础的，它不受行政边界的限制。

上面的例子也可以用于解释这种简单浮动搜寻法的缺陷。它假设搜

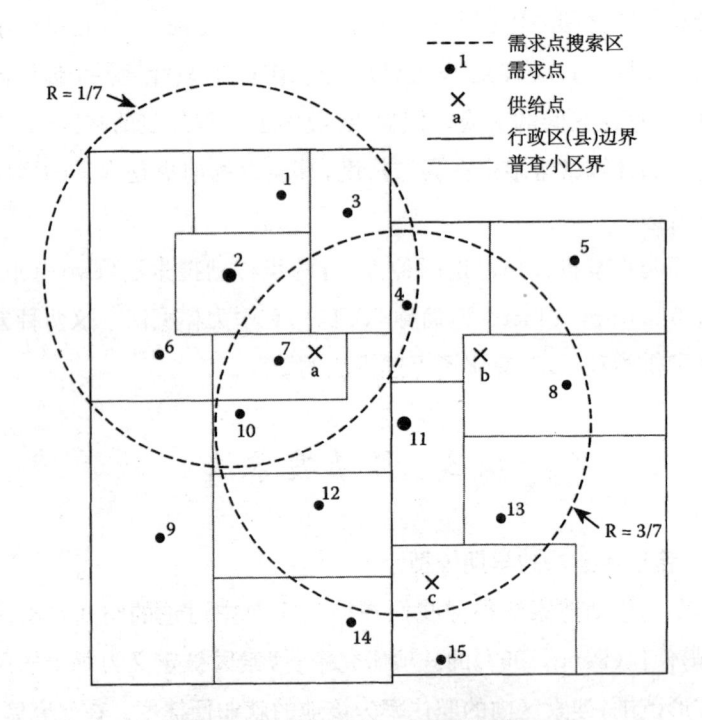

图 5.1　FCA 法的一个早期版本

寻区内的服务都能够被区内的居民享用。实际情况是，搜寻区内某些供需地之间的距离可能大于距离阈值（例如，图 5.1 中 13 跟 a 之间的距离大于普查小区 11 的搜寻半径）。另外，a 点的供给在普查小区 2 的搜寻区内，但它不全为普查小区 2 的消费者服务，因为普查小区 11 到 a 点的距离也在服务半径内。因此，每个供给点的繁忙程度应该由其周边的消费者多少而定，消费者越多其繁忙程度越高，便捷度越差。

### 5.2.2　两步移动搜索法(2SFCA)

穆兰和她导师(Radke and Mu, 2000)提出的一种度量便捷度的方法克服了上述缺陷。它分别以供给地和需求地为基础，移动搜索两次，因此被称为两步移动搜索法(Luo and Wang, 2003)。

第一步，对每个供给点 $j$，搜索所有离 $j$ 距离阈值($d_0$)范围(即 $j$ 的搜

索区)内的需求点($k$),计算供需比 $R_j$:

$$R_j = \frac{S_j}{\sum_{k \in \{d_{kj} \leq d_0\}} D_k}$$

这里,$d_{kj}$ 为 $k$ 和 $j$ 之间的距离,$D_k$ 为搜索区内消费者(即 $d_{kj} \leq d_0$)的需求,$S_j$ 为 $j$ 点的总供给。

第二步,对每个需求点 $i$,搜索所有在 $i$ 距离阈值($d_0$)范围(即 $i$ 的搜索区)内的供给点($j$),将所有的供需比 $R_j$ 加在一起即得到 $i$ 点的可达性 $A_i^F$:

$$A_i^F = \sum_{j \in \{d_{ij} \leq d_0\}} R_j = \sum_{j \in \{d_{ij} \leq d_0\}} \left[ \frac{S_j}{\sum_{k \in \{d_{kj} \leq d_0\}} D_k} \right] \tag{5.2}$$

这里 $d_{ij}$ 为 $i$ 和 $j$ 之间的距离,$R_j$ 是 $i$ 搜索区($d_{ij} \leq d_0$)内的供给点 $j$ 的供需比。$A_i^F$ 越大,则可达性越好。如前所述,上角标 $F$ 表示是基于移动搜索法的计算公式。

上面第一步确定了供给点繁忙程度,即每个供给点服务区内的供需比。第二步计算了消费者的可达性,考虑了所有能为消费者提供服务的多个供给点,并将它们与消费者之间的供需比加总。该方法考虑了一个地区内供需之间的相互关系,每个地点计算得到的可达性都不一样。式(5.2)本质上是一个供需比(被一个距离阈值或过滤窗口过滤了两次)。

图5.2是2SFCA法的示例。在这里,我们用交通时间代替直线距离来确定搜索区。搜索区 a 有 1 个供应者、8 个消费者,供需比为1/8。类似地,搜索区 b 的供需比为1/4;搜索区 c 的供需比为1/5。普查小区 3 的消费者只能消费 a 的商品或服务,因而它的可达性等于 a(唯一的供应者)的供需比,即 $R_a = 0.125$。同样,普查小区 5 的消费者只能消费 b 的商品或服务,其可达性为 $R_b = 0.25$。普查小区 4 的消费者可以消费 a 和 b 的商品或服务(它同时被 a 和 b 的搜索区覆盖),从而有较好的可达性(即为 $R_a + R_b = 0.375$)。供应者 a 或 b 的交通时间阈值都可以覆盖普查

小区 4；另一方面，普查小区 4 在同样的阈值范围内，都可以到达供应者 a 或 b。

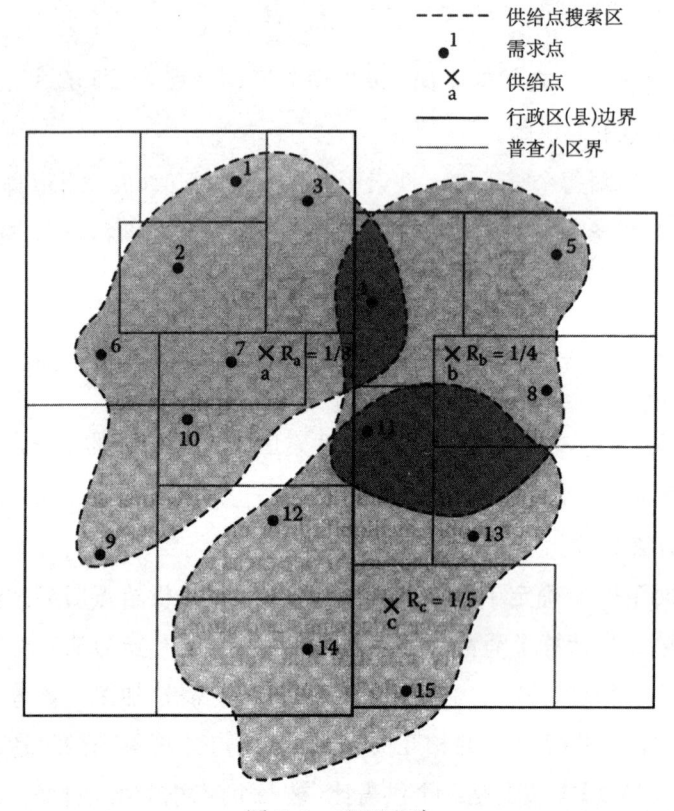

图 5.2　2SFCA 法

第一步中的搜索区以供应点为中心，因此供需之间的交通时间不会超过阈值。第二步中的搜索区以需求点为中心，所有搜索区内的供应者都对需求点的供需比值有贡献。这种方法克服了早期 FCA 法的缺陷。式(5.2)本质上是一个供需比，分子、分母中涉及的供应者和消费者是根据供需作用的距离或时间阈值确定的。当距离不足以表达交通阻力时（例如道路分布不均匀，或者交通速度差别较大），应该用交通时间阈值。

上述方法用 ArcGIS 里面的"join"和"sum"等功能就可实现，无需编程。详见第 5.4 节。

## 5.3 引 力 法

### 5.3.1 引力可达性指数

应用 2SFCA 法时,需要事先划定一个可达与不可达区域之间的阈值边界(例如 15 英里或 30 分钟),只有同处于边界之内的供应者和消费者之间才能发生交易。对阈值边界内的所有供应者一视同仁,而不考虑实际的交通路程和时间(不管是 2 英里还是 12 英里,都同样看待)。类似地,认为消费者不会跟阈值范围之外的供应者发生交易活动,且毫不考虑交通距离或时间的差异。引力模型对远近不同的供应者进行分级处理,近的可达性高,远的可达性低,从而反映了可达性随距离连续衰减的过程。

式(5.1)所示的势能模型只考虑了供应方,而没有考虑需求者在分享有限供给时的竞争。威布尔(Weibull,1976)改进了这个模型,考虑了消费者之间的竞争。后来又有研究者(Joseph and Bantock,1982)将该方法应用于研究医疗可达性。沈青(Shen,1998)和作者(Wang,2001b)又应用该方法来评价就业便捷度。位置 $i$ 处的引力可达性可以表示为:

$$A_i^G = \sum_{j=1}^{n} \frac{S_j d_{ij}^{-\beta}}{V_j}, \quad \text{其中}, V_j = \sum_{k=1}^{m} D_k d_{kj}^{-\beta} \tag{5.3}$$

这里,$A_i^G$ 为引力可达性指数,$n$ 和 $m$ 分别是供给地和消费地的总数,其余参数的意义跟式(5.1)和(5.2)相同。跟最初的汉森模型确定的可达性 $A_i^H$ 相比,$A_i^G$ 是按照服务需求的竞争强度 $V_j$(以人口势能来衡量)对可达性进行折算后的结果。$A_i^G$ 越大,可达性越好。

引力可达性指数与按照 2SFCA 法计算的可达性指数解释类似。它本质上是供给 $S$ 和需求 $D$ 之间的比值,二者都用交通距离或时间的负指数折算。无论是 2SFCA 法还是引力法,总的可达性得分(单个可达性指数与相应的需求量的乘积后再加起来)都等于总供给。换句话说,所有需求点的可达性加权平均等于整个研究区内的供需比(证明参见附录 5)。

### 5.3.2　2SFCA 法和引力法的比较

2SFCA 法用二分法处理时间和距离阻力,即距离(时间)小于阈值的任何地点具有同等的可达性,而大于阈值的任何地点都是不可达的。设 $d_0$ 为交通距离(时间)阈值,2SFCA 法对距离(时间)赋值用数学语言来表示,就是:

1. 当 $d_{ij}$(或 $d_{kj}$)$>d_0$,设 $d_{ij}$(或 $d_{kj}$)$=\infty$;
2. 当 $d_{ij}$(或 $d_{kj}$)$\leqslant d_0$,设 $d_{ij}$(或 $d_{kj}$)$=1$。

这样一来,在式(5.3)中,对任何 $\beta>0$,有:

1. 当 $d_{ij}$(或 $d_{kj}$)$=\infty$,$d_{ij}^{-\beta}$(或 $d_{kj}^{-\beta}$)$=0$;
2. 当 $d_{ij}$(或 $d_{kj}$)$=1$,$d_{ij}^{-\beta}$(或 $d_{kj}^{-\beta}$)$=1$。

在上述第 1 种情况,距离(时间)在阈值之外,$S_j$ 或 $P_k$ 将被排除在外,因为与 0 相乘得 0;而在第 2 种情况,距离(时间)在阈值之内,$S_j$ 或 $P_k$ 被保留下来,因为他们的系数为 1。因此,式(5.3)变为式(5.2),引力法的可达性指数退化成 2SFCA 法的指数,由此证明了 2SFCA 法只是引力法的一个特例。这两种方法从创立的过程到应用领域殊途同归,充分说明了两种方法基本上抓住了可达性度量的本质。

在 2SFCA 法中,距离或时间阈值越大,不同地区可达性的空间差异越小,从而空间平滑程度越高(Fotheringham et al.,2000:46;也可参见第三章)。在引力法中,交通摩擦系数 $\beta$ 越小,各地区可达性得分差别就越小,从而空间平滑程度也越高。2SFCA 法的距离阈值和引力法的交通摩擦系数对可达性得分的影响在效果上是等价的。事实上,$\beta$ 值越低,交通距离或时间对人们出行行为的阻力越小,从而人们愿意走更远的距离去购物或看医生,效果相当于阈值增加了。

引力法似乎比 2SFCA 法理论上更严谨,但 2SFCA 法可能更实用。理由有二:第一,跟 2SFCA 相比,引力法倾向于夸大可达性较差地区的可达性得分,而这些地区常常是许多公共政策制定者最关心的地方。第二,引力法的计算复杂,不够直观。特别是,为了得到客观的距离摩擦系数,需要实际的交通流数据,而这些数据要么很难获取,要么成本很高,有碍于这种方法的推广和实现,很多时候是不可行的。

## 5.4 案例5:测算芝加哥地区基本医疗服务的空间可达性

本案例是基于一个美国卫生部资助的基金项目的成果,当然,为了教学的方便,简化了不少细节,详见相关论文(Luo and Wang,2003)。我们的项目是将GIS技术应用于空间可达性测算,并整合非空间因素来确定伊利诺伊州的缺医区(HPSA)。现在许多州划分缺医区的自动化程度较差,一般逐区逐片地挨个儿划,我们研究的目的就是帮助美国卫生部更好地划定缺医区。

研究范围与案例4A(第4.3节)相同:伊利诺伊州属于芝加哥结合大都市统计区(CMSA)的10个县,见图5.4。下面为本案例所需数据:

1. shape文件chitrtcent:普查小区的重心,其中的popu是从2000年普查数据中提取的人口数据。

2. shape文件chizipcent:邮政编码区的重心,其中的doc00是从美国医学会(AMA)2000年医师档案中提取的每个邮政编码地区的家庭医师数。

参考数据为10县的shape文件county10。根据可选操作的需要,还会用到其他一些数据。本案例着重介绍可达性测量方法,其他步骤尽量简化。下面提供两个计算任务以供有兴趣的读者参考:一是计算普查小区和邮政编码区的人口加权重心,这样得到的人口数及医师位置更准确些(见下面第一部分第1步)。读者也可以简单地用地理中心而不是人口加权重心,但是二者可能会有明显差别,尤其是那些人口较少、商业不发达的农村或城市边缘地区。这里的计算需要街区的人口及空间数据,它们都可以从ESRI网站下载(本书第一章的1.2介绍了下载方法)。为简便起见,按人口加权的普查小区和邮政编码区的重心数据分别包含在

chitrtcent 和 chizipcent 中。二是估算交通时间(参见第 5.4 节第 11 步)。这里用到的公路网络 TIGER 文件同样可以从 ESRI 网站下载。作为方法的演示,我们简单地用直线距离进行计算。

下面模型的计算只需用两个点图层:chitrtcent 为消费者(人口),chizipcent 为供给方(医师)。我们绘图时将用到案例 4A 中用到的多边形图层 chitrt。

### 5.4.1 2SFCA 法的应用

1. [可选操作]生成普查小区(census tract)和邮编区(zip code area)的人口加权重

普查小区和邮编区都是高于街区(block)的面单元。我们基于街区的数据来求算普查小区和邮编区人口重心,比一般的几何中心更准确地代表其位置。街区普查数据属性表中包含人口数据。将 $x\text{-}y$ 坐标添加到属性表中,将街区图层与普查小区(邮编区)叠加。计算人口加权坐标:

$$x_c = (\sum_{i=1}^{n_c} p_i x_i)/(\sum_{i=1}^{n_c} p_i)$$

$$y_c = (\sum_{i=1}^{n_c} p_i y_i)/(\sum_{i=1}^{n_c} p_i)$$

其中,$x_c$ 和 $y_c$ 是按人口加权的普查小区重心坐标,$x_i$ 和 $y_i$ 为普查小区内第 $i$ 个街区的重心坐标,$p_i$ 是第 $i$ 个街区的人口数,$n_c$ 是普查小区内的街区总数。上述计算可以用 ArcToolbox 来实现:调用 Spatial Statistics Tools>Measuring Geographic Distribution>Mean Center。为了生成普查小区的重心,在对话框中,选择普查街区的重心图层为输入要素,将输出结果命名为 chitrtcent,选择人口作为加权值,普查小区编码(即 STFID 码)作为 Case Field。为了生成邮编区的重心,需要使用地图叠加工具(见第一章第 1.3 节)以生成一个与邮编区对应的包含普查街区数据的图层,然后使用上面的 Mean Center 工具。将输出结果命名为 chizipcent,Case Field 为"邮政编码"。

## 2. 计算普查小区和邮编区之间的距离

利用普查小区重心数据 chitrtcent 和邮编区重心数据 chizipcent（可以从第一步得到，也可以直接利用光盘中的数据），我们可以计算居民（chitrtcent）与医师（chizipcent）之间的直线距离。调用 ArcToolbox 里面的点距离工具（Point Distance tool）即可，结果保存在表 DistAll.dbf 中。

## 3. 提取阈值范围内的距离

从表 DistAll.dbf 中选取距离≤20 英里（即 32 180 米）的记录，并输出为表 Dist20mi.dbf。新的数据表只包括那些在 20 英里阈值范围内的距离数据，即满足式(5.2)给定的条件：$i \in \{d_{ij} \leqslant d_0\}$ 和 $k \in \{d_{kj} \leqslant d_0\}$。一个家庭医师医疗服务的合理阈值大致为 15 英里（交通路网距离）。我们提出 20 英里的搜索半径指的是直线距离，大概相当于 30 英里的交通路网距离，这可能是医疗服务阈值的上限。

## 4. 将人口和医师数据连接到距离表

将医师属性表（chizipcent）和人口属性表（chitrtcent）分别基于邮编区和普查小区连接到距离表 Dist20mi.dbf。

## 5. 汇总每个医师阈值范围内的人口数

在第 4 步所得表 Dist20mi.dbf 的基础上，按医师位置加总人口数，从而生成一个新的表 DocAvl.dbf。其中，列数据 sum_popu 为每个医师阈值范围内的总人口数，也就是式(5.2)中的 $\sum_{k \in \{d_{kj} \leqslant d_0\}} D_k$。

## 6. 按医师位置计算医师—人口比

将医师属性表（chizipcent）连接到表 DocAvl.dbf，新增一列 docpopR 并按公式 docpopR=1000 * doc00/sum_popu 计算数值。这样，每个医师位置都被赋予一个医师—人口比值，即得到每千人医师数。这一步即完成了式(5.2)中 $\dfrac{S_j}{\sum_{k \in \{d_{kj} \leqslant d_0\}} D_k}$ 的计算。

7. 将医师—人口比连接到距离表

将上一步得到的表 DocAvl.dbf 按医师位置连接到表 Dist20mi.dbf。

8. 按人口位置汇总医师—人口比值数据

在上一步得到的表 Dist20mi.dbf 基础上，按人口位置（普查小区代码）汇总医师—人口比值 docpopR 以得到新的表 TrtAcc.dbf，新表 TrtAcc.dbf 中的 sum_docpopR 汇总了每个居民点对所有医师的可达性，此即为式(5.2)中的 $A_i^F$。

图 5.3 演示了用 ArcGIS 实现上述第 4~8 步的计算过程。

9. 绘制可达性地图

将表 TrtAcc.dbf 连接到普查小区重心文件，再将连接后的文件连接到普查小区多边形文件，即可绘制可达性地图。

图 5.4 是基于 20 英里阈值的结果，看起来很像单中心结构，即城市中心的可达性最高，向外则逐渐降低。本节末尾详细讨论了这个问题。

10. 用不同距离阈值进行敏感性分析

利用不同的距离阈值，例如 15、10、5 英里等，重复上述第 3~9 步，可以分析距离阈值变化时，可达性空间分布的敏感性。

11. ［可选操作］估算交通时间

在普查小区人口密度数据的基础上，可以生成一个带有不同人口密度区的图层。将这个图层与交通网络叠加，然后，基于下面的两个条件给每段公路赋予一个交通速度值：

① 按照 CFCC 码确定的道路等级；

② 根据密度类型（如表 5.1 所示的城区、郊区或乡村）确定的交通堵塞情况。

表 5.1 给出了速度确定规则。交通速度用于在最短路径法中定义阻滞。按照第二章第 2.3.2 节步骤即可计算普查小区重心与邮编区重心之间的交通时间。余下的可达性计算跟上述第 3~9 步相同。

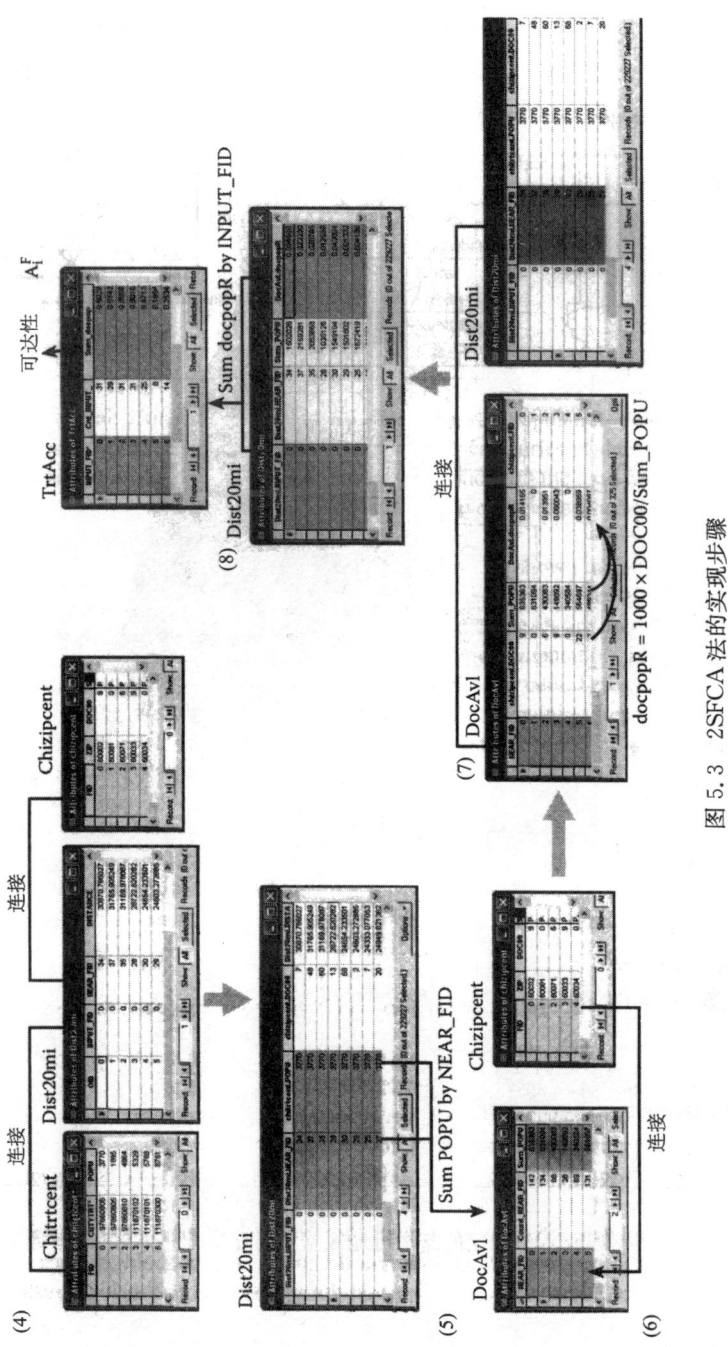

第五章 基于 GIS 的空间可达性测量及其在医疗服务研究中的应用 111

图 5.3 2SFCA 法的实现步骤

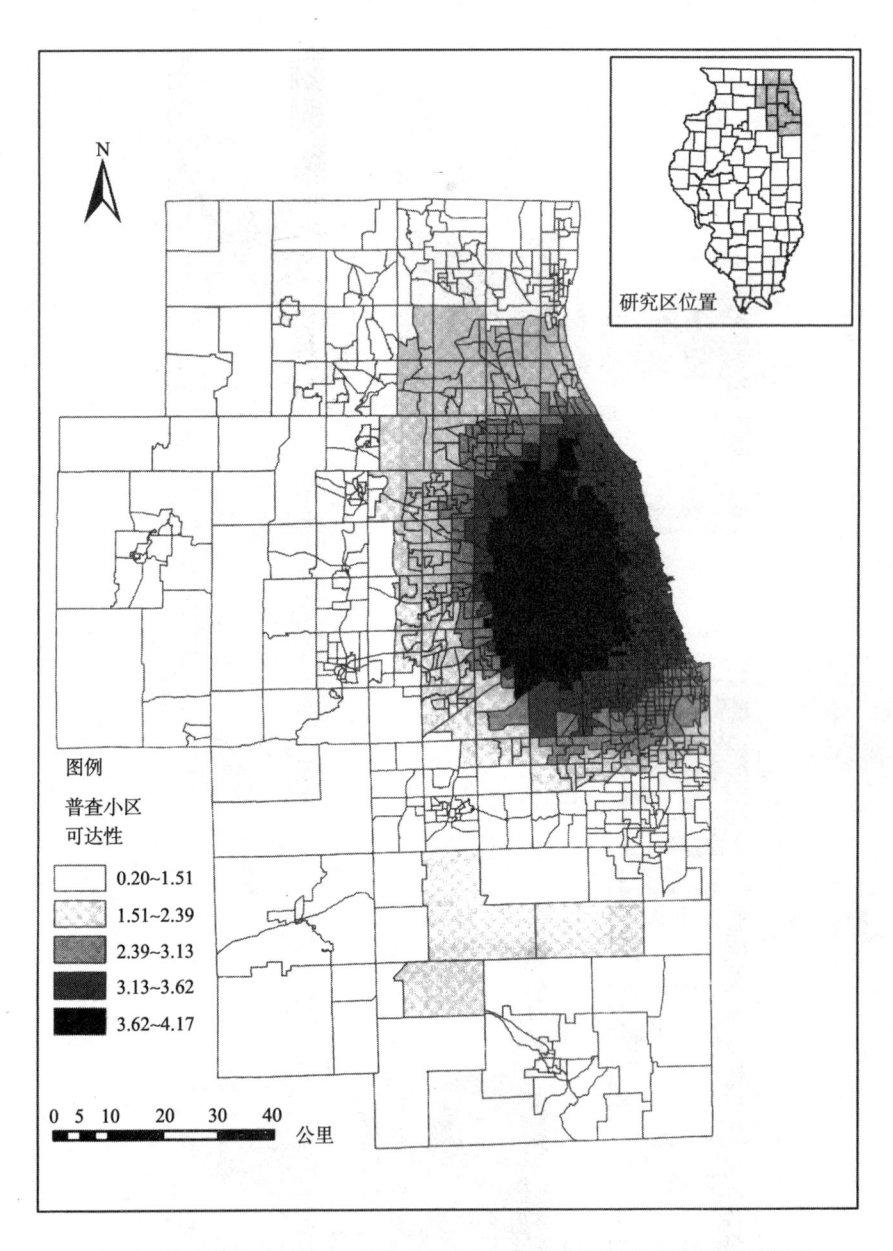

图 5.4 用 2SFCA 法确定的芝加哥地区基本医疗服务的可达性（20 英里）

表5.1 芝加哥都市区内的交通速度估计值

| 公路类型代码(CFCC) | 地区 | 限速(英里/小时) |
| --- | --- | --- |
| 州际高速(A11~A18) | 城市及郊区 | 55 |
| | 乡村 | 65 |
| 国道及州级道路,部分县道(A21~A38) | 城市 | 35 |
| | 郊区 | 45 |
| | 乡村 | 55 |
| 地方道路(A41~A48及其他) | 城市 | 20 |
| | 郊区 | 25 |
| | 乡村 | 35 |

图5.5是用2SFCA法基于30英里阈值计算的结果。图5.5的总体态势与基于直线距离计算得到的图5.4是一致的,不同的是它显示了可达性沿高速公路延伸的情况(交通节点具有尤其高的可达性)。不同的交通时间阈值也可以用于敏感性分析。表5.2为可达性随时间阈值在20~50分钟之间变化的结果。

表5.2 可达性的比较

| 方法 | 参数值 | 最小值 | 最大值 | 标准差 | 均值 | 加权平均值 |
| --- | --- | --- | --- | --- | --- | --- |
| 2SFCA（时间阈值） | 20 min | 0 | 14.088 | 2.567 | 2.721 | |
| | 25 min | 0 | 7.304 | 1.548 | 2.592 | |
| | 30 min | 0.017 | 5.901 | 1.241 | 2.522 | |
| | 35 min | 0.110 | 5.212 | 1.113 | 2.498 | |
| | 40 min | 0.175 | 4.435 | 1.036 | 2.474 | |
| | 45 min | 0.174 | 4.145 | 0.952 | 2.446 | |
| | 50 min | 0.130 | 3.907 | 0.873 | 2.416 | 2.647 |
| 引力法 | $\beta=0.6$ | 1.447 | 2.902 | 0.328 | 2.353 | |
| | $\beta=0.8$ | 1.236 | 3.127 | 0.430 | 2.373 | |
| | $\beta=1.0$ | 1.055 | 3.362 | 0.527 | 2.393 | |
| | $\beta=1.2$ | 0.899 | 3.606 | 0.618 | 2.413 | |
| | $\beta=1.4$ | 0.767 | 3.858 | 0.705 | 2.433 | |
| | $\beta=1.6$ | 0.656 | 4.116 | 0.787 | 2.452 | |
| | $\beta=1.8$ | 0.562 | 4.380 | 0.863 | 2.470 | |

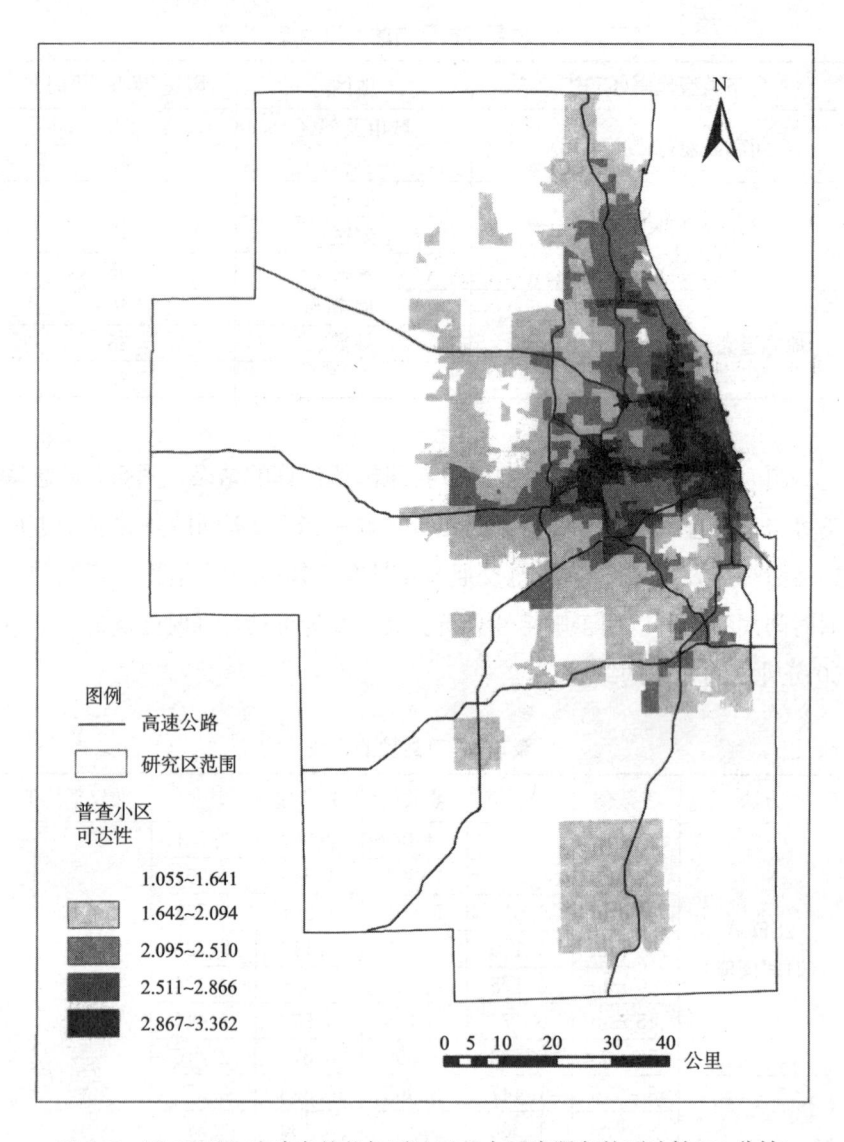

图 5.5 用 2SFCA 法确定的芝加哥地区基本医疗服务的可达性(30 分钟)

## 5.4.2 引力法的应用

引力法的应用与 2SFCA 法类似,下面只列出与第 5.4.1 节不同之处。

引力法用到所有距离(时间)。有时为方便计算,也可以设一个最大的距离(时间)范围(即病人就医可能的最远距离),从而只选取近于这一范围的距离(时间)。因此,没有第 5.4.1 节第 3 步中提取距离阈值的过程,所有计算都基于原始的距离表 DistAll.dbf。

在上面第 5 步中,在表 DistAll.dbf 中新增一列 PPotent,按照公式 PPotent=popu * distance^(-1)计算其值(这里假设交通摩擦系数为 1)。然后,在新的 DistAll.dbf 表基础上,按照医师位置汇总 PPotent 值得到表 DocAvlg.dbf(为了有别于第 5.4.1 节的表,这里的表名多了个 g)。数据列 Sum_PPotent 即为式(5.3)中的 $V_j = \sum_{k=1}^{m} D_k d_{kj}^{-\beta}$ 值,它是按医师位置确定的人口势能。

在第 6 步中,将医师属性表(chizipcent)连接到表 DocAvlg.dbf。

在第 7 步中,将上一步得到的新表 DocAvlg.dbf 按医师位置连接到表 DistAll.dbf,新增一列 R,并按公式 R = 1000 * doc00 * distance^(-1)/sum_PPotent 计算数值,所得结果即为式(5.3)中的 $\dfrac{S_j d_{ij}^{-\beta}}{V_j}$ 值。

在第 8 步中,在上一步得到的新表 DistAll.dbf 基础上,按人口位置汇总 R 值,并将结果输出为表 TrtAccg.dbf,表中的 sum_R 数据列即为式(5.3)中的引力可达性 $A_i^G$ 值。图 5.6 是运算结果,它使用了普查小区和邮编区之间的交通时间,交通摩擦系数 $\beta$=1.0。

在第 10 步中,可以通过改变 $\beta$ 值来进行敏感性分析,例如 $\beta$ 在 0.6~1.8 之间变化,步长为 0.2,计算结果见表 5.2。

## 5.5 讨论与结论

如图 5.4、5.5、5.6 所示,中心城市的可达性最高,以此向外到郊区和乡村地区则不断递减。这在用直线距离计算的图 5.4 中最明显。主要原

图例
——— 高速公路
☐ 研究区范围

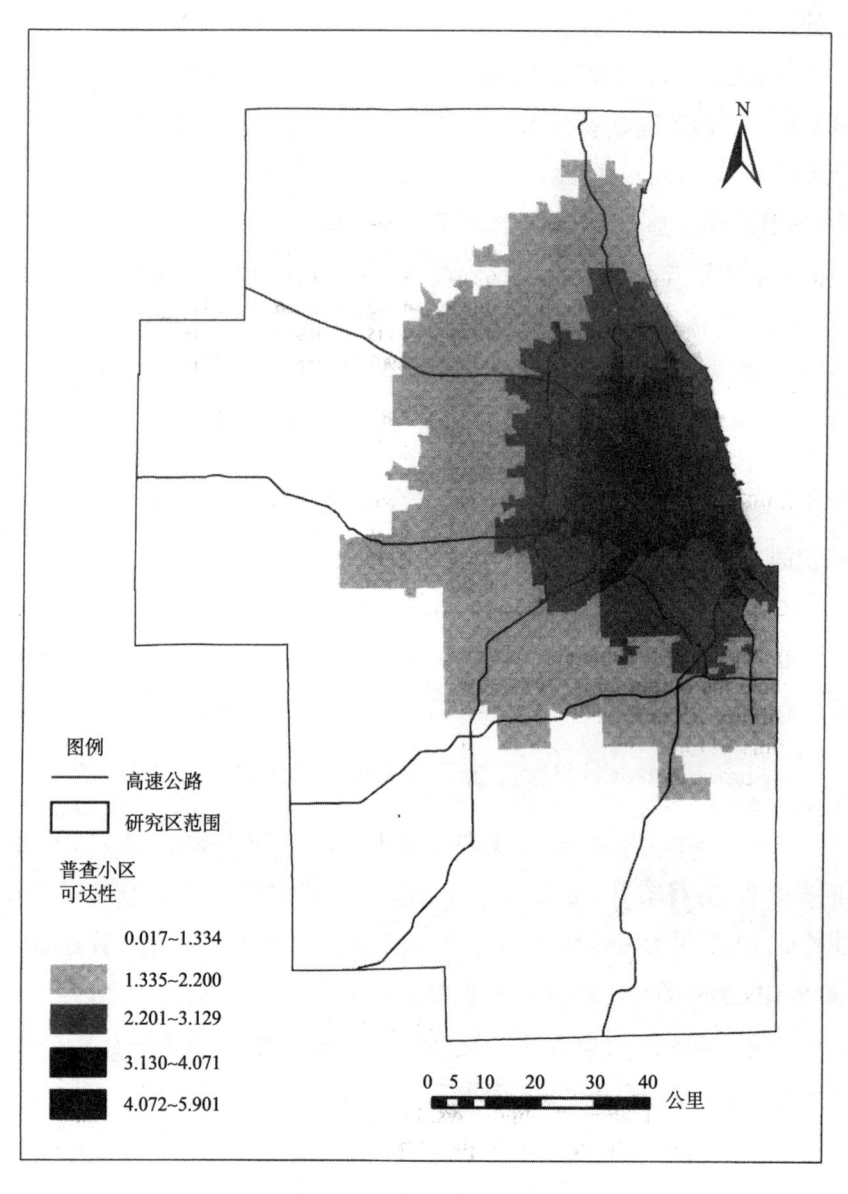

普查小区
可达性
0.017~1.334
1.335~2.200
2.201~3.129
3.130~4.071
4.072~5.901

图 5.6 用引力法确定的芝加哥地区基本医疗服务的可达性($\beta=1$)

因在于大型医院多集中在中心城市。图 5.5 和 5.6 考虑了交通时间,可达性呈现出沿公路延伸的态势。总体来说,正如图 5.5 和 5.6 显示的那样,引力法基于连续的距离进行计算,空间分布态势比 2SFCA 更平滑。

表 5.2 比较了测量可达性的不同方法。在 2SFCA 法中,随着时间阈值从 20 分钟上升到 50 分钟,可达性的方差(或标准差)不断下降(极值范围也变小),即空间平滑程度提高。在引力法中,随着交通摩擦系数 $\beta$ 从 0.6 上升到 1.8,可达性的方差不断增加,这与 2SFCA 法中减小阈值的效果等价。总体而言(参数值在一个合理的范围内),引力法中所有距离(时间)参与计算,所以计算结果比 2SFCA 法的空间态势要平滑得多,这与第 5.3 节中的讨论一致。方法不同,参数不同,可达性得分的简单均值也略有不同。但是,可达性得分的加权平均值都是一样的,这印证了附录 5 中的证明。

在 2SFCA 法中,较大的时间阈值对应于较小的可达性方差,这与引力模型中较小摩擦系数 $\beta$ 得到的效果相同。例如,用 2SFCA 进行计算时 $d_0=50$ 的可达性,与用引力法计算时 $\beta=1.8$ 的可达性具有类似的方差。但是,二者可达性得分的分布态势不同。图 5.7a 为 2SFCA 法的可达性得分频率分布,明显偏向高分值一侧。图 5.7b 为引力法的可达性得分频率分布,呈对称的哑铃形。将两种方法得到的可达性值标在同一张图上(图 5.7c)可知,引力法倾向于夸大可达性差的地区的得分值。

跟任何可达性研究一样,由于边缘效果的作用(可见第 3.1 节),解释研究区边界附近的结果都需要特别小心。对于本研究而言,研究区之外的医师可能会为研究区边界附近的居民提供服务,但是并没有被计算在内。同样需要注意的是,这里只涉及空间可达性。实际情况中,高空间可达性地区的居民(例如内城区的人)可能并不能享受到好的医疗服务。第 5.1 节讨论的非空间因素在影响可达性上也扮演了重要的角色。事实上,美国卫生部划分了两种医疗服务短缺地区(HPSA):地理类和人口类。一般来说,地理类的 HPSA 主要基于空间可达性,人口类的 HPSA 则主要基于非空间因素。有兴趣的读者可以查阅有关文献(Wang and Luo,2005),其中提出了一种整合空间和非空间因素来考察医疗服务可达性的方法。

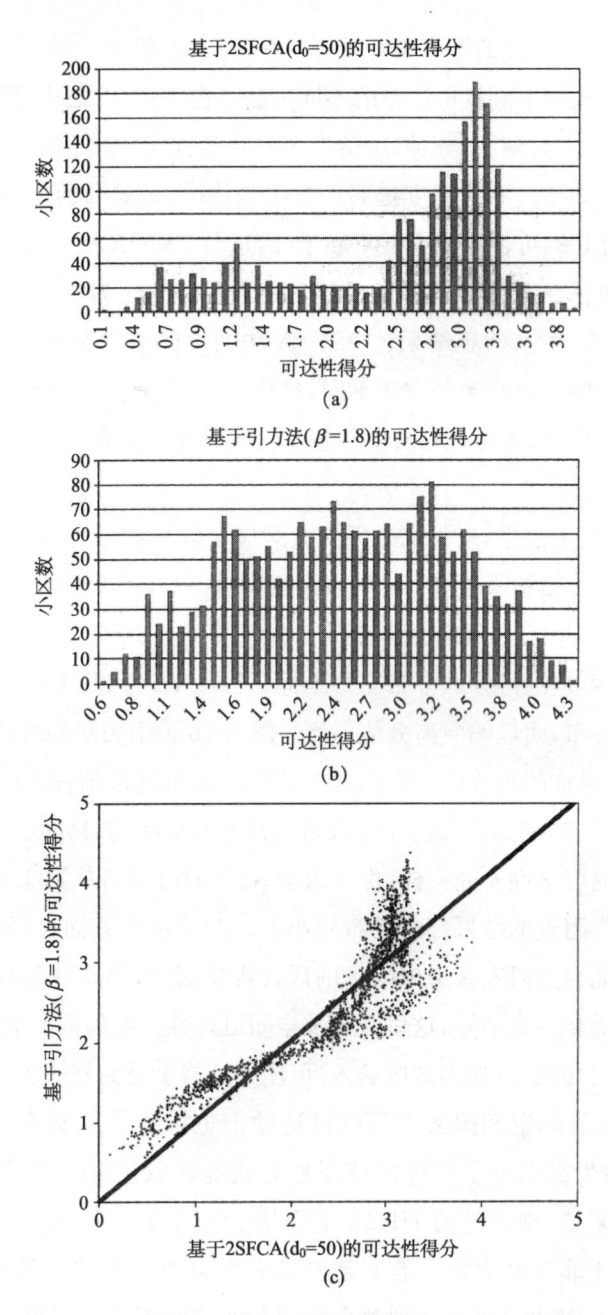

图 5.7 2SFCA 法与引力法计算的可达性得分比较

建立距离矩阵之后，我们既可以用 SAS 之类的统计软件计算可达性，也可以自己编写一个计算机程序。但是，这些都不及上面 ArcGIS 演示的案例来得简单和直观。上面的过程可以很容易编成一个简单的脚本文件，在进行敏感性分析时用得着。

可达性分析是各种尺度研究中很常用的一个问题。例如，考察社区儿童活动场所的可达性，可以发现那些比较欠缺的区域，从而有助于规划新建或扩充现存活动场所。我们也可以考察都市区内公共高尔夫球场的可达性，以便发现那些比较欠缺的区域。下面介绍一个测量就业便捷度的例子，它有助于针对"空间错位"（spatial mismatch）的问题制定福利改革等政策。空间错位是指美国上世纪 60 年代后，就业分布郊区化，从前适宜于少数民族特别是黑人的服务性就业机会搬往郊区，远离了这些劳力资源的住宅地（通常集中在市中心附近），给这些弱势群体的上班和就业带来了不便。

计算就业便捷度所需数据包括：① 工作分布（供给方）；② 工人居住地分布（需求方）；③ 交通网络（联系供需双方）。工作和工人的属性数据可以从交通规划普查数据库（Census Transportation Planning Package，简称 CTPP）中提取。例如，在网上可以得到 2000 年的数据：http://www.fhwa.dot.gov/ctpp/dataprod.htm。CTPP 第一部分包括居民数据表，可以用于绘制工人居住地图，第二部分为工作地数据表，可以用于绘制工作地地图。对于微观研究而言（例如测量都市区内的可达性），分析单位一般为 1980、1990 年的交通分析区（TAZ）和 2000 年的普查小区。交通分析区和普查小区的空间数据都可以从 ESRI 网站下载。如案例5，从 TIGER 线文件中提取的公路数据可以近似地用来作为定义通行时间的交通网络。就业便捷度可以类似地按本节讨论的技术和方法进行。

## 附录5 可达性测量的性质

式(5.2)或(5.3)中的可达性指数有一个重要性质：总的可达性得分

(可达性与需求乘积)等于总供给。这意味着可达性的加权平均值等于研究区内总供给与总需求之比。下面用引力法的可达性测量来证明这个性质(参见 Shen,1998:363-364)。从第 5.3 节可知,式(5.2)的两步移动搜索法(2SFCA)只是式(5.3)引力法的一个特例,因此这里的证明同样适用于 2SFCA 法定义的可达性。

引力法中,需求点 $i$ 的可达性指数可表示为:

$$A_i^G = \sum_{j=1}^n \frac{S_j d_{ij}^{-\beta}}{\sum_{k=1}^m D_k d_{kj}^{-\beta}} \tag{A5.1}$$

总可达性(TA)即为:

$$TA = \sum_{i=1}^m D_i A_i^G = D_1 A_1^G + D_2 A_2^G + \cdots + D_m A_m^G \tag{A5.2}$$

将式(A5.1)代入式(A5.2),并将各项展开,得:

$$TA = D_1 \sum_j \frac{S_j d_{1j}^{-\beta}}{\sum_k D_k d_{kj}^{-\beta}} + D_2 \sum_j \frac{S_j d_{2j}^{-\beta}}{\sum_k D_k d_{kj}^{-\beta}} + \cdots + D_m \sum_j \frac{S_j d_{mj}^{-\beta}}{\sum_k D_k d_{kj}^{-\beta}}$$

$$= \frac{D_1 S_1 d_{11}^{-\beta}}{\sum_k D_k d_{k1}^{-\beta}} + \frac{D_1 S_2 d_{12}^{-\beta}}{\sum_k D_k d_{k2}^{-\beta}} + \cdots + \frac{D_1 S_n d_{1n}^{-\beta}}{\sum_k D_k d_{kn}^{-\beta}}$$

$$+ \frac{D_2 S_1 d_{21}^{-\beta}}{\sum_k D_k d_{k1}^{-\beta}} + \frac{D_2 S_2 d_{22}^{-\beta}}{\sum_k D_k d_{k2}^{-\beta}} + \cdots + \frac{D_2 S_n d_{2n}^{-\beta}}{\sum_k D_k d_{kn}^{-\beta}} + \cdots$$

$$+ \frac{D_m S_1 d_{m1}^{-\beta}}{\sum_k D_k d_{k1}^{-\beta}} + \frac{D_m S_2 d_{m2}^{-\beta}}{\sum_k D_k d_{k2}^{-\beta}} + \cdots + \frac{D_m S_n d_{mn}^{-\beta}}{\sum_k D_k d_{kn}^{-\beta}}$$

调整各项的顺序,可得:

$$TA = \frac{D_1 S_1 d_{11}^{-\beta} + D_2 S_1 d_{21}^{-\beta} + \cdots + D_m S_1 d_{m1}^{-\beta}}{\sum_k D_k d_{k1}^{-\beta}}$$

$$+ \frac{D_1 S_2 d_{12}^{-\beta} + D_2 S_2 d_{22}^{-\beta} + \cdots + D_m S_2 d_{m2}^{-\beta}}{\sum_k D_k d_{k2}^{-\beta}} + \cdots$$

$$+ \frac{D_1 S_n d_{1n}^{-\beta} + D_2 S_n d_{2n}^{-\beta} + \cdots + D_m S_n d_{mn}^{-\beta}}{\sum_k D_k d_{kn}^{-\beta}}$$

$$= \frac{S_1 \sum_k D_k d_{k1}^{-\beta}}{\sum_k D_k d_{k1}^{-\beta}} + \frac{S_2 \sum_k D_k d_{k2}^{-\beta}}{\sum_k D_k d_{k2}^{-\beta}} + \cdots + \frac{S_n \sum_k D_k d_{kn}^{-\beta}}{\sum_k D_k d_{kn}^{-\beta}}$$

$$= S_1 + S_2 + \cdots + S_n$$

将研究区内的总供给记为 $S$(即 $S = \sum_{i=1}^{n} S_i$),上面的等式表明,$TA = S$,即总的可达性等于总供给。

将研究区内的总需求记为 $D$(即 $D = \sum_{i=1}^{m} D_i$),可达性的加权平均值为:

$$W = \sum_{i=1}^{m} \left(\frac{D_i}{D}\right) A_i^G = (1/D)(D_1 A_1^G + D_2 A_2^G + \cdots + D_m A_m^G)$$

$$= TA/D = S/D$$

此即为总供给与总需求的比值。

# 第六章 回归拟合方程及其在城市与区域密度模型分析中的应用

城市与区域研究首要的就是分析城市与区域的空间结构，尤其是人口密度分布特征。如果把城市或区域作为一个经济系统来看，其供给方（劳动力）和需求方（消费者）都和人口挂钩，人口分布反映了经济活动的态势。考察一定时段内城市或区域经济发展的空间模式，往往也是从分析人口分布模式的变化入手。城市和区域的人口密度态势互为对应：中央商务区（CBD）是城市的中心，而城市本身又是区域的中心；城市人口密度从中央商务区向外递减，而区域中的人口密度则从中心城市向外递减。城市和区域人口密度衰减模式的理论基础不同（参见第 6.1 节），但实证研究的方法却很类似，也可互为借鉴。

本章试图寻找一种能够很好地描述密度分布模式的方程，并探讨如何通过这种方法来解释城市或区域增长模式。方法上主要集中在方程回归分析以及相关的统计问题。第 6.1 节介绍密度方程在城市和区域结构研究中的应用。第 6.2 节介绍各种单中心结构方程。第 6.3 节讨论单中心方程拟合中的一些统计问题，并介绍了非线性回归和加权回归法。第 6.4 节探讨了多中心结构的各种假设及对应的方程形式。第 6.5 节是以芝加哥地区为例的应用（单中心与多中心，线性回归、非线性回归和加权回归）。

## 6.1 刻画城市与区域结构的密度方程

### 6.1.1 城市密度方程研究

自克拉克（Clark，1951）开创性的经典研究工作以来，人们对城市人口密度方程研究的兴趣经久不衰，原因不单是获取数据比较方便，更因为城市人口密度方程揭示了城市的内部结构，而且又有坚实的经济理论作基础。麦克唐纳(McDonald,1989:361)认为人口密度模型是城市一个至为重要的社会经济特征。在20世纪90年代早期，我还在俄亥俄州立大学上研究生时，选修了经济系唐纳德·哈伦(Donald Haurin)的城市经济学，当时就被城市人口密度分布的规律性所吸引，更为解释这种经验模型的经济理论模型所折服。

指数方程或克拉克模型是所有密度方程中使用最广泛的：

$$D_r = ae^{br} \tag{6.1}$$

这里，$D_r$是到城市中心(通常为中央商务区，即CBD)距离为$r$处的人口密度，$a$为常数(或称CBD截距)，$b$为密度斜率常数。因为$b$常常为负值，方程也被称为负指数方程。经验研究表明，对发达国家和发展中国家的大多数城市而言，上述指数方程的拟合效果都很好(Mills and Tan, 1980)。

米尔斯(Mills,1972)和穆斯(Muth,1969)提出的经济模型即米尔斯—穆斯模型(Mills-Muth model)，解释了城市密度分布模式的负指数方程。模型假设城市为单中心结构：城市只有一个中心CBD，就业都集中在那里。直观地看，如果大家都到这个中心上班，远离CBD的住户在通勤上的花费更多，其补偿就是可以居住较大的房子，相应地，房子的单位面积价格也便宜些。结果是，从市中心向外，人口密度逐渐降低。附录6A给出了如何从经济模型推导出城市密度的负指数模型。从推导过程可知，式(6.1)中的参数$b$为单位运费。因此，随着交通技术和公路网络的改善，运输成本不断下降，城市人口密度曲线的斜率也变得更平缓。这表明，城市蔓延及郊区化主要是交通改进的结果。

但是，经济模型"是对复杂现实的简化和抽象，往往不能很好地解释和模拟现实世界"(Casetti,1993:527)。对经济模型的主要批评是，城市单中心和住房市场价格弹性系数唯一的两大假设在经验研究中并不成立。作者和古德曼(Wang and Guldmann,1996)提出了一种引力模型，可以解释城市密度分布(参见附录6A)。引力模型的基本假设为,城市某一地点的人口数与该处到其他地方的可达性成比例,这里的可达性用引力势能来度量。对于一定范围内的距离摩擦系数$\beta$(例如$0.2 \leqslant \beta \leqslant 1.0$),用引力模型模拟的密度模型满足负指数方程。引力模型不需要像经济模型作那些假设,因而应用面更广。引力模型还可以解释城市密度分布的两个重要特征:①随着时间的推移,摩擦系数$\beta$越来越小,相应的密度方程的斜率趋于平缓;②大城市密度方程的斜率较小。经济模型只能较好地解释第一条特征,对第二条特征却没有满意的解释(McDonald,1989:380)。经济模型和引力模型都认为,随着时间的推移,交通不断改善,密度方程的斜率递减。值得注意的是,引力模型中的距离摩擦系数$\beta$和经济模型中的单位运费都随时间而降低。

早期关于城市密度模型的实证研究基于单中心模型,即探讨人口密度从城市中心向外的演变特点,强调唯一的城市中心(CBD)对整个城市人口分布的影响。自20世纪70年代以来,越来越多的学者认为城市形态正从单中心向多中心转变(Ladd and Wheaton,1991;Berry and Kim,1993)。除了CBD这个主要中心之外,许多大城市还有次中心,因而可称为多中心城市。对于多中心城市居民与各级城市中心之间的关系,有各种假设,从而对应不同的方程形式。

### 6.1.2 区域密度方程研究

如果把研究范围从城市延伸到包括乡村地区的区域,城市密度分布的研究也就自然推广到区域密度分布的研究。城市人口密度的研究,特别是负指数模型,先是经验观察得到模型,然后是理论推演(经济模型或引力模型)来解释经验模型。即使是先于米尔斯—穆斯城市经济模型的阿朗索城市土地利用模型(Alonso,1964),理论解释也是滞后于对城市密度模型的经验观察。与此不同的是,受冯·杜能(von Thünen,1966)农业区位论的启发,贝克曼(Beckmann,1971)和威布尔(Webber,1973)提出了区域密度分布的经济模型,早于后来帕尔等人(Parr,1985;Parr et al.,1988;Parr and O'Neill,1989)提出的区域人口密度分布的经验模型。城市密度模型中的城市中心依然是区域密度模型的中心,但区域密度从这一中心向外衰减的解释有所不同。从逻辑上来讲,离城市较远的乡村居民到城市销售农产品、购买城市工业品和享受城市服务都需要支付较高的交通成本较高,作为补偿,他们占有的土地比较便宜,因而拥有较多的土地,但这时土地是作为生产的要素之一,而不是住宅用地。

类似地,区域密度模型的应用研究也有单中心和多中心之别。显然,由于区域的幅员比单个城市要大得多,不大可能像单个城市那样具有均质的自然环境(例如地形、气候和土地适宜性)。因此,区域人口密度模型不像城市那样规则。理想的区域密度模型研究区是像冯·杜能模型中的"孤立国"那样,具有均质自然环境的地区(Wang,2001a:233)。

分析密度方程随时间的变化对揭示城市和区域结构的变迁具有重要的启示。在城市地区,我们可以考察城市的极化或郊区化趋势。城市极化是指城市中心区相对于郊区的人口增长更快,郊区化对应的是一个相反的趋势,即郊区相对于城市中心区的人口增长。对于区域来说,则表现为向心集聚和离心分散两种过程。类似地,前者指人口从外围的农村地区向中心的城市地区迁移,后者则刚好相反。以上都可以整合到核心—边缘的理论框架内。加利(Gaile,1980)研究表明,核心(城市)的经济发展通过一系列复杂的空间动态过程(即资本、商品和服务、信息和技术、人口等要素的区际流动)影响周边(郊区和乡村)区域。如果影响的结果表现为边缘地区经济活动(例如人口)的增长,则称为扩散作用。反之,如果边缘地区的经济活动下降而中心地区的经济活动扩张,则称为回流效应。这些概念有助于我们理解核心—腹地之间相互依赖的交错关系(Barkley et al.,1996)。如果区域密度模型较好地满足指数方程,上述变化过程就可以用图 6.1 来演示,其中,t+1 在 t 时间之后。对于一个单中心模型,我们可以考察中心城市的相对重要性;对于多中心模型,我们可以考察不同中心的相对强弱。

在本章的余下部分,讨论主要集中在城市密度模型。当然,类似的分

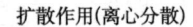

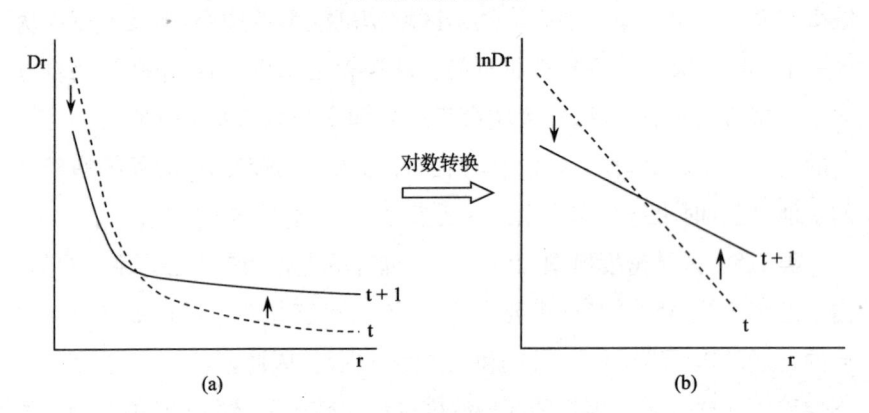

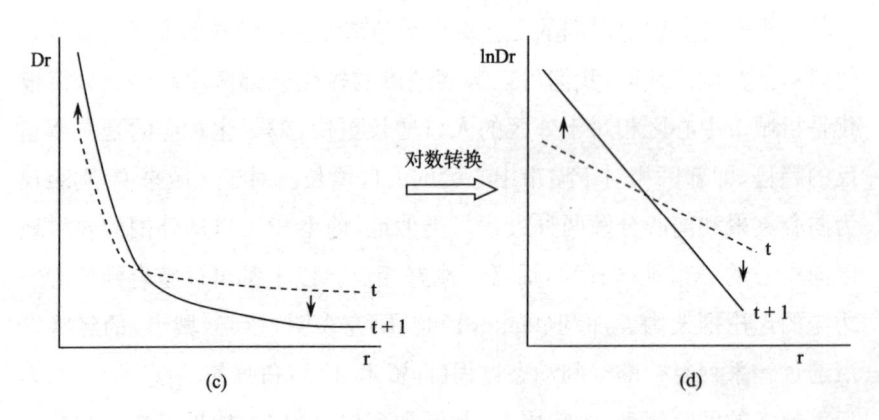

图 6.1　用密度函数法确定的区域增长模式

析技术可以应用于区域密度模型的研究。

## 6.2　单中心模型

### 6.2.1　四个简单二元方程

除了上面式(6.1)介绍的指数模型之外,描述单中心结构的还有下面三个简单的模型:

$$D_r = a + br \tag{6.2}$$

$$D_r = a + b\ln r \tag{6.3}$$

$$D_r = ar^b \tag{6.4}$$

式(6.2)为线性模型,(6.3)为对数模型,(6.4)为幂函数模型。这四个模型中的系数 $b$ 值一般都应为负值,表示密度从城市中心向外递减。

式(6.2)和(6.3)很容易用最小二乘法(OLS)进行线性回归得到。式(6.1)和式(6.4)可以在两边取对数后转化为线性方程:

$$\ln D_r = A + br \tag{6.5}$$

$$\ln D_r = A + b\ln r \tag{6.6}$$

式(6.5)为指数方程(6.1)的对数变形,式(6.6)为幂函数方程(6.4)的对数变形。两式中的截距 $A$ 为常数 $a$ 的对数(即 $A=\ln a$)。通过反对数变换,很容易得到 $a$ 值,即 $a=e^A$。式(6.5)和(6.6)也可以用最小二乘法回归得到。式(6.3)和(6.6)包含对数项 $\ln r$,因此进行回归分析时不能包括 $r=0$(城市中心)的样本点,以避免对 0 求对数。类似地,式(6.5)和(6.6)中包含对数项 $\ln D_r$,回归样本中不能包含 $D_r=0$(人口数为 0)的样本点。

以式(6.5)的对数变换为例,截距 $A$ 和斜率 $b$ 表征了城市的密度分布态势。$A$ 值越小,城市中心附近密度越低,$b$ 的绝对值越小,意味着城市密度越平缓。许多城市发展中都经历过截距值 $A$ 变低和斜率 $b$ 变平的过程,代表了城市蔓延和郊区化趋势。演变的模式与图 6.1(a)相似。如果研究地域是区域范围,就是区域增长模式中的分散现象。

## 6.2.2 其他单中心模型

除了上面四种简单模型之外,常用的还有三种模型。一是谭那尔(Tanner,1961)和契若特(Sherratt,1960)各自独立提出的一个模型,通常叫谭那尔—契若特(Tanner-Sherratt)模型。模型表示为:

$$D_r = ae^{br^2} \tag{6.7}$$

式中,密度 $D_r$ 随距离的平方($r^2$)呈指数衰减。

纽灵(Newling,1969)将克拉克模型和谭那尔－契若特模型整合在一起,成为下面的模型:

$$D_r = ae^{b_1 r + b_2 r^2} \tag{6.8}$$

其中,常数$b_1$一般为正值,$b_2$一般为负值,其他量的意义跟上面的模型一样。在纽灵模型中,正的$b_1$代表了 CBD 附近的一个密度塌陷,由于主要是商业和非居住用地,那里的人口密度相对较低。根据纽灵模型,人口密度最高的地方并不是在城市中心,而是在城市中心之外一定距离处。

第三个模型为三次样条方程(cubic spline function)(例如,Anderson,1985;Zheng,1991),因为它刻画了城市密度模型的复杂性。模型可以展开如下:

$$D_x = a_1 + b_1(x-x_0) + c_1(x-x_0)^2 + d_1(x-x_0)^3 \\ + \sum_{i=1}^{k} d_{i+1}(x-x_i)^3 Z_i^* \tag{6.9}$$

其中,$D_x$为距中心$x$处的人口密度,$x_0$为中心向外第一个人口密度峰值处距中心的距离,$x_i$为中心向外第$i$个节点(既可以叫做第 2、第 3、…、第$n$个人口密度峰值,也可以叫做整个区域内的间隔点),$Z_i^*$为虚拟变量(当$x$在节点内时,其值为 0,否则,其值为 1)。

三次样条方程更详细地刻画了城市密度模型的波动现象(例如郊区的那些人口密度峰值),因而严格地说,它不是一种单中心模型。但是,它描述的仍然是从城市中心向外任意方向人口密度的变化过程,即人口密度的同心圆模式。

### 6.2.3 单中心模型的回归拟合

密度模型只包括两个变量:到城市中心的欧式距离$r$及对应的人口密度$D_r$。到城市中心的欧式距离可以用 2.1 介绍的方法来得到。确定城市中心需要对研究区有充分的了解,城市中心常常是公众广为接受的一个标志性地点。如果没有公众广为接受的城市中心,可以用市政府所在地或就业人数最聚集的地点作为城市中心。美国人口普查局的 TI-

GER 县文件中，CFCC 编码为"D65"的即为市政府中心。也可以用阿波洛维齐（Alperovich，1982）的办法，即以该点为中心时，模型模拟得到的测定系数 $R^2$ 最高。密度为人口与面积之比，ArcGIS 多边形图层都有面积这个属性值，如果是 shape 文件，也可添加测算的面积值（参见第 1.2 节第 3 步）。只要具有距离 $r$ 和人口密度 $D_r$ 这两个变量的 GIS 数据，就可以将它输出成外部文件进行回归分析。

很多软件包中都有线性最小二乘法回归功能。例如，我们可以用微软的 Excel 来实现，只要加载"分析工具"宏即可。打开包含距离和密度数据的 Excel 工作表，新增两列 $\ln r$ 和 $\ln D_r$，并分别计算距离和密度的对数值。从主菜单中选择工具＞数据分析＞回归，弹出图 6.2 的回归分析对话框。选择需要进行回归的 $X$ 和 $Y$ 值即可，式（6.2）、（6.3）、（6.5）和（6.6）都可以按此办法用 Excel 进行最小二乘线性回归，这里的式（6.5）和（6.6）分别为式（6.1）和（6.4）的对数变换。计算结果很容易还原到式（6.1）和（6.4），只要计算 $a=e^A$ 即可。

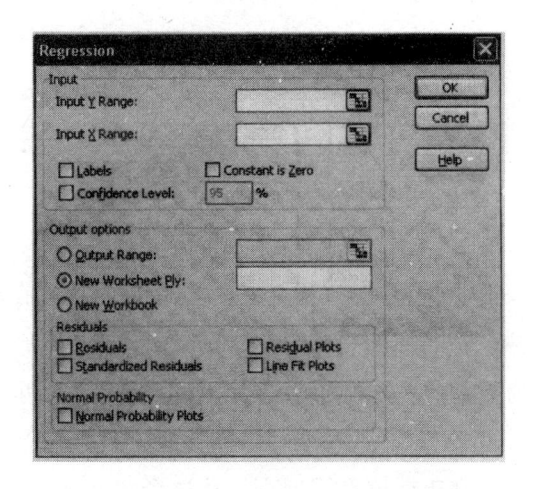

图 6.2 在 Excel 中进行回归分析对话框

另外一种方法是用 Excel 里的图表向导来直接得到四个模型的回归结果。首先，用图表向导绘制密度随距离变化的散点图。然后，选中散点图,选择主菜单:图表＞"添加趋势线",弹出图6.3所示对话框,上面四种模型(线性、对数、指数、幂函数)都在"类型"菜单中。切换到"选项"菜单,选择"显示公式"和"显示 R 平方值"即可将回归结果显示在图上。用这种"添加趋势线"的方法得到的结果是四种模型未经对数变换的原始形式。这里得到的回归结果其实用的是式(6.5)和(6.6),也就是式(6.1)和(6.4)的对数变形(计算过程是在内部完成的),进行线性最小二乘法得到的结果。这与下面将要讨论的非线性回归不同。

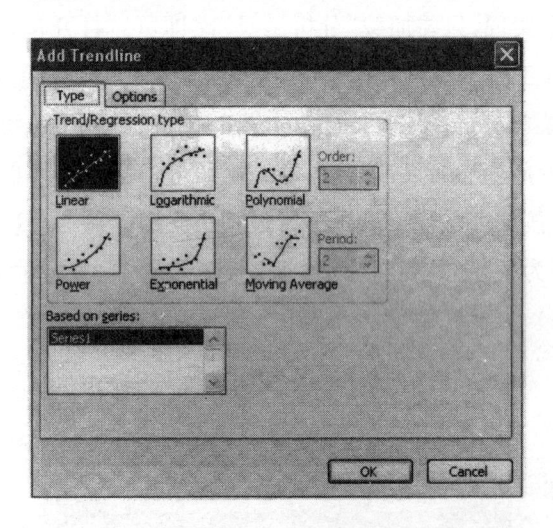

图 6.3 在 Excel 中添加趋势线对话框

谭那尔－契若特模型(6.7)和纽灵模型(6.8)都可以在对数变换之后用线性最小二乘法进行回归得到,如表 6.1 所示。在谭那尔－契若特模型中,变量 X 为距离的平方($r^2$);而在纽灵模型中,包含两项 $X(r$ 和 $r^2)$。纽灵模型比克拉克模型(指数模型)多一项(即 $r^2$),因而无论 $r^2$ 的显著性如何,测定系数 $R^2$ 都比克拉克模型高。从这个意义上讲,这两个模型在拟合效果上不具有可比性。

**表 6.1 单中心线性回归模型**

| 模型 | 用于回归的方程 | 原始方程 | X 变量 | Y 变量 | 样本限制条件 |
|---|---|---|---|---|---|
| 线性模型 | $D_r=a+br$ | 相同 | $r$ | $D_r$ | 无限制 |
| 对数模型 | $D_r=a+b\ln r$ | 相同 | $\ln r$ | $D_r$ | $r\neq 0$ |
| 乘幂模型 | $\ln D_r=A+b\ln r$ | $D_r=ar^b$ | $\ln r$ | $\ln D_r$ | $r\neq 0$ & $D_r\neq 0$ |
| 指数模型 | $\ln D_r=A+br$ | $D_r=ae^{br}$ | $r$ | $\ln D_r$ | $D_r\neq 0$ |
| 谭那尔—契若特模型 | $\ln D_r=A+br^2$ | $D_r=ae^{br^2}$ | $r^2$ | $\ln D_r$ | $D_r\neq 0$ |
| 纽灵模型 | $\ln D_r=A+b_1 r+b_2 r^2$ | $D_r=ae^{b_1 r+b_2 r^2}$ | $r, r^2$ | $\ln D_r$ | $D_r\neq 0$ |

三次样条方程(6.9)的拟合跟其他单中心模型的拟合相似,只不过需要更多的数据。首先,将数据按"距离"的升序排列。其次,确定常数 $x_0$,计算数值 $(x-x_0)$、$(x-x_0)^2$、$(x-x_0)^3$。第三,确定 $x_i$(即 $x_1, x_2, \cdots$),并计算对应的 $(x-x_i)^3 Z_i^*$。$(x-x_1)^3 Z_1^*$ 按下述方法赋值:① 当 $x\leqslant x_1$ 时,其值为 0;② 当 $x>x_1$ 时,其值为 $(x-x_1)^3$。最后,进行多元回归分析,变量 $Y$ 为密度 $D_x$,变量 $X$ 为 $(x-x_0)$、$(x-x_0)^2$、$(x-x_0)^3$、$(x-x_1)^3 Z_1^*$、$(x-x_2)^3 Z_2^*$ 等等。样条方程具有更多的 $X$ 项,因而回归测定系数 $R^2$ 一般要比其他模型高。

## 6.3 模型的非线性回归和加权回归

这里讨论单中心结构模型拟合中的两个问题。第一个问题是,究竟是直接对指数和幂函数模型进行非线性回归,还是先将指数和幂函数模型进行对数变换后再进行线性回归(如第 6.2 节所示)。一般而言,因为二者因变量不同(非线性回归时为 $D_r$,线性回归时为 $\ln D_r$),从而回归结果也不同,误差项的假设也不同(Greene and Barnbrock, 1978)。

这里用指数模型(6.1)及其对数变换(6.5)来解释这种差别。式(6.5)的线性回归中,假设误差为因变量的一个乘法因子,只考虑相对误差的大小，即有：

$$D_r = ae^{br+\varepsilon} \quad (6.10)$$

式(6.1)的非线性回归中，假设误差为构成因变量多项式的一项，只考虑绝对误差的大小，即有：

$$D_r = ae^{br} + \varepsilon \quad (6.11)$$

最小二乘(OLS)线性回归是寻找最佳的 $a$ 和 $b$，使得回归残差平方和(RSS)最小。二元线性最小二乘回归中的参数估计办法可参见附录6B。非线性最小二乘回归的目标也是使 RSS 值最小。对于式(6.11)中的模型，要使下式结果最小：

$$RSS = \sum_i (D_i - ae^{br_i})^2$$

其中，$i$ 代表数据观察顺序。尽管非线性回归的参数估计方法有好几种(Griffith and Amrhein, 1997: 265)，但都是用迭代法来不断改进估计值。例如，修正高斯-牛顿法使用线性近似值来估算 RSS 随参数估计值微调而发生的变化。选定好的初始估计值(即接近真实值的估计值)是非线性回归成功的关键。参数的初始估计值常常来自经验或借用已有文献中同类研究的成果。

对于密度函数的估计，线性和非线性回归法究竟哪一种更好呢？这要看研究的重点和目的而定。线性回归以对数变换为基础，只考虑相对误差的大小，从而高密度观测值产生的误差被低估了(因为考虑的是相对值)。事实上，高密度地区的估计值和观察值之间的差值可能会比低密度地区大得多(从绝对值意义上而言)。结果，城市总的人口估计可能会存在较大偏差。与此相反，非线性回归直接基于密度值而不是密度值的对数，其回归残差平方和较小。因为考虑的是绝对误差，高密度地区的误差(绝对误差)值限制在一个数值范围内。结果，城市总的人口估计值常常比线性回归的结果更接近于实际值，但低密度地区的密度估计值会存在较大的相对偏差。

城市密度模型估计中的第二个问题是随机抽样问题(Frankena,

## 第六章 回归拟合方程及其在城市与区域密度模型分析中的应用

1978)。普查数据的一个普遍问题(并不限于美国)是高密度观测值样本数较多且集中在城市中心附近很小的一个区域,而低密度观测值样本数据较少且散布在偏远地区。也就是说,高密度地区样本数过多,因为他们集中在离城市中心较近的一个范围;而低密度地区样本代表性不足,且散布在远离城市中心的地方。在密度-距离散点图上将显示近距离地区的观测值众多而远距离地区的观测值稀少。这是一种非随机抽样,从而导致偏奇的估计值(通常为左偏)。用加权回归法可以减轻这个问题。有研究者(Frankena,1978)提出将观测值用样本的面积加权。这种回归法用于寻找最小化加权残差平方和(RSS)。需要注意的是,在加权回归法中,$R^2$不再是拟合效果的评价指标,被称为伪$R^2$。关于这个的例子可以参见作者和周一星的一项研究(Wang and Zhou,1999)。一些学者选用的样本就是等面积的,就不存在这个问题了。我们在案例6中分析芝加哥人口密度模型时,选用的township单元,基本上是等面积的区域。Township是美国国会1796年实施的公共土地测量系统(PLS)的基本单元,每个township为边长约六英里的正方形。

进行非线性回归或加权回归拟合需要用高级统计软件。例如,用DEN代表"密度",DIST代表"距离",AREA代表"面积",下面的SAS语句可以实现式(6.1)的非线性回归:

proc MODEL; /* procedure for nonlinear regression */
PARMS a 1000 b-0.1; /* initialize parameters */
DEN=a * exp(b * DIST); /* code the fitting function */
fit DEN; /* define the dependent variable */

其中,PARMS语句是对$a$和$b$赋予迭代初始值。如果迭代不能收敛,可改变初始值再重新运行程序,直到得到收敛值为止。

加权回归是将下面的语句添加到上面的程序中:

weight AREA; /* define the weight variable */

SAS中有一个REG程序来进行最小二乘回归。更详细的情况可见光盘所附的SAS程序monocent.sas。

## 6.4 多中心模型拟合

单中心密度模型假设离城市中心相等距离处的密度相同,而不管它是在城市的哪个方向上。许多城市的密度分布更趋向于多中心结构。在多中心城市中,住宅和工商业是围绕多个中心展开的,从而人口密度是到各中心距离的函数(Small and Song,1994:294)。主中心(CBD)之外的中心称为副中心。

### 6.4.1 多中心假设及相关模型

根据假设的不同,可以建立如下几种不同的多中心模型:

1. 假设不同中心的影响力或功能可以完全互相代替,居民只受最近的中心影响,则城市相当于由多个单中心的亚区组成。每个亚区为一个中心的邻近区域(参见第 4.1 节),单个亚区可以用各种单中心密度模型进行模拟。以指数模型为例,第 $i$ 个亚区(CBD 或次中心)的模型可以表示为:

$$D = a_i e^{b_i r_i} \tag{6.12}$$

其中,$D$ 为某个样本区的密度,$r_i$ 为该区域与最近中心 $i$ 的距离,$a_i$ 和 $b_i$ ($i=1,2,\cdots$)为参数估计值。

2. 假设不同中心的作用是互补关系,则某一点将受到所有中心的影响,从而多中心密度为各单中心共同作用的乘积(McDonald and Prather,1994)。例如,多中心的指数模型可表示为:$D = A e^{b_1 r_1} e^{b_2 r_2} \cdots e^{b_n r_n}$。其对数形式就是:

$$\ln D = a + \sum_{i=1}^{n} b_i r_i \tag{6.13}$$

其中,$D$ 为某个区域的密度,$n$ 为中心数,$r_i$ 为该区域跟第 $i$ 个中心的距离,$a$ 和 $b_i$ ($i=1,2,\cdots$)为参数估计值。

3. 很多学者(Griffith,1981;Small and Song,1994)认为,各中心作

用力介于上述假设 1 和假设 2 之间,多中心密度为相关中心作用力之和。例如,一个基于指数模型的多中心模型可以表示为:

$$D = \sum_{i=1}^{n} a_i e^{b_i r_i} \tag{6.14}$$

上述三种假设引自文献 Heikkila et al.,1989。

4. 作者根据中心地理论,强调 CBD 主中心和其他副中心具有不同的功能。所有的居民都需要到高级中心去获得高等级服务,而低等级服务在最近的副中心即可满足(Wang,2000)。也就是说,对居民而言,重要的是主中心及跟它最近的中心。以指数模型为例,模型可以表示为:

$$\ln D = a + b_1 r_1 + b_2 r_2 \tag{6.15}$$

其中,$r_1$ 是到主中心的距离,$r_2$ 是到最近中心(CBD 或某个副中心)的距离,$a$,$b_1$ 和 $b_2$ 为参数估计值。在 CBD 附近的样本,CBD 就是其最近中心,这些样本的 $r_1 = r_2$。

图 6.4 为多中心城市不同假设下的图示。在假设 2 或 3 的情况下,所有中心都对居民发生作用,但是在假设 2 中,作用力之间为乘积关系,而在假设 3 中为加和关系。表 6.2 是上述讨论的小结。

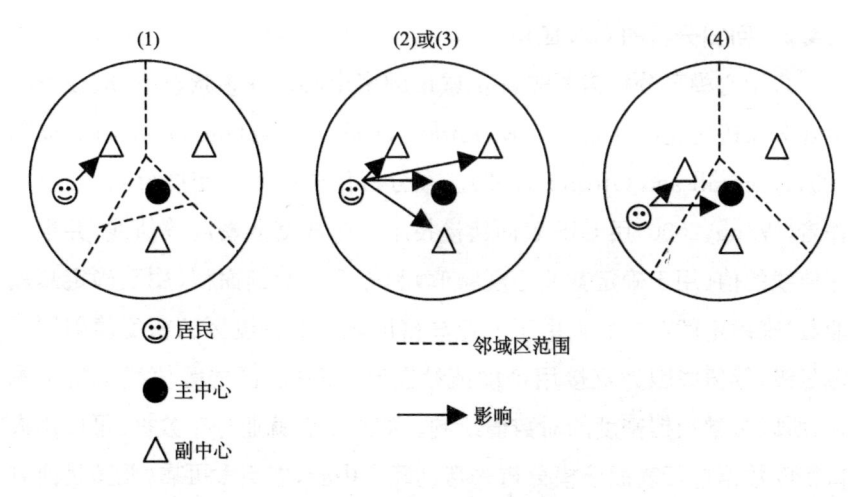

图 6.4 多中心假设示意

表 6.2 多中心假设及对应的拟合方程

| 序号 | 假设 | 模型(以指数模型为例) | X 变量 | 样本范围 | 回归估计方法 |
| --- | --- | --- | --- | --- | --- |
| 1 | 只与最近的中心发生联系 | $\ln D = A_i + b_i r_i$ | 到最近中心 $i$ 的距离 $r_i$（1 个自变量） | 某个子区域 $i$ | 线性回归[1] |
| 2 | 与所有中心都发生联系（乘法效果） | $\ln D = a + \sum_{i=1}^{n} b_i r_i$ | 到所有中心的距离（$n$ 个自变量 $r_i$） | 全部区域 | 线性回归 |
| 3 | 与所有中心都发生联系（加法效果） | $D = \sum_{i=1}^{n} a_i e^{b_i r_i}$ | 到所有中心的距离（$n$ 个自变量 $r_i$） | 全部区域 | 非线性回归 |
| 4 | 与 CBD 和最近的中心发生联系 | $\ln D = a + b_1 r_1 + b_2 r_2$ | 到主要中心和最近中心的距离（2 个自变量） | 全部区域 | 线性回归[2] |

注:1. 也可以对 $D = a_i e^{b_i r_i}$ 进行非线性回归；2. 也可以对 $D = a_1 e^{b_1 r_1} + a_2 e^{b_2 r_2}$ 进行非线性回归。

### 6.4.2 回归分析的 GIS 应用

多中心模型分析需要先确定城市的多中心。理想状态下,应该根据就业分布确定这些中心(参见 Gordon et al. ,1986;Giuliano and Small, 1991;Forstall and Greene,1998)。在分析传统的人口密度分布图之外,作者(Wang,2000)用 GIS 表面建模技术来生成就业密度等值线,并根据等值线的值(用于确定就业密度阈值)和等值线所围面积(用于确定总就业数)来确定就业中心。由于就业高密度区与低密度区的密度值差别是数量级,等值线因为直接用密度值绘图时,高密度区的等值线会特别稠密,所以常常根据密度的对数值绘制。如果没有就业分布数据,可以用人口密度数据进行表面建模分析来帮助确定中心,但不太可靠(尤其是西方城市)。从纽灵单中心模型可知,人口密度峰值可能并不是中心。商业活动常常占据就业中心的土地,从而产生一个人口密度塌陷地区。第三章介绍了各种常见的表面建模分析技术。表面建模本身是描述性的,要判定表面建模法确定的中心是否为真正的中心,以及它们之间的相互作用,需要借助严格的密度模型统计分析。

确定中心之后,可以用 GIS 提取距离和密度数据以进行多中心模型分析。对于上述第 1 种假设,只需用 ArcGIS 中的近邻工具(Near Tool)计算与最近中心(包括主中心)之间的距离。对于第 2、3 种假设,需要用 ArcGIS 中的点距离公式(Point Distance)计算每个区域和所有中心之间的距离。对于第 4 种假设,需要计算两种距离,即每个区域与主中心及最近中心之间的距离,这都可以用 ArcGIS 中的近邻工具来实现。详细情况可见第 6.5 节。

在上述第 1 种假设情况下,多中心模型转化为每个中心邻域范围内的单中心模型(6.12),从而可以用第 6.2 节和第 6.3 节介绍的方法得到。第 2 种假设的式(6.13)和第 4 种假设的式(6.15)可以通过简单的多元线性回归得到,但是,第 3 种假设的式(6.14)需要用下面的非线性回归法。

假设有两个中心,DIST1 和 DIST2 分别是到两个中心的距离,与估算式(6.4)类似,我们可以用下面的 SAS 程序来估算式(6.14):

proc model;

parms a1 1000 b1-0.1 a2 1000 b2-0.1;

DEN=a1 * exp(b1 * DIST1)+ a2 * exp(b2 * DIST2);

fit DEN;

## 6.5 案例 6:芝加哥地区城市密度模式分析

芝加哥一直是西方城市研究的重要对象。伯吉斯(Burgess,1925)的经典同心圆模型就是基于芝加哥提出的,随后出现了一系列关于城市结构的研究,形成了"芝加哥学派"。本案例用 2000 年人口普查数据来研究芝加哥地区的城市密度模型。研究区限制在芝加哥结合大都市统计区(CMSA)的 6 个中心县(括号内为县编码):Cook(031),DuPage(043),

Kane(089)、Lake(097)、McHenry(111)和 Will(197)，见图 6.5。研究范围比案例 4A 和案例 5 用的 10 个县要小些，因为这里是考察大部分已城市化的地区。为了考察"可变地域单元问题"(MAUP)，我们从普查小区和 township 两个尺度进行研究。MAUP 是指在研究中用的地理单元变化时，研究结果的不稳定性，这是进行地理学和空间分析研究的学者广为熟知的概念(Openshaw，1984；Fotheringham and Wong，1991)。

本案例基于芝加哥 10 个县的普查小区多边形图层文件 chitrt，其中包含 2000 年人口数据(即其中的 popu 项)。此外，还包括下述数据：

① shape 文件 polycent15：含有根据早期的一个研究成果(Wang，2000)确定的 15 个就业中心；

② shape 文件 county6：为 6 个县的研究区域；

③ shape 文件 twnshp：包括 115 个 township 数据，为另一种地理单元，它们的面积大小差别不大。

本例将用到 ArcGIS 的距离计算及面域插值等空间分析工具，以及微软的 Excel 进行简单的线性回归和绘图，也会用 SAS 进行高级非线性和加权回归分析。

### 6.5.1 基于普查小区的单中心模型拟合

1. 用 ArcGIS 提取研究区及 CBD 位置

用工具"Selection by Location"从图层 chitrt 中提取普查小区(其中心)在 county6 中的部分，并将结果输出为 shape 文件 cnty6trt，里面包含 6 个县的普查小区。在 cnty6trt 属性表中新增一列 popden 并按下式计算 popden=1000000 * popu/area。

从研究区 shape 文件 cnty6trt 中创建普查小区的重心文件 cnty6trtpt。

根据条件 cent15_=15(或 FID=14)从 shape 文件 polycent15 中提取点数据，并输出为 shape 文件 monocent，此即为 CBD 的位置(即单中心假设的唯一中心)。

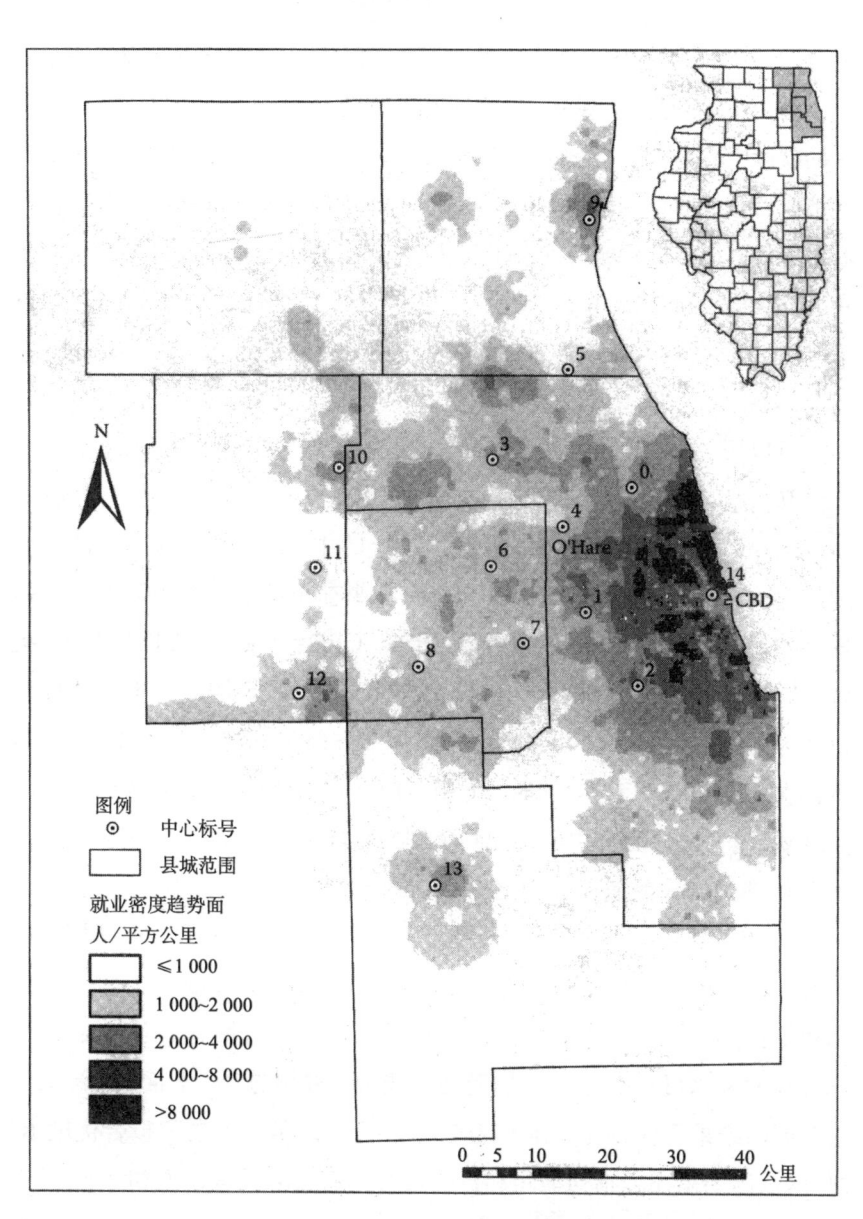

图 6.5 芝加哥地区 6 县人口密度趋势面及就业中心

## 2. 绘制人口密度图

用案例 3B(见第 3.4 节)中介绍的表面建模技术来绘制研究区的人口

密度图,如图6.5所示。图中也显示了研究区内15个就业中心的位置。

需要注意的是,这些就业中心不一定就是人口密度的峰值点,尽管郊区的就业中心常常在当地人口密度峰值附近。关于城市密度的经典城市经济模型假设城市具有唯一的中心即CBD,所有工作都集中在这里。多中心模型将假设推广到城市的多个就业中心,这是我们用就业分布数据而不用人口数据来确定城市中心的一个重要原因。对于美国的城市,可以从CTPP("交通规划人口普查数据库")中提取就业位置数据。参见第5.5节。

3. 用ArcGIS计算普查小区重心和CBD之间的距离

可以用ArcGIS里面的"Near"工具计算普查小区中心(cnty6trtpt.shp)和CBD(monocent.shp)之间的距离。在上面得到的属性表cnty6trtpt里,列NEAR_FID确定了最近的中心(在这里即唯一的中心monocent),列NEAR_DIST为中心到各普查小区重心的距离(m)。新增一列DIST_CBD,根据公式计算DIST_CBD=NEAR_DIST/1000,把各普查小区重心与CBD之间的距离换算成km。新增一列DIST_CBD也是为了保留到CBD的距离数据,因为在下面第6.5.2节的第1步中,将再次调用"Near"工具,那时NEAR_FID和NEAR_DIST两列数据将会刷新,代表最近的多中心以及到它们的距离。

4. 用Excel的回归工具进行简单线性回归

本操作需要事先加载宏"数据分析"(Analysis Toolpak)。用Excel打开cnty6trtpt.dbf,并保存为Excel工作表文件monodist_trt.xls。选择菜单:工具>数据分析>回归,弹出图6.2的对话框。输入数据Y(popden)和X(DIST_CBD)的范围。选择"输出选项"下面的"新工作表",回归结果将保存在新工作表中。除了得到回归系数和拟合优度$R^2$之外,输出结果还包括与截距和自变量对应的标准误差、$t$值和$p$值。

5. 用Excel的回归工具进行其他方程拟合

在文件monodist_trt.xls中新增dist_sq、lndist和lnpopden三列并计算结果,三列分别为距离的平方、距离对数、人口密度对数。Excel中计算自然对数的公式是LN()。对于有对数项($\ln r$或$\ln D_r$)的人口密度方程,距离($r$)或密度($D_r$)不能为 0。在本例的数据中,有五个普查小区的 $D_r=0$。通常,在计算人口密度对数 $\ln D_r$ 时,可以在原始的人口密度数据 popden 上加 1,即按 $\ln(\text{popden}+1)$ 来计算 lnpopden 项,这样可以避免对 0 取对数。显然,是加 1 还是加其他常数(比如 0.2 或 0.5)带有主观性,回归系数的估计结果会小有不同。但是,加不同的常数对回归显著性检验的影响很小,因为标准差随回归系数成比例地变化,从而 $t$ 值保持不变(Osgood,2000:36)。

重复第 4 步拟合对数、乘幂、指数、谭那尔－契若特和纽灵模型。参照表 6.1 确定变量 $X$ 和 $Y$ 的取值。除纽灵模型之外的其他模型都是简单的二元模型。

回归结果见表 6.3。

表 6.3  单中心模型回归结果(1837 个普查小区)

| 回归办法 | 方程 | $a$(或 $A$) | $b$ | $R^2$ |
| --- | --- | --- | --- | --- |
| 线性 | $D_r=a+br$ | 7187.46 | $-120.13$ | 0.3237 |
|  | $D_r=a+b\ln r$ | 12071 | $-2740.91$ | 0.3469 |
|  | $\ln D_r=A+b\ln r$ | 10.09 | $-0.8135$ | 0.2998 |
|  | $\ln D_r=A+br$ | 8.80 | $-0.0417$ | 0.3833 |
|  | $\ln D_r=A+br^2$ | 8.29 | $-0.0005$ | 0.3455 |
|  | $\ln D_r=A+b_1 r+b_2 r^2$ | 8.83 | $b_1=-0.045$; $b_2=0.00005$[1] | 0.3835 |
| 非线性 | $D_r=ar^b$ | 12190.38 | $-0.3823$ | 0.2455 |
|  | $D_r=ae^{br}$ | 10013.36 | $-0.0471$ | 0.3912 |
|  | $D_r=ae^{br^2}$ | 8161.09 | $-0.0019$ | 0.4021 |
|  | $D_r=ae^{b_1 r+b_2 r^2}$ | 6337.17 | $b_1=0.0577$; $b_2=-0.0044$ | 0.4066 |
| 加权回归 | $D_r=ae^{br}$ | 9157.49 | $-0.0603$ | 0.5207[2] |

注:1. 不显著(其他的显著性水平为 0.001);2. 伪 $R^2$ 值不宜用于衡量拟合效果。

我们也可以用 Excel 进行三次样条回归。例如，当给参数 $x_i$ 赋值为：$x_0=1, x_1=5, x_2=10, x_3=15$，回归得到的三次样条模型的拟合优度 $R^2=0.43$，大部分项的回归系数统计上不显著。

6. 在 Excel 里面绘制拟合图形、添加趋势线并生成回归模型

先用 Excel 的图表向导绘制密度随距离变化的图形（例如 $XY$ 散点图）。选中散点图，选择菜单：图表＞添加趋势线，弹出图 6.3 的对话框。在"类型"标签下列出了本案例的四种模型（线性、对数、指数、乘幂）。在"选项"标签下，选择"显示公式"和"显示 $R$ 平方值"即可在趋势线图上得到回归模型结果。图 6.6 为密度－距离指数方程的趋势线图及其回归模型。

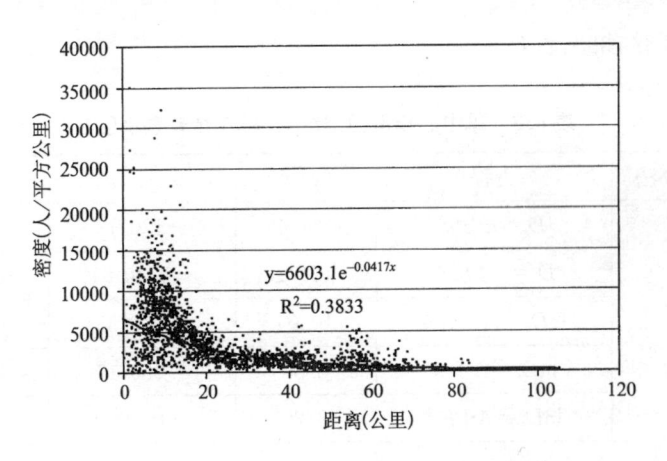

图 6.6　密度与距离之间的指数函数趋势线（普查小区）

需要注意的是，指数和乘幂模型的回归是在对原始方程进行对数变换后进行的。从第 5 步 Excel 的回归工具得到的方程，需要通过计算系数 $a=e^A$ 以恢复到指数或乘幂模型（例如，对于图 6.6 中的指数模型，$9157.5=e^{9.1223}$）。从第 6 步 Excel 的添加趋势线工具得到的方程，直接显示指数或乘幂模型。两者得到的结果是一样的，都是借用的 OLS 线性回归法。

## 7. 用 SAS 进行非线性回归和加权回归

非线性回归和加权回归需要用 SAS 来实现。附录 6C 提供了一个 SAS 程序示例 monocent.sas（也可见光盘）。首先从 Excel 文件 monodist_trt.xls 中提取三列数据 DIST_CBD，popden 和 area，将结果保存为不带变量名的逗号分隔文件 monodist.csv。该 SAS 程序可以进行所有单中心模型的回归。乘幂、指数、谭那尔－契若特和纽灵模型都可以用非线性回归得到。回归结果见表 6.3。表中，我们标出了回归拟合优度 $R^2$ 最高的模型。表中也给出了一个对指数模型进行加权回归的示例。

### 6.5.2 基于普查小区多中心模型拟合

1. 用 ArcGIS 计算各普查小区与其最近中心之间的距离

用 ArcGIS 里面的"Near"工具计算普查小区重心（cnty6trtpt）与最近中心（polycent15）之间的距离。在这里的新表 cnty6trtpt 中，数据列 NEAR_FID 和 NEAR_DIST 分别为最近的中心及其到普查小区重心的距离。需要注意的是，第 6.5.1 节的第 3 步也用过"Near"工具，这里将更新当时得到的 NEAR_FID 和 NEAR_DIST 数据。新增一列 D_NEARC 并根据公式 D_NEARC＝NEAR_DIST/1000 计算结果。用 Excel 打开 cnty6trtpt.dbf 并从中提取四列 POPDEN、DIST_CBD、NEAR_FID 和 D_NEARC，将结果保存为不含变量名的逗号分隔文件 dist2near.csv，用来检验多中心假设 1 和 4。

2. 用 ArcGIS 计算普查小区重心与各中心的距离

调用分析工具"Point distance"来计算普查小区重心（cnty6trtpt）和 15 个中心（polycent15）之间的距离，将结果输出为 polydist.dbf 文件。将属性表 cnty6trtpt 即普查小区密度信息添加到文件 polydist.dbf，将其输出为文件 tmp.dbf。用 Excel 打开 tmp.dbf，提取属性 popden、INPUT_FID、NEAR_FID 和 distance 并保存为不带变量的逗号分隔文件 dist2cent15.csv，用来检验多种心假设 2 和 3。

3. 用 SAS 进行多中心模型拟合

线性回归都可以按第一部分所示用 Excel 来实现,光盘所附的 SAS 程序 polycent.sas 可以实现表 6.2 全部模型的拟合。我们选用线性回归来拟合对应于假设 1、2、4 的模型,用非线性回归拟合假设 3 的模型。

假设 1 认为存在多个单中心模型,每个模型各自基于某个中心的邻域。在假设 2 的条件下需要对整个研究区进行多元线性回归。表 6.4 列出了回归结果。

表 6.4　多中心假设 1 和 2 下的回归结果(1837 个普查小区)

| 中心序号 $i$ | 假设 1:中心 i 的邻域满足 $\ln D = A_i + b_i r_i$ | | | | 假设 2:整个研究区满足 $\ln D = a + \sum_{i=1}^{n} b_i r_i$ | |
|---|---|---|---|---|---|---|
| | 样本量 | $A_i$ | $b_i$ | $R^2$ | $b_i$ | |
| 0 | 184 | 7.2850*** | 0.1609*** | 0.193 | −0.1108*** | |
| 1 | 106 | 7.3964*** | 0.1529*** | 0.268 | −0.0615* | |
| 2 | 401 | 8.3702*** | −0.0464*** | 0.110 | −0.0146 | |
| 3 | 76 | 7.7196*** | −0.0515** | 0.114 | −0.0689** | |
| 4 | 52 | 5.6173*** | 0.3460*** | 0.260 | 0.1386*** | |
| 5 | 71 | 7.1939*** | −0.0535** | 0.102 | 0.1155** | |
| 6 | 51 | 7.2516*** | −0.0010 | 0.000 | −0.0487 | $a=10.98***$ |
| 7 | 46 | 7.5583*** | −0.0694* | 0.132 | 0.1027*** | $R^2=0.429$ |
| 8 | 58 | 7.0065*** | 0.0100 | 0.003 | −0.0341 | |
| 9 | 100 | 7.4816*** | −0.0657*** | 0.350 | −0.0543** | |
| 10 | 86 | 7.2826*** | −0.0576*** | 0.292 | −0.0363* | |
| 11 | 22 | 6.6063*** | −0.0275 | 0.012 | 0.0780** | |
| 12 | 28 | 8.0979*** | −0.2393*** | 0.571 | −0.0457** | |
| 13 | 67 | 7.1424*** | −0.0768*** | 0.412 | −0.0044 | |
| 14 | 489 | 8.1807*** | 0.0513** | 0.015 | −0.02762*** | |

注:*** 显著性水平 0.001;** 显著性水平 0.01;* 显著性水平 0.05。

基于假设 3 的模型是一个包含 30 个变量(每个中心 2 个)的非线性方程,很复杂。经过无数次尝试后,模型不收敛,无法得到回归结果。作为示例,我们拟合了一个包含两个中心(在 CBD 的中心 14 和在 O'Hare 机场的中心 4)的模型,即:

$$D = 9967.63e^{-0.0456r_{14}} - 6744.84e^{-0.3396r_4}, R^2 = 0.3946.$$
$$(38.64) \quad (-21.14) \quad (-1.55) \quad (-2.37)$$

括号内为相应参数的 $t$ 值,表明到 CBD 的距离比到中心 4 的距离要重要得多。

基于假设 4 的模型是用线性回归来拟合的,结果是:

$$\ln D = 8.8584 - 0.0396 r_{CBD} - 0.0126 r_{cent}, R^2 = 0.3946$$
$$(199.36)(-28.54) \quad (-3.28)$$

括号内相应参数的 $t$ 值表明,到 CBD 的距离和到最近中心的距离满足统计上的显著性,但到 CBD 的距离要重要得多。

### 6.5.3 基于 township 的单中心模型拟合

1. 用 ArcGIS 通过面积权重插值来估算 township 人口

读者可参照第 3.6.2 节详细的步骤进行面积权重插值,这里简述如下。调用 ArcToolbox 的分析工具"Intersect"将图层 cnty6trt 和 twnshp 进行叠加,输出新的图层 twntrt。在 twntrt 的属性表中,列 area 是从 cnty6trt 继承过来的普查小区面积,列 area_1 是从 twnshp 继承过来的 township 面积。在 twntrt 的属性表中新增一列 area_2,计算新生成的 twntrt 中各地域单元的面积,存在列 area_2(参照第 1.2 节第 3 步)。再新增一列 pop_est 并按公式 pop_est=popu * area_2/area 计算结果。调用工具"Summarize",按 rngtwn(township 编码)汇总 pop_est 值,并将结果输出为 twn_pop.dbf。

2. 用 ArcGIS 计算 township 人口密度及到 CBD 的距离

将表 twn_pop.dbf 添加到 twnshp 的属性表,新增一列 popden 并根据公式 popden=1000000 * sum_pop_est/area 计算结果。

调用"Near"工具计算 township(twnshp.shp)和 CBD(monocent.shp)之间的距离。这样,twnshp 的属性表中包含了进行密度模型拟合所需变量(popden 和 NEAR_DIST)。

3. 单中心模型拟合

线性回归可以参照第 6.5.1 节第 4~6 步的办法用 Excel 来实现,非线性回归需要用 SAS 进行。为简便起见,我们从 twnshp 的属性表中提取所需变量数据,输入到稍做修改的 SAS 程序 monocent.sas 中(只需简单地修改一下输入语句),可以实现线性和非线性回归。回归结果见表 6.5。由于样本量较小,这里不进行多中心回归。

表 6.5 单中心模型的回归结果(基于 115 个 township 数据)

| 回归方法 | 方程 | $a$(或 $A$) | $b$ | $R^2$ |
|---|---|---|---|---|
| 线性回归 | $D_r = a + br$ | 328.15 | −4.4710 | 0.4890 |
|  | $D_r = a + b\ln r$ | 853.13 | −198.6594 | 0.6810 |
|  | $\ln D_r = A + b\ln r$ | 11.55 | −2.1165 | 0.5966 |
|  | $\ln D_r = A + br$ | 6.65 | −0.0607 | 0.6952 |
|  | $\ln D_r = A + br^2$ | 5.21 | −0.0005 | 0.6292 |
|  | $\ln D_r = A + b_1 r + b_2 r^2$ | 7.02 | $b_1 = -0.0780$; $b_2 = 0.0002^1$ | 0.6989 |
| 非线性回归 | $D_r = ar^b$ | 1307.11 | −0.6834 | 0.4587 |
|  | $D_r = ae^{br}$ | 862.74 | −0.0574 | 0.7725 |
|  | $D_r = ae^{br^2}$ | 655.39 | −0.0019 | 0.7770 |
|  | $D_r = ae^{b_1 r + b_2 r^2}$ | 758.73 | $b_1 = 0.0331^2$; $b_2 = -0.0007^3$ | 0.7785 |
| 加权回归 | $D_r = ae^{br}$ | 807.18 | −0.0580 | 0.8103[4] |

注:1. 不显著;2. 显著性水平 0.01;3. 显著性水平 0.05(其他的显著性水平为 0.001);4. 伪 $R^2$ 值不宜用于衡量拟合效果。

图 6.7 是根据插值后的 township 人口数据进行指数回归的指数曲

线图。township 范围比普查小区大得多,观测样本也少得多,所以基于 township 数据的回归效果(图 6.7)比基于普查小区数据(图 6.6)看起来好一些,相对应的 $R^2$ 也高一些。

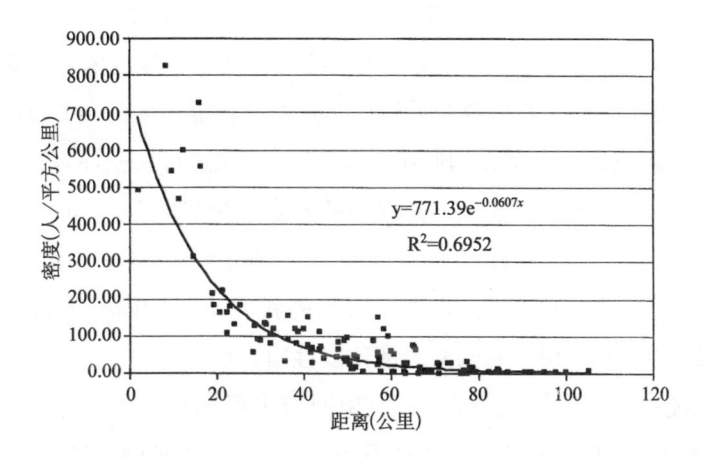

图 6.7　密度与距离之间的指数函数趋势线(township)

## 6.6　讨论与结论

表 6.3 和 6.5 所示 6 种二元单中心模型(线性、对数、乘幂、指数、谭那尔－契若特和纽灵模型)中,指数模型的总体拟合效果最好。无论是用普查小区数据,还是 township 数据,用线性方法进行回归时,指数模型的拟合优度 $R^2$ 都是最高的。只有当用非线性回归时,谭那尔－契若特模型的拟合优度 $R^2$ 比指数模型略好。纽灵模型有两项自变量(距离和距离的平方),因而它的拟合优度 $R^2$ 与其他几个二元模型不可比。事实上,用纽灵模型对芝加哥人口密度回归的结果并不太好,因为无论是对于普查小区数据还是 township 数据,线性回归法得到的"距离平方"的统计检验都不太显著,只是在用 township 数据作非线性回归时在 0.05 下有显著性。

这里我们以指数模型为例比较了线性回归与非线性回归结果的差

异。基于普查小区数据和 township 数据的非线性回归拟合优度 $R^2$ 都比线性回归稍高一些。非线性回归的截距也比线性回归的截距要高(基于普查小区的截距 $10013 > e^{8.7953} = 6603.1$,基于 township 数据的截距 $862.74 > e^{6.65} = 771.4$)。我们在第 6.3 节曾提到,非线性回归在优化最小残差平方和(RSS)时,高密度地区的样本比低密度地区的样本影响大。反过来,线性回归时的对数变换降低了这些高密度地区的误差贡献,因而回归的截距偏低。在加权回归中,观测值按面积进行加权,回归截距介于线性和非线性回归之间(基于普查小区的截距 $6603 < 9157.5 < 10013$,基于 township 数据的截距 $771.4 < 807.18 < 862.74$)。斜率的变化趋势不确定:对于普查小区数据,非线性回归的斜率比线性回归大;但是对于 township 数据,非线性回归的斜率比线性回归小。

在加权回归的情况下,观察值用面积进行加权。由于 township 数据,样本面积基本相等,因而并不需要进行加权回归。事实上,基于 township 数据的加权回归与非加权回归(即正常的非线性回归)的结果非常接近(以指数模型为例);但是基于普查小区的回归,两种方法的结果存在明显差别。

上面讨论的大部分结果,对普查小区和 township 两种分析单元都是一致的。这表明 MAUP 问题对于本次研究区内的人口密度模型拟合并不重要。从普查小区到 township,样本的地域变大,自变量和因变量(密度和距离)值的变化平滑掉了不少,样本差别变小了。正如预计的那样,与基于普查小区数据的结果相比,各个模型基于 township 数据的拟合优度要高些,截距要小些。但是,斜率的变化不稳定(以指数模型为例,与基于普查小区的结果相比,基于 township 的线性回归斜率较高,而非线性回归的斜率则较低)。

从表 6.4 可知,基于假设 1 的回归结果表明,在大多数邻域范围内,人口密度从最近的中心向外递减,对郊区的中心尤其如此。但是,有些地区具有相反的趋势,即密度从中心向外递增,特别是对于城市中心(例如,中心 14、0 和 4,参见图 6.5)。这显示,由于这些城市中心或附近的就业核心区有大量非居住用地(商业、工业或公共设施),在其周围存在密度塌陷。例如,对于 CBD(中心 14)的邻域(489 个普查小区),纽灵模型的线性回归结果如下:

$$\ln D = 7.7076 + 0.1970 r_{14} - 0.0094 r_{14}^2 (R^2 = 0.03)$$
$$(32.45)\quad(3.18)\quad\quad(-2.48)$$

尽管 $R^2$ 值很低,$r_{14}$ 和 $r_{14}^2$ 的 $t$ 值(括号内的数据)都通过统计上的显著性检验。$r_{14}$ 的系数为正,$r_{14}^2$ 的系数为负,表明在 CBD 附近存在密度塌陷。用非线性回归的结果类似。

基于假设 1 的密度模型拟合可以用于分析中心对其邻近地区的作用。基于假设 2 的回归结果显示大部分中心都有距离衰减效应:有 7 个中心的回归系数 $b_i$ 为负值并且通过显著性检验,还有 4 个的系数符号为负,也与预计相合。基于假设 3 的回归最难实现,尤其是当中心数量较多时。根据作者的经验,中心在 6 个以上时模型很难收敛,因此应该通过去掉那些显著性较低的中心来减少中心数。基于假设 4 的回归结果表明 CBD 对密度模型有主导作用,最近的副中心对密度的影响也很大。

模型拟合是许多数量分析的通用工具。我们常常需要描述或刻画某个现象或活动从一个源头向外的变化特点。城市与区域研究表明,除了人口密度之外,土地利用强度(以价格为表征)、土地生产力、商品价格、工资水平都可能具有"距离衰减效应"(Wang and Guldmann,1997),空间模式研究可以借用上述模型拟合方法分析空间分布趋势。此外,我们还可以考察不同模式(极化或蔓延、集中或分散)随时间的变化特点或随方向变化的趋势(例如,向北或向南、沿某些交通线,等等)。

# 附录 6A  城市密度模型的推导

下面讨论城市密度模型的理论基础:一个基于经济模型(Mills,1972;Muth,1969),一个基于地理学的引力模型(Wang and Guldmann,1996)。

## 6A-1 经济模型

假设城市居民的收入和偏好都一样，每个人都追求效用最大化，个人效用 $U(h,x)$ 由占有的土地（或等同的住房面积）$h$ 及其他消费品 $x$ 决定。优化问题定义为：求 $U(h,x)$ 最大值，并给定预算约束 $y$ 为：

$$y = p_h h + p_x x + tr$$

这里，$p_h$ 和 $p_x$ 分别是土地和其他商品的价格，$t$ 是到市中心的单位交通费用，$r$ 是到市中心的距离。经济模型假设城市为单中心结构，所有就业都集中在城市的 CBD。

效用最大化的一阶优化条件为：

$$\frac{dU}{dr} = 0 = \frac{dp_h}{dr}h + t \tag{A6.1}$$

假设土地需求的价格弹性为 $-1$（通常称为住房需求的"负单位弹性"），即：

$$h = p_h^{-1} \tag{A6.2}$$

将式(A6.1)代入式(A6.2)，得到负指数的地租斜率：

$$\frac{1}{p_h}\frac{dp_h}{dr} = -t \tag{A6.3}$$

由于人口密度 $D(r)$ 假设为占地面积 $h$ 的倒数（即 $D(r)=1/h$），则 $D(r)=1/(p_h^{-1})=p_h$。对式(A6.3)求解偏微分方程，代入 $D(r)=p_h$ 即得到人口密度的负指数模型：

$$D(r) = D_0 e^{-tr} \tag{A6.4}$$

将常数项 $D_0$ 改为 CBD 截距 $a$，将单位交通费用 $t$（负值）改为密度斜率 $b$，式(A6.4)变为 $D(r)=ae^{br}$，即式(6.1)。更详细的内容参见有关文献(Fisch, 1991)。

## 6A-2 引力模型

考察一个由 $n$ 个等面积小区组成的城市，这样人口密度就等价于各

小区人口数。小区 $j$ 的人口密度 $x_j$ 可以表作势能的线性方程,即:

$$kx_j = \sum_{i=1}^{n} \frac{x_i}{d_{ij}^{\beta}} \qquad (A6.5)$$

其中,$d_{ij}$ 是小区 $i$ 和 $j$ 之间的距离,$\beta$ 为距离摩擦系数,$n$ 为城市中的小区总数。这里假设某个地方的人口密度由该地到城市其他地方的区位优势即可达性决定,即与该地区的引力势能成正比。

式(A6.5)也可以表为矩阵形式,即:

$$kX = AX \qquad (A6.6)$$

其中,$X$ 是 $n$ 个元素组成的列向量$(x_1, x_2, \cdots, x_n)$,$A$ 是含常数项 $d_{ij}$ 和 $\beta$ 的 $n \times n$ 阶矩阵,$k$ 是未知的标量。将某项人口数归一化,例如假设 $x_1 = 1$,式(A6.6)变为一个包含 $n$ 个变量的 $n$ 个方程组,它可以用数值分析法(numerical analysis)求解。

假设道路网络为环形放射状(参见第十一章图 11.3),由此定义距离 $d_{ij}$,然后选取一个摩擦系数 $\beta$,就可以模拟城市人口分布模式。模拟显示,当 $\beta$ 在一定范围之内时,即 $0.2 \leqslant \beta < 1.5$,密度模型满足负指数方程。当 $\beta$ 较大时,即 $1.5 \leqslant \beta \leqslant 2.0$,乘幂方程拟合效果较好。因此,不同城市不同时期适合的模型并不一定相同,基于实际城市的经验研究也证明如此。

上述附录表明,广泛使用的负指数模型可以从经济模型或引力模型推导而得。这一点也不奇怪,因为它们有共同的理论基础,即引力模型本身可以从经济模型的个体效用最大化得到(参见附录3)。

# 附录 6B 二元线性模型的最小二乘回归法

线性二元回归模型可以表示为:

$$y_i = a + bx_i + e_i$$

其中,$x$ 为自变量,$y$ 为因变量,$e$ 为误差或残差项,$i$ 表征个体或观察序列,$a$ 和 $b$ 为待估参数(分别称为"截距"和"斜率")。

残差 $e$ 代表估计误差,即:

$$e_i = y_i - (a + bx_i)$$

当 $e>0$ 时,实际值 $y$ 比估计值大(即偏小预测);当 $e<0$ 时,实际值 $y$ 比估计值低(即偏大预测);残差为 $0(e=0)$ 的估计正好。因为偏小估计和偏大估计都不准确,衡量估计好坏的参数即为残差平方和(RSS):

$$RSS = \sum_i e_i^2 = \sum_i (y_i - a - bx_i)^2 \qquad (A6.7)$$

简单最小二乘法(OLS)回归即寻找那些使 RSS 最小的 $a$ 和 $b$ 值。这里的 $x_i$、$y_i$ 为样本数据,$a$ 和 $b$ 是仅有的两个变量。式(A6.7)的最优化条件为:

$$\partial RSS/\partial a = -2\sum_i (y_i - a - bx_i) = 0 \qquad (A6.8)$$

$$\partial RSS/\partial b = 2\sum_i (y_i - a - bx_i)(-x_i) = 0 \qquad (A6.9)$$

假设 $n$ 为总的样本数,$\sum_i a = na$,从式(A6.8)解出 $a$,即得:

$$a = \frac{1}{n}\sum_i y_i - \frac{b}{n}\sum_i x_i \qquad (A6.10)$$

将式(A6.10)代入式(A6.9),解得 $b$:

$$b = \frac{n\sum_i x_i y_i - \sum_i x_i \sum_i y_i}{n\sum_i x_i^2 - (\sum_i x_i)^2} \qquad (A6.11)$$

将式(A6.11)代回到式(A6.10)即可解得 $a$。

## 附录 6C 单中心模型拟合的 SAS 程序样例

```
/* Monocent.sas runs linear,nonlinear & weighted regressions
   based on various monocentric models
   by Fahui Wang,1-31-2005 */

/* Input data */
data mono;
```

# 第六章 回归拟合方程及其在城市与区域密度模型分析中的应用

```
infile 'c:\gis_quant_book\projects\chicago\monodist.csv' dlm
   = ',';
input popden dist area;
dist = dist/1000; area = area/1000000; /* convert units to km, km
   _sq */
lndist = log(dist);
lnpopden = log(popden + 1); /* to avoid taking log of 0 */
dist_sq = dist**2;
/* the following codes variables used in the Cubic spline model
   by assigning arbitrary x0,x1,x2 &x3 */
   x0 = 1.0; x1 = 5.0; x2 = 10.0; x3 = 15.0;
   z1 = 0; z2 = 0; z3 = 0;
   if dist>x1 then z1 = 1;
   if dist>x2 then z2 = 1;
   if dist>x3 then z3 = 1;
   v1 = dist - x0; v2 = (dist - x0)**2; v3 = (dist - x0)**3;
   v4 = z1*(dist - x1)**3; v5 = z2*(dist - x2)**3; v6 = z3*
      (dist - x3)**3;
/* proc means; */

proc reg; /* simple OLS linear regressions */
   model popden = dist; /* linear model */
   model popden = lndist; /* logarithmic model */
   model lnpopden = lndist; /* power model */
   model lnpopden = dist; /* exponential model */
   model lnpopden = dist_sq; /* Tanner-Sherratt model */
   model lnpopden = dist dist_sq;  /* Newling's model */
   model popden = v1 v2 v3 v4 v5 v6; /* Cubic spline model */
```

```
proc model;   /* nonlinear regression on power func */
   parm a 30000 b 0.0; /* assign starting values */
   popden = a * dist ** b; /* code power function */
   fit popden;
proc model; /* nonlinear regression on exponential func */
   parm a 30000 b 0.0;
   popden = a * exp(b * dist);
   fit popden;
proc model;   /* nonlinear regression on Tanner-Sherratt */
   parm a 30000 b 0.0;
   popden = a * exp(b * dist_sq);
   fit popden;
proc model;   /* nonlinear regression on Newling's */
   parm a 30000 b1 0.0 b2 0.0;
   popden = a * exp(b1 * dist + b2 * dist_sq);
   fit popden;
proc model; /* weighted regression on exponential func */
parm a 30000 b 0.0;
popden = a * exp(b * dist);
fit popden;
weight area;
run;
```

# 第七章 主成分分析、因子分析、聚类分析及其在城市社会区分析中的应用

本章介绍三种重要的多元统计分析方法：主成分分析(PCA)、因子分析(FA)和聚类分析(CA)。主成分分析和因子分析常常一起用于约减变量数，在消除变量共线性及揭示潜变量方面尤其有用，二者在社会经济研究中具有广泛的应用(也可参见第 8.4 节的案例 8)。主成分分析和因子分析是将变量合并成组，聚类分析是将观察样本按属性的相似性进行分类。换言之，给定一个数据表，主成分分析和因子分析用于减少数据的列数(变量数)，聚类分析减少其行数(样本数)。

本章以城市社会区分析的例子来演示上述三种方法的应用。在解释分析结果时，我们比较了城市结构的三种经典模型：同心圆模型、扇形模型和多核心模型。下面的分析也演示了如何用严谨的数量分析法将各种描述性的模型整合在同一个框架下。本章以北京为例应用上述三种方法，并用 GIS 绘制空间模式图。

第 7.1 节介绍主成分分析和因子分析。第 7.2 节介绍聚类分析。第 7.3 节简单介绍相关社会区分析。第 7.4 节以北京社会空间结构分析为例，提供了中国城市结构快速转变中的一个新视角。第 7.5 节是讨论和小结。

## 7.1 主成分分析和因子分析

主成分分析和因子分析常用于变量约减，其作用主要表现在两方面，一是借此发现一些潜变量，从而简化事物的结构，为分析研究对象带来方便；二是消除变量之间的多重共线性，为后续的回归分析服务。在许多社

会经济应用领域,从数据中提取的原始变量常常彼此相关,包含一定程度的重复信息。主成分分析和因子分析对原始变量进行约减,从而简化了分析结构,得到的主成分或因子之间相互独立、不再相关(假设不进行旋转或用正交旋转),可以作为回归分析的解释变量。

尽管主成分分析和因子分析有很多共同之处,但二者"在概念和数学基础方面都非常不一样"(Bailey and Gatrell,1995:225)。主成分分析只是简单地对原始数据进行变换,变量(成分)个数不变,因此它是一个数学变换(严格地讲,并不是一个统计运算)。因子分析以较少的变量(因子)来承载原始变量的大多数信息(当然有一些误差项),因而是一个实实在在的统计分析过程。主成分分析试图解释各观测变量的方差,而因子分析旨在解释观测变量之间的相关性(Hamilton,1992:252)。在许多应用中(包括本书的案例),两种方法常常结合起来使用。在 SAS 中,主成分分析是因子分析下面的一个备选子操作。

### 7.1.1 主成分因子模型

主成分分析(PCA)的原理是将 $K$ 个原始观测变量 $Z_k$ 变换为 $K$ 个彼此独立(互不相关)的主成分 $F_k$:

$$Z_k = l_{k1}F_1 + l_{k2}F_2 + \cdots + l_{kj}F_j + \cdots + l_{kK}F_K \tag{7.1}$$

当只保留最大的 $J$ 个成分时 $(J < K)$,有:

$$Z_k = l_{k1}F_1 + l_{k2}F_2 + \cdots + l_{kJ}F_J + v_k \tag{7.2}$$

其中,被舍弃的成分归入残差项 $v_k$ 中,即:

$$v_k = l_{k,J+1}F_{J+1} + l_{k,J+2}F_{J+2} + \cdots + l_{kK}F_K \tag{7.3}$$

式(7.2)和(7.3)为主成分因子分析(PCFA)模型,它保留承载大部分信息的若干主成分,舍弃了包含信息少的次要成分。社会区分析中用的就是 PCFA 这种方法(Cadwallader,1996:137),在本章余下部分将其简单地称为"因子分析",但这并不是真正的因子分析。

在真正的因子分析(FA)中,残差项为 $u_k$,与 PCFA 中的 $v_k$ 不同的是,每个 $Z_k$ 变量的残差项不同:

第七章　主成分分析、因子分析、聚类分析及其在城市社会区分析中的应用　157

$$Z_k = l_{k1}F_1 + l_{k2}F_2 + \cdots + l_{kJ}F_J + u_k$$

这里的 $u_k$ 称为特殊因子(与普通因子 $F_j$ 相对)。在 PCFA 中,残差项 $v_k$ 是被舍弃变量($F_{J+1},\cdots,F_K$)的线性组合,因而不可能像真正因子分析中的 $u_k$ 那样彼此不相关(Hamilton,1992:252)。

### 7.1.2　因子载荷、因子得分和特征值

为方便起见,在进行主成分和因子分析之前先要对变量 $Z_k$ 的原始观测值标准化;主成分(因子)的初始值也标准化了。数据标准化即将一系列数据 $x$ 转换为新的数据 $x'$,转换后的数据平均值为 0,标准差为 1:$x' = (x-\bar{x})/\sigma$。当 $Z_k$ 和 $F_j$ 都标准化后,式(7.1)和(7.2)中的 $l_{kj}$ 称为变量 $Z_k$ 与主成分(因子)$F_j$ 之间回归的标准化系数又称为因子载荷,例如,$l_{k1}$ 是变量 $Z_k$ 在主成分 $F_1$ 上的载荷。因子载荷反映了变量与因子之间关系的强弱。

反过来,主成分 $F_j$ 也可以表示为原始变量 $Z_k$ 的线性组合:

$$F_j = a_{1j}Z_1 + a_{2j}Z_2 + \cdots + a_{Kj}Z_K \tag{7.4}$$

这些主成分(因子)的估计值称为因子得分。$a_{kj}$ 称为因子得分系数,即因子与变量之间的回归系数。

主成分 $F_j$ 彼此不相关,其排列顺序为,第一个主成分 $F_1$ 具有最大的样本方差($\lambda_1$),主成分 $F_2$ 具有第二大方差,依此类推。与主成分对应的方差 $\lambda_j$ 称为特征值,即有 $\lambda_1 > \lambda_2 > \cdots$

因为标准化变量的方差为 1,从而所有变量的方差之和等于变量数,即:

$$\lambda_1 + \lambda_2 + \cdots + \lambda_K = K \tag{7.5}$$

因此,第 $j$ 个主成分解释的方差比例为 $\lambda_j/K$。

根据特征值可以判断主成分(因子)的重要性,从而决定选择多少个主成分。比如,我们可以定义特征值大于 1 的为重要主成分(Griffith and Amrhein,1997:169)。因为标准化变量的方差为 1,那么任何特征值 $\lambda < 1$ 的主成分都比原始变量的方差还小,也就是说这个主成分抓住的信息

还不如原来变量包含的信息量大,从而没有起到变量约减的作用。

　　选特征值大于1为主成分的标准是主观的。实际操作时可以参考特征值与主成分(因子)之间的碎石图(Hamilton,1992:258)。例如,图7.1为14个主成分的特征值碎石图(来自7.4的案例7)。由图可知,在第4个主成分之后发生明显转折,碎石图趋于平缓,表明第5~14个主成分解释的方差相对较小,因此,可以保留4个主成分。

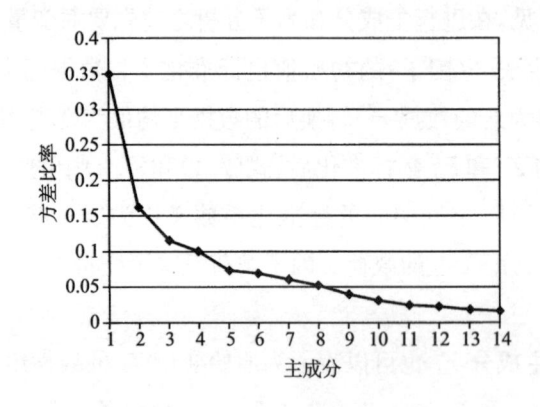

图7.1　主成分分析的碎石图

　　SAS等统计分析软件的输出结果中包括因子载荷、特征值和解释总方差比例等重要信息。因子得分可以保存为事先指定名称的文件。SAS的因子分析还可以得到一个原始观测变量的相关矩阵用于检验他们的相关性。

### 7.1.3　旋转操作

　　变量载荷往往平均分散于多个因子中,解释主成分因子分析得到的原始结果有一定困难。旋转操作并不影响对数据的拟合程度,但可以使变量在某一个因子上载荷最大(或正或负),而在其他因子上的载荷较小,从而简化因子结构,使得到的因子便于解释。最后,我们可以根据因子(潜变量)中载荷大的变量组合情况命名各因子。

　　正交旋转得到独立(彼此不相关)的因子,这一点很重要。方差极大旋转法是一种广泛使用的正交旋转法,它使每个因子载荷平方的方差最大,从而极化因子载荷(即变量在某个因子上的载荷或者很高,或者很低)。社会研究中常常使用方差极大旋转法。斜交旋转(例如最大斜交旋转)的极化效果更大,但是允许因子间存在一定程度的相关。在 SAS 中,提供了多种旋转方式供选择。

图 7.2 是主成分因子分析的小结:

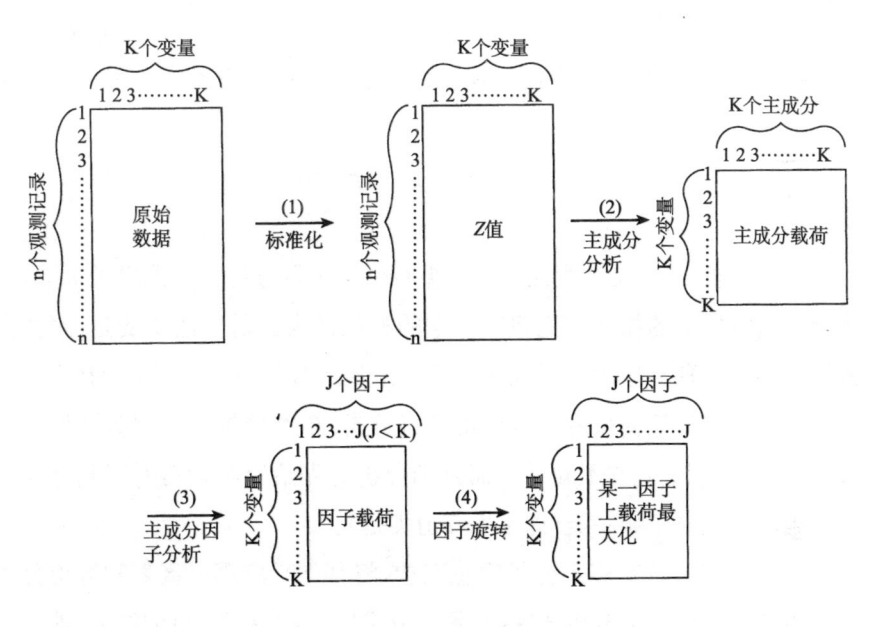

图 7.2 主成分因子分析的数据处理步骤

1. 原始数据的标准化:所得结果($Z$),变量个数($K$)和观测记录数($n$)保持不变。

2. 主成分分析(PCA):用 $K$ 个彼此不相关的主成分来解释 $K$ 个变量的全部方差。

3. 主成分因子分析(PCFA):用 $J$($J<K$)个主成分解释大部分方差。

4. 因子旋转:使每个变量在某一个因子上的载荷最大(在其他因子上的载荷很小,甚至接近于 0),以增加解释能力。

SAS 软件中的因子分析(FA)为 FACTOR 操作,可以同时得到因子分析之前的主成分分析(PCA)结果。下面是一个因子分析的 SAS 示例语句,用 4 个主因子来解释 14 个原始变量(x1 到 x14),使用了方差极大旋转法。

  proc factor out = FACTSCORE (replace = yes)

    nfact = 4 rotate = varimax;

    var x1 - x14;

上面语句中的 FACTSCORE 为因子得分,可以另存为外部文件。应该提到的是,SAS 程序中语句是大写还是小写并无关系。

## 7.2 聚类分析

聚类分析(CA)是把观测样本根据相似性进行分组。根据聚类标准,分组后组内样本的相似性比组间样本的相似性大。需要注意的是,聚类分析跟另外一种类似的多元统计分析——判别分析(DFA)之间的区别,二者都是根据特征变量将观测样本进行分类,聚类分析是根据观测样本确定类别(类别事先并不知道),而判别分析是先给定类别再对观测样本进行判断究竟属于哪一类(即事先知道类别)。

地理学家一直对聚类分析很感兴趣,将其广泛应用于区划和城市分类等领域。在社会区分析研究中,聚类分析用在对因子分析的结果(即主因子得分不同的各地区)进行分类,从而得到不同类型的社会区。

对观测数据聚类时的一个重要指标是"属性距离",它可以有各种不同的测量方法。最常用的是欧式距离:

$$d_{ij} = \Big( \sum_{k=1}^{K} (x_{ik} - x_{jk})^2 \Big)^{1/2} \tag{7.6}$$

这里,$x_{ik}$ 和 $x_{jk}$ 是 $K$ 维对象 $i$ 和 $j$ 的第 $k$ 个变量值。当 $K=2$ 时,欧式距离即为二维平面上 $i$ 和 $j$ 的直线距离。像第二章讨论的那样,这里的距离也包括曼哈顿距离、明可斯克(Minkowski)距离、坎倍拉(Canberra)距离等(Everitt et al. ,2001:40)。

层次聚类法大致分为两种,即自下而上的凝聚式(Agglomerative)和自上而下的分裂式(Divisive)。凝聚式方法开始将每个观测数据分为一类(也称为"簇"),然后每次寻找最近的两个类进行合并,直到所有观测数据合并为一个类。分裂式方法开始将所有观测数据视为一个类,然后每次选择最大的一个类分裂为两个,直到每个观测数据自成一类。这里重点介绍使用最广的凝聚式层次聚类法(AHMs)。按这种规则分类得到的结果可以归结为一个树状图,显示了逐级分类的过程。图 7.3 是下面例子的分类结果。在树状图中,分类类型逐级嵌套,每一类都是一个更大更高级类的一个元素。

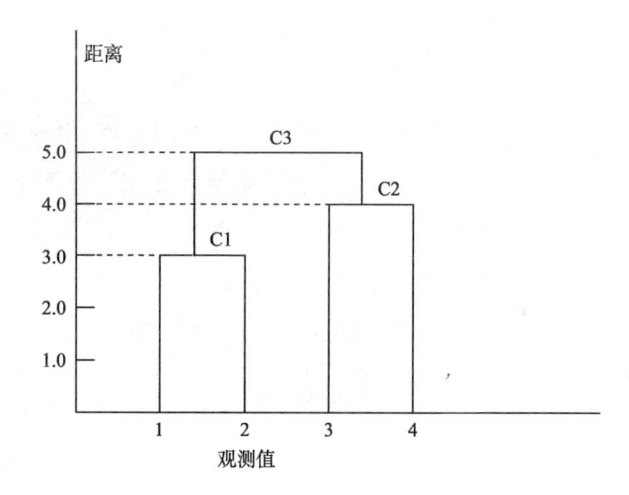

图 7.3 聚类分析的树状图示例

下面是层次聚类法的一个示例,用了单链法或称最短距离法。数据库中一共有 4 个观测数据,其距离矩阵如下:

$$D_1 = \begin{matrix}1\\2\\3\\4\end{matrix}\begin{bmatrix}0 & & & \\ 3 & 0 & & \\ 6 & 5 & 0 & \\ 9 & 7 & 4 & 0\end{bmatrix}$$

上述矩阵中的最小非零项 $D_1$ 为 $(2 \to 1) = 3$,因此 1 和 2 最先分为一类,即 C1。根据最短距离法则，C1 与其他数据之间的距离为：

$$d_{(12)3} = \min\{d_{13}, d_{23}\} = d_{23} = 5$$

$$d_{(12)4} = \min\{d_{14}, d_{24}\} = d_{24} = 7$$

于是得到一个新的矩阵，它由 C1、3 和 4 两两之间的距离组成：

$$D_2 = \begin{array}{c} (12) \\ 3 \\ 4 \end{array} \begin{bmatrix} 0 & & \\ 5 & 0 & \\ 7 & 4 & 0 \end{bmatrix}$$

这时最小的非零项 $D_2$ 为 $(4 \to 3) = 4$，从而 3 和 4 分为一类，即 C2。最后，C1 和 C2 的距离为 5，二者同属于 C3 类，C3 包含了全部 4 个观测数据。分类过程可用图 7.3 的树状图表示，其纵坐标高度代表每一次组合的距离。

类似地，完全联系法(最长距离法)用两个观测数据(分别属于两类)之间的最长距离来进行分类；平均距离法使用两个观测数据之间的平均距离；重心法使用观测数据与类平均值(重心)之间的欧式距离的平方。

另外一个常用的层次聚类法是沃德法(Ward's method)，其目的是从总体上使每一步的组内误差平方和最小，误差平方和表示为：

$$E = \sum_{c=1}^{C} E_c$$

这里，

$$E_c = \sum_{i}^{n_c} \sum_{k=1}^{K} (x_{dk,i} - \overline{x_{dk}})^2$$

其中，$x_{dk,i}$ 是第 $c$ 类中变量 $k$ 的第 $i$ 个观测值，$\overline{x_{dk}}$ 为 $c$ 类中变量 $k$ 的平均值。

每种聚类方法各有优缺点。一个合适的聚类应该是各类的规模相近，分布相对集中，形态紧凑、内部均质(Griffith and Amrhein, 1997: 217)。单链法得到的结果一般是非均匀零散聚类，应尽量避免。如果偏远样本是需要考虑的主要因素，应该用质心法。如果要得到紧凑的聚类，应该用最长距离法。沃德法的结果为规模相当的球形聚类，如没有需要特别考虑的因素可选用这种聚类法（Griffith and Amrhein,1997:220）。本章的案例就用了沃德法。

聚类个数根据特定的应用目的而定。与因子分析中根据特征值确定主因子的方法类似,我们也可以用碎石图来确定。在沃德法中,可以用对应的 $R^2$ 与聚类个数的碎石图来确定。越过某一聚类数后进一步融合类别并不能增加多少均质性。

在 SAS 中,用 CLUSTER 命令来实现聚类分析,用 TREE 命令可以生成树状图。下面的 SAS 语句使用了沃德法,聚类树状图中最多包含 9 个小类。

```
proc cluster method = ward outtree = tree;
id subdist_id; /* variable for labeling ids */
var factor1_factor4; /* variables used */
proc tree out = bjcluster ncl = 9;
id subdist_id;
```

## 7.3 社会区分析

社会区分析起源于希维克和威廉姆斯（Shevky and Williams,1949）对洛杉矶住宅区的分异性研究,此后,希维克和贝尔（Shevky and Bell,1955）在对旧金山的同类研究中做了进一步发展。研究的基本问题是由社会分化导致的城市居住空间分异:根据经济地位(社会等级)、家庭结构(城市化)和种族情况(种族隔离)三个基本要素将普查小区分成不同类型的社会区。最初的研究是从六个要素简化成上述三个要素:经济地位对应于原来的职业和教育;家庭结构对应于家庭人口数、妇女就业状况及单亲家庭;种族状态对应于少数民族百分比（Cadwallader,1996:135）。在因子分析中,理想的因子载荷可能像表 7.1 的样子。后来的研究使用了更多的变量,进一步验证了上面提取的三个要素的有效性（Berry,1972:285;Hartshorn,1992:235）。

表 7.1  社会区分析的理想因子载荷

|  | 经济地位 | 家庭状况 | 种族情况 |
|---|---|---|---|
| 职业 | I | O | O |
| 教育 | I | O | O |
| 人口数 | O | I | O |
| 妇女就业状况 | O | I | O |
| 单亲家庭 | O | I | O |
| 少数民族百分比 | O | O | I |

注:I 表示接近 1 或 -1 的数;O 表示接近 0 的数。

地理学家通过分析上述要素的空间分布模式,在社会区分析中取得了重要进展(如 Rees,1970;Knox,1987)。社会经济地位因子往往表现出一种扇形模式:高收入和高教育阶层汇集成一个或几个扇形区域,而低收入和低教育阶层汇集到其他的扇形区域。家庭结构因子往往呈同心圆分布:里层是年轻人或老年人组成的小家庭,外层是中年人组成的大家庭。种族因子则以特定的种族为中心形成一个个聚集区。三种要素共同作用下形成一种复杂的"城市万花筒"(urban mosiac),通过聚类分析可以得到不同类型的社会区域,如图 7.4 所示。通过城市社会区的分析,我们把伯吉斯的同心圆模型(Burgess,1925)、霍伊特的(Hoyt,1939)扇形模型和乌尔曼-哈里斯多核心模型(Harris and Ullman,1945)整合在同一个框架之内。换言之,这三种模型从不同的角度反映了城市的复杂结构,彼此互补。

对用上述因子生态法解释城市居住空间分异的批评至少有三种(Cadwallader,1996:151)。首先,分析结果很容易受到研究变量、分析单元、因子分析方法等因素的影响。第二,它仍然是一种描述性分析法,不能解释产生这种模式的深层原因。第三,这种方法确定的社会区域是同质的,但并不一定就是功能性区域或联系紧密的社区。尽管存在这些批评,社会区分析有助于我们理解城市的居住分异,是一种研究城市内部社会空间结构的重要工具。社会区分析在发达国家尤其是北美城市研究中得到广泛应用(相关研究可参见 Davies and Herbert,1993),在发展中国家的应用也不少(参见 Berry and Rees,1969; Abu-Lughod, 1969)。

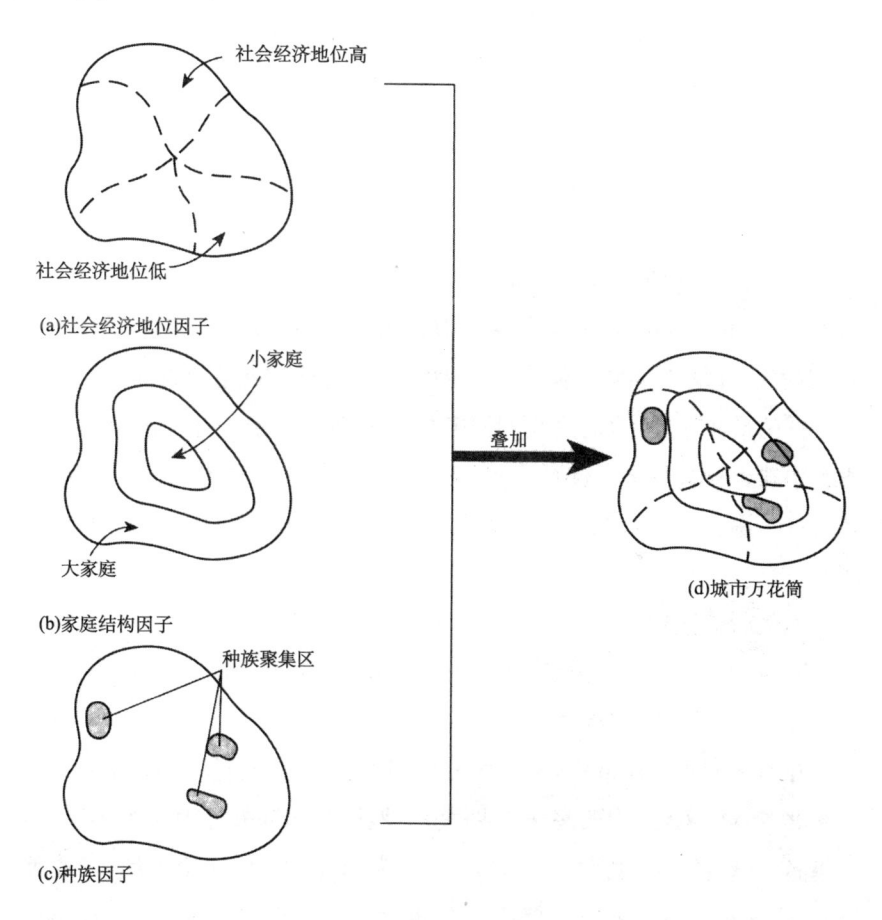

(a)社会经济地位因子

(b)家庭结构因子

(c)种族因子

叠加→

(d)城市万花筒

图 7.4 城市结构的概念模型

## 7.4 案例 7:北京的社会区分析

下面的案例是基于顾朝林等人(Gu et al.,2005)的一项研究提取设计的,详细的研究过程和结果解释可以阅读原文,这里重点演示如何实现三种统计方法。此外,我们还演示了用虚拟变量回归模型来检验各因子得分的空间结构模式。自1978年经济改革,尤其是1984年城市改革(包括城市土地利用改革和住房改革等方面)以来,中国的城市景观发生了重大变化,许多大城市逐渐从自给自足的工作单位邻域系统向更加多元化的城市空间转变。作为中国的首都,北京为我们提供了中国城市结构转变的绝佳案例。

研究区域为北京城八区的连续城市化地区,包括107个乡镇、街道,不包括外围的两个区(门头沟和房山)以及城八区边缘的23个乡镇(主要为乡村地区,也缺乏完整的数据),如图7.5所示。1998年,研究区内的总人口为590万人,平均每个乡镇街道人口为55200人。数十年来,乡镇、街道一直是北京的基本行政管辖单位,也是我们能从政府那里获取统计数据的最小单元,因而是我们研究的分析单元。由于在全国性的人口普查中缺乏社会经济统计数据,本案例的主要数据来自1998年北京市分区统计年鉴。有些数据如个人收入和居住空间情况来自1998年的住户调查。

本例所需数据如下:

1. 包括107个乡镇街道边界的shape文件bjsa;
2. 各乡镇街道的属性数据文件bjattr.csv。

在shape文件bjsa中,将城区分为四个象限,用变量名sector表示(1为东北、2为东南、3为西南、4为西北)。城区从内向外分为4个环带,用变量名ring表示(1为最里面的区域、2为向外紧接的一个区域,如此类推)。象限和环带的划分主要用于分析社会空间结构。Shape文件bjsa和属性数据文件bjattr.csv都包含一列ref_id(乡镇街道编号),用于连接二者的共同列。属性文件bjattr.csv有14个社会经济变量($X1-X14$),变量名及其基本的统计信息见表7.2。

图 7.5 北京社会区分析的研究区

表 7.2 北京市社会经济结构的基本统计参数 ($n=107$)

| 序号 | 变量 | 均值 | 标准差 | 最小值 | 最大值 |
| --- | --- | --- | --- | --- | --- |
| X1 | 人口密度(人/km²)[1] | 14 797.09 | 13 692.93 | 245.86 | 56 378.00 |
| X2 | 自然增长率(‰) | −1.11 | 2.79 | −16.41 | 8.58 |
| X3 | 性别比(M/F) | 1.03 | 0.08 | 0.72 | 1.32 |
| X4 | 就业率(%)[2] | 0.60 | 0.06 | 0.47 | 0.73 |
| X5 | 家庭规模(人/户) | 2.98 | 0.53 | 2.02 | 6.55 |
| X6 | 抚养比[3] | 1.53 | 0.22 | 1.34 | 2.14 |

续表

| 序号 | 变量 | 均值 | 标准差 | 最小值 | 最大值 |
|---|---|---|---|---|---|
| X7 | 收入(元/人) | 29 446.49 | 127 223.03 | 7 505.00 | 984 566.00 |
| X8 | 公共服务设施密度(个/km$^2$)[4] | 8.35 | 8.60 | 0.05 | 29.38 |
| X9 | 工厂密度(个/km$^2$) | 1.66 | 1.81 | 0.00 | 10.71 |
| X10 | 办公/零售业密度(个/km$^2$) | 14.90 | 15.94 | 0.26 | 87.86 |
| X11 | 种族聚居情况(0,1)[5] | 0.10 | 0.31 | 0.00 | 1.00 |
| X12 | 流动人口比重(%)[1] | 6.81 | 7.55 | 0.00 | 65.59 |
| X13 | 人均住房面积(m$^2$/人) | 8.89 | 1.71 | 7.53 | 15.10 |
| X14 | 住房价格(元/m$^2$) | 6 686.54 | 3 361.22 | 1 400.00 | 18 000.00 |

注:1. 中国的户籍制度将居民分为两类:常住人口和暂住人口。暂住人口是指来自农村地区的外来人口,在城市没有永久居住权,通常也称为"流动人口"。这里的人口密度为每平方公里的常住人口数。

2. 就业率是全部适龄劳动力(男 18～60 岁,女 18～55 岁)中实际劳动的人口比重。

3. 抚养比是指非劳动力与实际劳动力之比。

4. 公共服务设施密度是指每平方公里拥有的政府机构、非赢利组织、教育设施、医疗设施、邮政通信设施数。

5. 种族聚居区是虚拟变量,用于确定某个乡镇、街道是否有少数民族(在北京主要为穆斯林)或外来人口集聚区。

案例的具体步骤如下:

1. 用 SAS 进行主成分分析

参见附录 7B 的 SAS 程序 FA_Clust.sas(光盘提供)。第一部分调用 SAS 里面的 PROC FACTOR 来进行主成分因子分析(PCFA)。程序调用属性数据文件 bjattr.csv,用 4 个因子来提取 14 个原始变量(x1,x2,…,x14)的大部分信息。所得因子得分数据保存在 factscore.csv 文件中,包括 14 个原始变量及 4 个因子得分。

SAS 里面的 FACTOR 操作也输出了因子分析(FA)之前的主成分

分析(PCA)结果。因子的个数(这里为4个)是通过考察主成分分析的特征值得到的(表7.3)。因子个数的选择不会影响主成分分析的结果。如果我们随意地确定一些因子个数(如3或5),得到的主成分分析结果是一样的。为了确定因子分析中究竟要用多少个主成分(因子),需要考虑两个因素:包含的主成分越多,因子解释原始数据总方差的百分比越高;但主成分越多,因子的抽象性越差,结果越难解释。这就要求我们从两者中找到一个合适的平衡点。根据特征值大于1的标准(见第7.1.2节),我们保留了4个因子,大约解释了总方差的70%。这从图7.1所示的碎石图来看也是合适的。

表7.3 主成分分析的特征值

| 主成分 | 特征值 | 方差比例 | 累计方差比例 |
| --- | --- | --- | --- |
| 1 | 4.9231 | 0.3516 | 0.3516 |
| 2 | 2.1595 | 0.1542 | 0.5059 |
| 3 | 1.4799 | 0.1057 | 0.6116 |
| 4 | 1.2904 | 0.0922 | 0.7038 |
| 5 | 0.8823 | 0.0630 | 0.7668 |
| 6 | 0.8286 | 0.0592 | 0.8260 |
| 7 | 0.6929 | 0.0495 | 0.8755 |
| 8 | 0.5903 | 0.0422 | 0.9176 |
| 9 | 0.3996 | 0.0285 | 0.9462 |
| 10 | 0.2742 | 0.0196 | 0.9658 |
| 11 | 0.1681 | 0.0120 | 0.9778 |
| 12 | 0.1472 | 0.0105 | 0.9883 |
| 13 | 0.1033 | 0.0074 | 0.9957 |
| 14 | 0.0608 | 0.0043 | 1.0000 |

表 7.4 社会区分析的因子载荷

| 变量 | 土地利用强度 | 邻里变量 | 社会经济地位 | 种族情况 |
| --- | --- | --- | --- | --- |
| 公共服务设施密度 | 0.8887 | 0.0467 | 0.1808 | 0.0574 |
| 人口密度 | 0.8624 | 0.0269 | 0.3518 | 0.0855 |
| 就业率 | −0.8557 | 0.2909 | 0.1711 | 0.1058 |
| 办公/零售业密度 | 0.8088 | −0.0068 | 0.3987 | 0.2552 |
| 住房价格 | 0.7433 | −0.0598 | 0.1786 | −0.1815 |
| 抚养比 | 0.7100 | 0.1622 | −0.4873 | −0.2780 |
| 家庭规模 | 0.0410 | 0.9008 | −0.0501 | 0.0931 |
| 流动人口比重 | 0.0447 | 0.8879 | 0.0238 | −0.1441 |
| 人均住房面积 | −0.5231 | 0.6230 | −0.0529 | 0.0275 |
| 收入 | 0.1010 | 0.1400 | 0.7109 | −0.1189 |
| 自然增长率 | −0.2550 | 0.2566 | −0.6271 | 0.1390 |
| 种族聚居情况 | 0.0030 | −0.1039 | −0.1263 | 0.6324 |
| 性别比 | −0.2178 | 0.2316 | −0.1592 | 0.5959 |
| 工厂密度 | 0.4379 | −0.1433 | 0.3081 | 0.5815 |

我们用方差最大旋转法进行因子旋转,这样变量在某个因子上的载荷最大,而在其他因子上的载荷最小。表 7.4 列出了旋转后的因子结构(重新排列了变量顺序以便突出因子载荷结构)。四个因子反映了主载荷变量的信息,其命名如下:

①"土地利用强度":最重要的变量,解释了总方差的 35.16%,主要包含 6 个变量的信息,即 3 个密度变量(人口密度、公共服务设施密度、办公业和零售业密度)、2 个人口统计变量(就业率、抚养比)及住房价格。

②"邻里变量":解释了总方差的 15.42%,包含 3 个变量,即流动人口比重、家庭人口数、人均住房面积。

③"社会经济地位":解释了总方差的 10.42%,包含 2 个变量,即年人均收入水平、人口自然增长率。

### 第七章 主成分分析、因子分析、聚类分析及其在城市社会区分析中的应用 171

④"种族":解释了总方差的 9.22%,包含 3 个变量,即少数民族聚居区、性别比例、工业密度。

2. 用 SAS 进行聚类分析

上述 SAS 程序 FA_Clust.sas 第二部分调用 PROC CLUSTER 进行聚类分析,得到一个聚类树状图。在具体操作时,确定的聚类数目 NCL=5,此即为聚类树图的下限。聚类结果保存在文件 cluster5.csv 中(将列 cluster 改名为 cluster5 以示区别)。设置聚类数 NCL=9,重新进行聚类分析,结果保存为文件 cluster9.csv(将列 cluster 改名为 cluster9)。

这里先聚为 5 类,后又扩展到 9 类,从而可以揭示更细的空间分布态势的信息。例如,当分为 9 类时,原来聚为 5 类时的第 2 类被再分为 2、4、5 三类,每一类代表一种社会区。

3. 用 ArcGIS 绘制因子分布图

用 ArcGIS 打开 shape 文件 bjsa,根据 ref_id 连接属性文件 factscore.csv,绘制因子得分图。图 7.6(a)为 factor1(土地利用强度),图 7.6(b)为 factor2(邻里变量),7.6(c)为 factor3(社会经济地位),图 7.6(d)为 factor4(种族)。

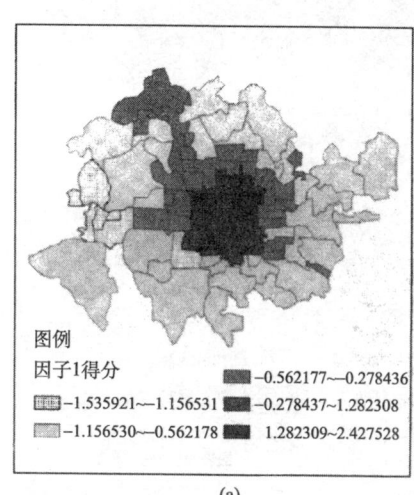

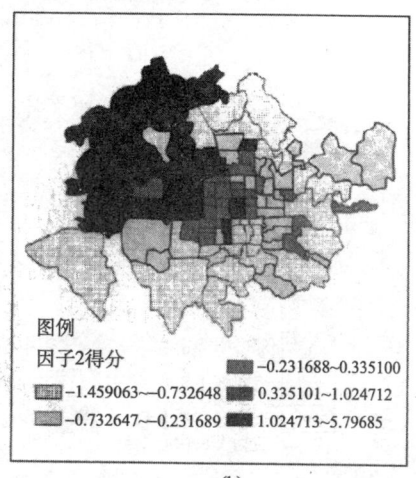

(a)

图例
因子1得分
■ -1.535921~-1.156531
■ -1.156530~-0.562178
■ -0.562177~-0.278436
■ -0.278437~1.282308
■ 1.282309~2.427528

(b)

图例
因子2得分
■ -1.459063~-0.732648
■ -0.732647~-0.231689
■ -0.231688~0.335100
■ 0.335101~1.024712
■ 1.024713~5.79685

图例
因子3得分
-1.547825~-0.811655
-0.811654~-0.223554
-0.223553~0.612911
0.612912~2.056387
2.056388~5.579335

(c)

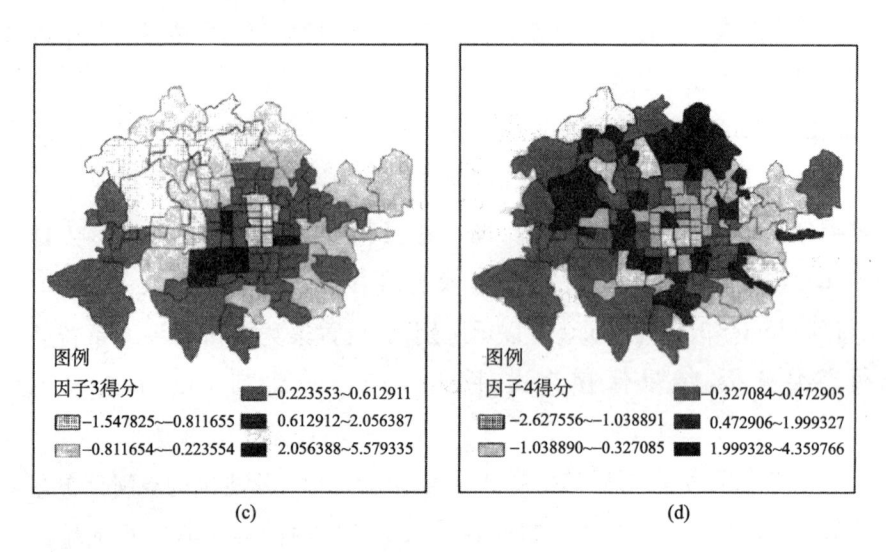

图例
因子4得分
-2.627556~-1.038891
-1.038890~-0.327085
-0.327084~0.472905
0.472906~1.999327
1.999328~4.359766

(d)

图 7.6  北京社会区因子得分的空间图示

图例
- 郊区中等密度
- 近郊区中等收入
- 远郊区制造业和流动人口中心
- 中心城中等收入
- 远郊区中等收入
- 中心城低收入
- 中心城高收入
- 中心城种族集聚区
- 远郊区流动人口最密集地区

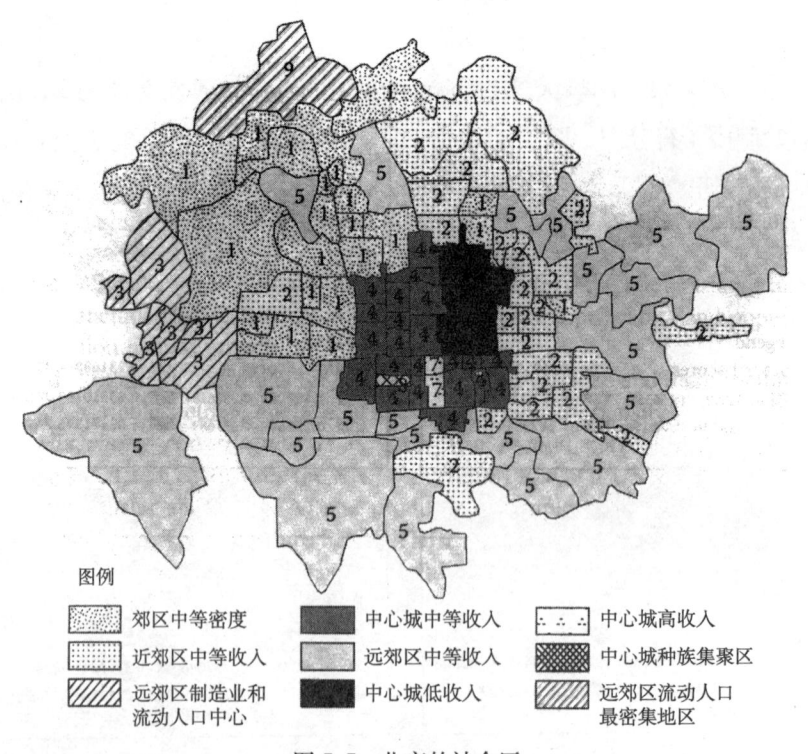

图 7.7  北京的社会区

### 4. 用 ArcGIS 绘制社会区域图

类似第 3 步,在 ArcGIS 中将 cluster9.csv 和 cluster5.csv 连接到 shape 文件 bjsa,绘制社会区域图,见图 7.7。5 种基本的社会区域用不同的图形模式表示,9 种更详细的类型以类编号表示。

为了理解每种社会区域的特点,可以用 ArcGIS 里的"summarize"工具对融合后的属性表进行处理,得到每类的因子平均得分,结果见表 7.5。各类按因子得分即距离城市中心的距离进行命名。

表 7.5 社会区域特征(聚类结果)

| 5种类型 | 类编号 9种类型 | 乡镇街道数 | 平均因子得分 | | | |
|---|---|---|---|---|---|---|
| | | | 土地利用强度 | 邻里变量 | 社会经济地位 | 种族情况 |
| 1 | 1. 郊区中等密度 | 21 | −0.2060 | 0.6730 | −0.6932 | 0.3583 |
| 2 | 2. 近郊区中等收入 | 23 | −0.4921 | −0.5159 | −0.0522 | 0.4143 |
| | 5. 远郊区中等收入 | 21 | −0.8928 | −0.8811 | 0.0449 | −0.7247 |
| 3 | 3. 远郊区制造业和流动人口中心 | 6 | −1.4866 | 2.0667 | 0.3611 | 0.1847 |
| | 9. 远郊区流动人口最密集地区 | 1 | 0.1041 | 5.7968 | −0.2505 | −1.8765 |
| 4 | 4. 中心城中等收入 | 22 | 0.8787 | −0.1912 | 0.5541 | 0.1722 |
| | 7. 中心城高收入 | 2 | 0.7168 | 0.9615 | 5.1510 | −0.8112 |
| | 8. 中心城种族集聚区 | 1 | 1.8731 | −0.0147 | 1.8304 | 4.3598 |
| 5 | 6. 中心城低收入 | 10 | 2.0570 | 0.0335 | −1.1423 | −0.7591 |

### 5. 用虚拟变量回归考察因子空间结构

借助回归模型,可以考察因子空间分布态势是否具有一定的结构特征(如这里的环状或扇形等)(Cadwallader,1981)。北京基于环形道路骨架,可以分为 4 个环形区域,用 3 个虚拟变量表示($x_2$, $x_3$ 和 $x_4$)。类似地,用另外 3 个虚拟变量($y_2$, $y_3$ 和 $y_4$)代表 4 个扇形区域(NE、SE、SW 和 NW)。表 7.6 列出了虚拟变量与环形区域和扇形区域的对应关系。

表 7.6　用虚拟变量描述环带和扇形区域

| 环带 | | 扇形 | |
|---|---|---|---|
| 编号和位置 | 编码 | 编号和位置 | 编码 |
| 1. 第 2 环带以内 | $x_2=x_3=x_4=0$ | 1. NE | $y_2=y_3=y_4=0$ |
| 2. 第 2、3 环带之间 | $x_2=1$，$x_3=x_4=0$ | 2. SE | $y_2=1$，$y_3=y_4=0$ |
| 3. 第 3、4 环带之间 | $x_3=1$，$x_2=x_4=0$ | 3. SW | $y_3=1$，$y_2=y_4=0$ |
| 4. 第 4 环带之外 | $x_4=1$，$x_2=x_3=0$ | 4. NW | $y_4=1$，$y_2=y_3=0$ |

衡量环形空间结构的一个简单线性模型可以表示为：

$$F_i = b_1 + b_2 x_2 + b_3 x_3 + b_4 x_4 \tag{7.7}$$

其中，$F_i$ 为各个街道乡镇的因子得分(有 4 个因子 $i=1、2、3$ 和 4)，常数 $b_1$ 为环带 1($x_2=x_3=x_4=0$，也称为参考环带)的平均因子得分，系数 $b_2$、$b_3$、$b_4$ 分别为环带 2、3、4 与环带 1 因子得分之间的平均差值。类似地，可以用下述模型考察扇形空间结构：

$$F_i = c_1 + c_2 y_2 + c_3 y_3 + c_4 y_4 \tag{7.8}$$

这里各变量和常数的意义与式 7.7 类似。

将 shape 文件 bjsa(与 factscore.csv 连接后)的属性表输出为外部文件 zone_sect.dbf，里面包含因子得分、环带编号 ring 和扇形编号 sector。在文件 zone_sect.dbf 基础上，用 Excel 或 SAS 基于表 7.6 创建并计算虚拟变量 $x_2, x_3, x_4, y_2, y_3$ 和 $y_4$，然后根据式 7.7 和 7.8 进行回归分析，回归结果见表 7.7。本书光盘提供了这里所需的 SAS 程序 BJreg.sas。

表 7.7 关于环带和扇形结构的回归分析（$n=107$）

| 因子 | | 土地利用强度 | 邻里变量 | 社会经济地位 | 种族情况 |
|---|---|---|---|---|---|
| 环带模型 | $b_1$ | 1.2980*** <br> (12.07) | −0.1365 <br> (−0.72) | 0.4861** <br> (2.63) | −0.0992 <br> (−0.51) |
| | $b_2$ | −1.2145*** <br> (−7.98) | 0.0512 <br> (0.19) | −0.4089 <br> (−1.57) | 0.1522 <br> (0.56) |
| | $b_3$ | −1.8009*** <br> (−11.61) | −0.0223 <br> (−0.08) | −0.8408** <br> (−3.16) | −0.0308 <br> (−0.11) |
| | $b_4$ | −2.1810*** <br> (−14.47) | 0.4923 <br> (1.84) | −0.7125** <br> (−2.75) | 0.2596 <br> (0.96) |
| | $R^2$ | 0.697 | 0.046 | 0.105 | 0.014 |
| 扇形模型 | $c_1$ | 0.1929 <br> (1.14) | −0.3803** <br> (−2.88) | −0.3833** <br> (−2.70) | −0.2206 <br> (−1.32) |
| | $c_2$ | −0.1763 <br> (−0.59) | −0.3511 <br> (−1.52) | 0.4990* <br> (2.01) | 0.6029* <br> (2.06) |
| | $c_3$ | −0.2553 <br> (−0.86) | 0.0212 <br> (0.09) | 1.6074*** <br> (6.47) | 0.4609 <br> (1.58) |
| | $c_4$ | −0.3499 <br> (−1.49) | 1.2184*** <br> (6.65) | 0.1369 <br> (0.69) | 0.1452 <br> (0.63) |
| | $R^2$ | 0.022 | 0.406 | 0.313 | 0.051 |

注：* 显著性水平 0.05；** 显著性水平 0.01；*** 显著性水平 0.001。

## 7.5 讨论与结论

表 7.7 中的 $R^2$ 显示了环带或扇形模型的回归效果，括号内的 $t$ 值揭示了系数的统计显著性（即某个环带或扇形区域是否与参考环带或参考扇形的因子得分显著不同）。显然，土地利用强度很近似于环形模式，负系数 $b_2$，$b_3$ 和 $b_4$ 都通过显著性检验，表明土地利用强度从中心向外衰减。邻里因子呈现出较好的扇形分布，正系数 $c_4$（通过显著性检验）表明北京西北地区流动人口比重较高。社会经济地位因子同时具有环形和扇形的

分布态势，但扇形分布趋势更强。负系数 $b_3$ 和 $b_4$（都通过显著性检验）表明因子得分在第三、第四个区域有所降低；而正系数 $c_3$（通过显著性检验）表明西南扇形的因子得分较高，因为这里包含宣武区的两个高收入街道。种族因子既不呈环带分布，也不呈扇形分布。种族聚居点散布于全城，可能用一种多中心模型表示更合适。

显然，土地利用强度是影响北京同心圆社会空间结构的主要因素，从城市中心区（第 4、6、8、9 类）到近郊区（第 1、2 类）再到远郊区（第 3、5、7 类），人口密度、公共服务设施密度、办公和零售业密度随土地价格下降而衰减。主要受流动人口影响的邻里变量，是影响北京社会区域的第二个因子，大量外来人口聚居在增长快速、经济机会多的海淀区（第 1 类）以及制造业岗位多的石景山区（第 3 类）。第三个因子（社会经济地位）的作用主要表现在两方面：一是两个内城街道（第 8 类）高收入地区的浮现，二是中等收入（第 1 类）和低收入（第 2、3、5 类）之间的分异。只有当类型扩展到 9 类时，第四个因子（种族）的作用才显现出来。

在西方，社会经济地位是形成城市扇形模式的一个主导力量，家庭结构促成城市的环形结构，种族分布显示一种多中心态势。对北京市而言，社会经济地位和种族因子依然有作用，但其影响不如西方城市重要，而家庭结构因子在北京基本上不起作用。在发达国家，大部分城市的人口普查数据及对应的空间数据（例如美国的 TIGER 数据）获取十分方便，因而对那些城市进行社会区分析非常容易。但是，对于发展中国家，可靠数据来源常常成为城市社会区域研究的一个巨大障碍。随着数据质量的提高，例如包含的社会经济、人口统计和住户等变量数越来越多，统计单元越来越小，对未来开展这类研究也将逐渐创造条件。

# 附录 7A　判别分析

事物按特征可以分成不同的类型，并可以用数量方法来描述。判别分析（DFA）的主要目的是根据那些描述事物特征的变量建立一个线性方程,借此将观察对象归入已知的类型中。判别分析与聚类分析不同,后者的类型事先并不知道。例如,男女骨头的结构不同,但我们已知性别只有两类。当我们发现一些遗骨时,就可以用判别分析法来确定其性别。

下面是判别分析的一个示例,所用对象由两个类别组成。例如,我们有两类物体,$A$ 和 $B$,用变量 $p$ 测量。第一类有 $m$ 个观测值,第二类有 $n$ 个观测值,从而观测值记为:

$$X_{ijA}(i=1,2,\cdots,m;\ j=1,2,\cdots,p)$$
$$X_{ijB}(i=1,2,\cdots,n;j=1,2,\cdots,p)$$

我们的目标是寻找下述判别方程 $R$:

$$R = \sum_{k=1}^{p} c_k X_k - R_0 \tag{A7.1}$$

其中,$c_k(k=1,2,\cdots,p)$ 和 $R_0$ 为常数。

将 $m$ 个观测值 $X_{ijA}$ 代入 $R$ 后,得到 $m$ 个 $R(A)$ 值。类似地,可以得到 $n$ 个 $R(B)$ 值。$R(A)$ 和 $R(B)$ 值都满足一定的统计分布。我们需要找到一个方程 $R$,使得 $R(A)$ 和 $R(B)$ 的分布彼此分离很远。为了达到该目的,需要下面两个条件:

1. 平均值之间的差距 $Q = \overline{R(A)} - \overline{R(B)}$ 最大;
2. 方差之和 $F = S_A^2 + S_B^2$ 最小(即数据沿曲线在峰值附近呈紧凑分布)。

上述条件等价于寻找系数 $c_k$ 使得 $V = Q/F$ 最小。一旦得到系数值 $c_k$,就可以简单地用 $R(A)$ 和 $R(B)$ 的平均值代替 $R_0$:

$$R_0 = [m\overline{R(A)} + n\overline{R(B)}]/(m+n) \tag{A7.2}$$

对于给定的样本,先计算 $R$ 值,再与 $R_0$ 进行比较。如果它比 $R_0$ 大,则属于 $A$ 类,否则属于 $B$ 类。

判别分析法可以通过调用 SAS 里面的 PROC DISCRIM、PROC STEPDISC 或 PROC CANDISC 等来实现。

## 附录7B  因子分析和聚类分析的示例程序

```
/* FA_Clust.SAS runs Factor Analysis & Cluster Analysis
   for social area analysis in Beijing              */
/* By Fahui Wang on 2-4-05                          */

/* read the attribute data */
proc import
datafile = "c:\gis_quant_book\projects\bj\bjattr.csv"
    out = bj1 dbms = dlm replace;
    delimiter = ',';
    getnames = yes;
proc means;

/* Run factor analysis */
proc factor out = fscore(replace = yes)
    nfact = 4 rotate = varimax; /* 4 factors used */
    var x1 - x14;
/* export factor score data */
proc export data = fscore dbms = csv
    outfile = "c:\gis_quant_book\projects\bj\factscore.csv";

/* Run cluster analysis */
/* Factor scores are first weighted by relative importance
   i.e., variance portions accounted for (based on FA) */
data clust; set fscore;
    factor1 = 0.3516 * factor1;
```

```
    factor2 = 0.1542 * factor2;
    factor3 = 0.1057 * factor3;
    factor4 = 0.0922 * factor4;
proc cluster method = ward outtree = tree;
    id ref_id; var factor1-factor4; /* plot dendrogram */
proc tree out = bjclus ncl = 9; /* cut the tree at 9 clusters */
    id ref_id;
/* export the cluster analysis result */
proc export data = bjclus dbms = csv
    outfile = "c:\gis_quant_book\projects\bj\cluster9.csv";
run;
```

# 第三部分

# 高级数量方法及应用

# 第八章 小人口基数小概率事件的地理分析方法及其在谋杀犯罪研究中的应用

我们在研究诸如癌症、艾滋病、谋杀案等小概率事件时，那些人口基数小的样本的发生率波动较大，不太可靠。第二章介绍的移动搜寻法（floating catchment area method）和经验贝叶斯平滑（empirical Bayesian smoothing method）等空间平滑技术可以用来缓解这些样本变数大的问题。本章对这类问题做一些更深入的探索。第8.1节综述当前各种分析小人口基数下小概率事件的方法。第8.2节先介绍两种简单易用的地理分析方法，即ISD法和空间位序法（spatial order method）。第8.3节介绍基于尺度空间理论（scale-space theory）的空间聚类方法，流程比较复杂，需要较多的编程工作，作者是用Visual Basic（VB）语言编程的。第8.4节利用一个实际案例，即通过对芝加哥市谋杀犯罪率空间变化的研究，讲解上述空间聚类法的应用。为了给读者提供一些背景知识，第8.4节也介绍了一些研究就业便捷度与犯罪关系的相关文献。第8.5节为本章小结。

## 8.1 小人口基数小概率事件的分析

在犯罪学、医疗健康和其他一些应用研究中，经常会遇到分析小人口基数下小概率事件的问题，相关研究方法已有很长的发展历史。

以犯罪研究为例，谋杀案属于不常发生的小概率事件。基于小地理单元的谋杀犯罪率，或基于某类人群（某种少数民族、某年龄段、某收入阶层）的谋杀犯罪率，都可能存在人口基数太小、计算的犯罪率不太稳定的问题。犯罪学家常常采用一些非地理学的方法来解决这类问题。比如，有研究者(Morenoff and Sampson,1997)在分析芝加哥谋杀犯罪的变迁时,使用的是各地区的犯罪事件数,而不是按人口平均的犯罪率,并且干脆删除那些人口基数小的统计样本,认为这些样本不太可靠。有的研究者只用州、都市区或整个城市等大的地理单元来分析谋杀犯罪率,或者合并多年的统计资料,生成一个长时间段内相对稳定的谋杀犯罪率。有人(Land et al.,1996,Osgood,2000)主张利用泊松回归分析法,而不是传统的 OLS 回归法,因为这类样本一般不满足 OLS 回归分析的两个前提条件:① 残差均质同源(因为人口基数越小,犯罪率的误差越大);② 残差正态分布(因为人口基数越小,出现零犯罪率的机会越大,其残差为非正态分布)。附录 8 对此有更详尽的讨论。

另外,许多具有地理学背景的研究人员在疾病、卫生等相关领域的研究中,使用了一些空间分析方法或称地理学方法来探讨这方面的问题。地理学方法的目标是构建较大的地理单元,增加人口基数,从而获得较为稳定可靠的发病率。这类研究可以一直追溯到传统地理学的区域分类研究(Cliff et al.,1975)。构建较大地理单元的方法,思路上类似于计算多年平均发病率,前者是通过扩大统计综合的空间范围,后者是通过延长统计综合的时间段,都是为了获得更稳定的发病率。例如布勒克等(Black et al.,1996)创立的 ISD 法(命名来源于他们工作的苏格兰卫生部名称的缩写 Information and Statistics Division),就是将苏格兰的人口普查区合并成较大地理单元,这些合并生成的地理单元所含人口数相差不大,可比性好。有研究者(Lam and Liu,1996)利用空间位序方法(spatial-order method),把一些没有足够艾滋病病例的农村县合并成一个个较大的样本区,为美国农村艾滋病调查建立了一个切实可行的采样框架。这两种方法都强调合并的地理单元空间上要邻近,但没有考虑到它们是否属性同质。海宁等(Haining et al.,1994)在划分英国谢菲尔德(Sheffield)大都市区的卫生管理时,将许多小的人口普查区合并起来,形成为数不多的卫生管理区(以下简称"谢菲尔德法")。谢菲尔德法先将那些相邻的、贫困指数相似的人口普查区进行合并,然后根据一些主观规则和当地情况进行调整。显然,谢菲尔德法在空间合并的过程中,同时考虑了属性同质和空间相近这两个要素。换句话说,只有空间上邻近、属性又相似的区才能合并在一起。有区域分类经验的研究者都知道,在实践中二者很难兼顾。

下一节将详细讲解 ISD 法和空间位序法。谢菲尔德法用到一些主观的合并标准,又要求操作者对研究区比较熟悉,所以运用时需要一定量的人机交互工作。第 8.3 节介绍一种基于尺度空间理论的空间聚类法,它像谢菲尔德法那样,根据属性相似来合并相邻的地区,但是根据一定的判断规则自动执行。基于此法可以构建不同大小的地理单元,因此,它还可以用来检测多空间尺度下分析的结论是否稳定,也就是常说的"可变地域单元问题"(MAUP)。

表 8.1 总结了上述各种小人口基数下小概率事件的分析方法。

**表 8.1 基于小人口基数的小概率事件发生率的分析方法**

| | 方法 | 例子 | 说明 |
| --- | --- | --- | --- |
| 1 | 用犯罪数代替犯罪率 | Morenoff and Sampson (1997) | 不适用于犯罪率的研究 |
| 2 | 删除人口少的统计样本 | Harrell and Gouvis (1994); Morenoff and Sampson (1997) | 删除的统计样本中可能含有用重要信息 |
| 3 | 用多年平均或大的地域单元 | Messner et al. (1999); Land et al. (1990) | 不能用来分析该时段内的变化或该地域范围内的差异 |
| 4 | 泊松回归分析 | Osgood (2000); Osgood and Chambers (2000) | 弥补 OLS 回归的有效方法,不适用于非回归分析的研究 |
| 5 | 构建含足够人口的地域单元 | Haining et al. (1994); Black et al. (1996); Sampson et al. (1997) | 估算可靠的率值,用于统计报表、制图、回归分析和其他 |

## 8.2 ISD 法和空间位序法

图 8.1 说明了 ISD 法的流程(参见 Black et al., 1996)。首先选择一个多边形(如最南边的)作为开始,然后加入一个与之最近(如根据中心点间的直线距离)并相邻的多边形,如果两者人口总数大于或等于阈值,那么这两个多边形就合并成一个新的地理单元,否则,再加入下一个与之次近、与前面已选的两个多边形中任一个相邻的多边形。这样一直下去,直到合并成的新地理单元总人口数达到阈值。整个流程重复运行,直到所有多边形都合并成新的地理单元。具体处理时,可以先用 ArcGIS 来产生一个多边形之间的距离矩阵和一个邻接矩阵,然后编写一个简单的程序来实现上面的操作(Wang and O'Brien, 2005)。这种方法比较简单,由于没有考虑空间紧凑性,会产生一些形状较为怪异的新地理单元,尤其是在接边的地方,有时需要进行适当的人机交互来修正。

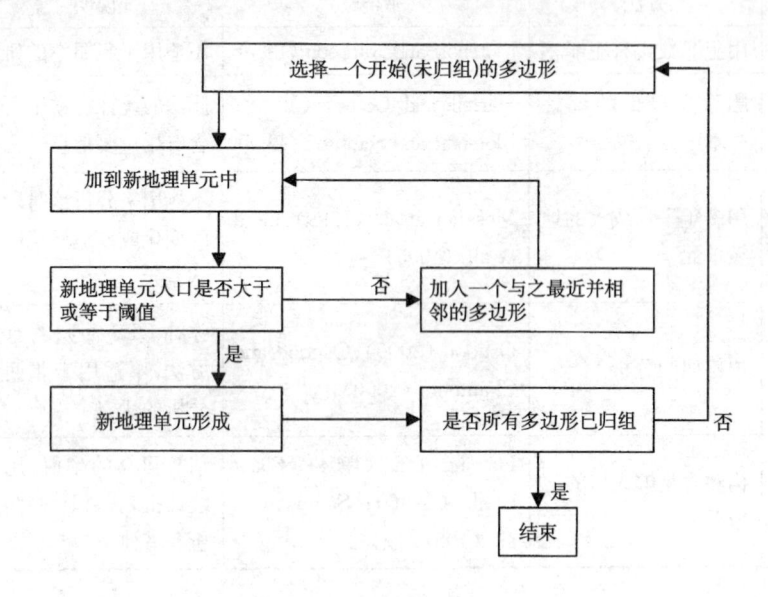

图 8.1 ISD 法

空间位序法与 ISD 法的原理基本相似，它使用空间填充曲线（spatial-filling curve）来判定多边形间的远近程度，或者称为空间位序（spatial order）。空间填充曲线通过连续的递归方式穿越多边形，并在二维空间上根据多边形的相关位置来计算它们的空间位序，其值在 0 到 1 之间。一般而言，相互靠近的多边形具有相似的空间位序，距离较远的多边形空间位序值相差悬殊。如图 8.2 所示。空间位序法为判断多边形的远近程度提供了一个简便的指标。该方法需要在工作站版 ArcInfo 软件的 ArcPlot 模块中实现，算法来自于有关文献（Bartholdi and Platzman，1988），具体操作如下。

1. 首先执行 SPATIALORDER 命令，产生每个多边形的空间位序。
2. 接下来可以用 COLLOCATE 命令定义合并后的地理单元所含人口总数，把邻近的多边形归并为组，并计算每组中的多边形总人口量。
3. 最后，可以用 ArcGIS 的 dissolve 工具将多边形分组合并成新的地理单元。

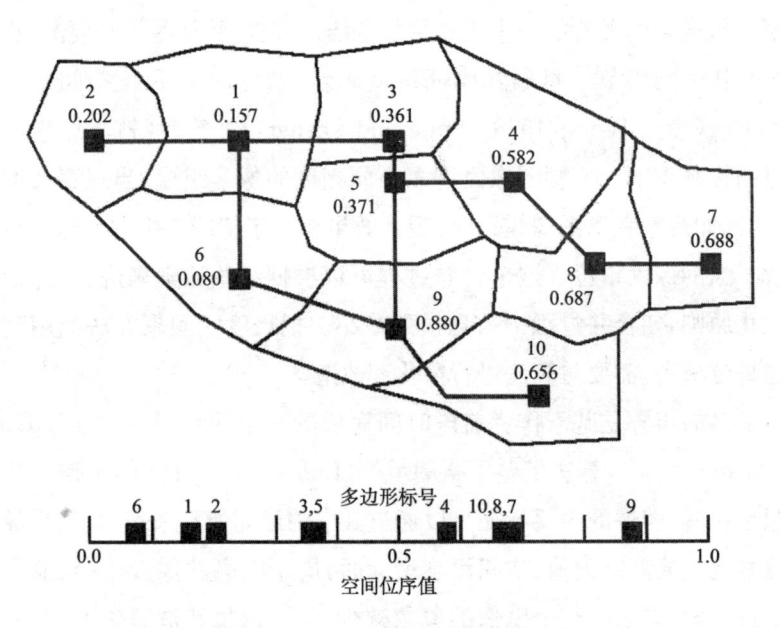

图 8.2　确定多边形空间位序值的示例

## 8.3 尺度空间聚类方法

ISD法和空间位序法都考虑了空间相邻的因素,但没有考虑进行合并的多边形是否具有相似的属性。基于尺度空间理论(scale-space theory)的聚类法能够同时兼顾空间相邻和属性相似这两个因素。尺度空间理论的发展得益于计算机图像处理技术的进步,但大多数应用都在遥感数据处理方面。在这里,我们利用这个理论来设计一种空间聚类方法,来分析小人口基数下小概率事件发生率的空间分布差异。

世界上的物体由于观察尺度的不同,呈现的形态也不同。针对一个图像而言,其最小的观察尺度是单个的像素点,最大的尺度是整幅图像。任何物体都可以用多种尺度来观察,从每个尺度观察得来的信息不一样,但并不存在哪个尺度是最合适的。在图像处理中,可以将一幅高分辨率的图像重新采样,制成分辨率较低的图像,我们把这种操作称为尺度空间平滑。尺度空间平滑的一个主要目的是压缩图像,将那些不必要的、有时起干扰作用的细节信息删除掉(Lindeberg,1994:10)。尺度空间聚类有多种方法(参见Wong,1993;Wong and Posner,1993),其核心思想可以通过图像来理解。一幅图像由许多不同亮度的像素组成,当观察尺度增大时,比如观察者离图像较远时,观察效果相当于把图像中的小像素点合并成了大的像素单位。这个合并过程可以根据某些原则来进行,比如熵最大化原则,使合并过程中信息损失最小。把尺度空间聚类法应用到社会经济分析中,需要对算法进行简化和改造。

下面的步骤是基于作者前段时间完成的一个项目(Wang,2005;Mu and Wang,2008),算法借鉴了骆剑承等(Luo et al.,2002)的工作。基本思想是:一幅图像的主要特征可以通过其中的最亮像素来表示,这个最亮的像素就是局部极大值;空间尺度增大时,周围次亮的像素(直到最暗的像素)被合并进来。整个图像的象数减少了,图像虽然被简化了,但图像的主要结构得以保持。具体步骤如下:

1. 建立多边形之间的连接。设多边形 $i$ 具有 $t$ 项属性，即 $(x_{i1},\cdots,x_{it})$，其相邻的多边形 $j(j=1,2,\cdots,m)$ 的属性为 $(x_{j1},\cdots,x_{jt})$，属性 $x_{it}$ 和 $x_{jt}$ 都已经经过标准化。在多边形 $i$ 的相邻多边形中（指共享至少一个边，只共享一个点的不算），根据最小"属性距离"（属性差异）规则，即 $D_{ik}=\min_j^m\{\sum_t(x_{it}-x_{jt})^2\}$，选择一个多边形 $k$ 与其建立连接。这样一来，每个多边形和其最相似且相邻的多边形之间就有了一条连接线。

2. 确定连接方向。多边形 $i$ 和多边形 $k$ 之间的连接方向由它们各属性的综合值（$Q$）来判断。在第 8.4 节的案例研究中，综合值 $Q$ 是三个因子的加权平均值，三个因子中的任何一个高分值都代表不好的社会经济条件。连接方向定义如下：如果 $Q_i<Q_k$，$i\rightarrow k$（计算机记为 $L_{ik}=1$），否则 $i\leftarrow k$（记为 $L_{ik}=0$）。这里，连接方向总是指向分值高的多边形。如图 8.3 所示，在多边形 1 和 2 的连接中，由于 $Q_2<Q_1$，所以连接由 2 指向 1。

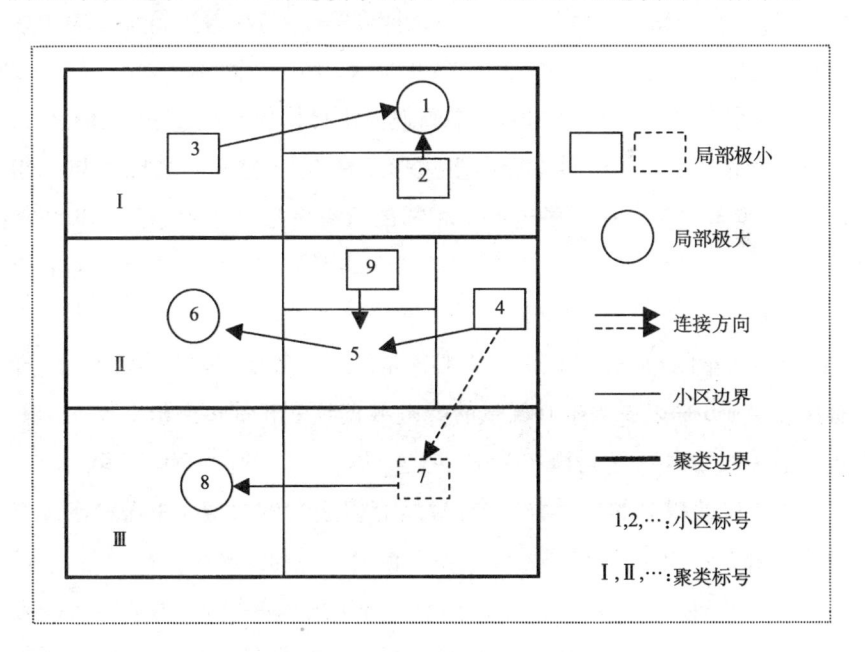

图 8.3 基于尺度空间理论的聚类示例

3. 识别局部极小和极大。局部极小多边形是指与其相连的所有多边形连接中,其方向都指向别的多边形,也就是说,它的 $Q$ 分值在其周边多边形中是最小的。局部极大与之相反,所有的连接方向都指向自己,它在周围多边形中分值最高。

4. 围绕局部极大进行多边形重组。从局部极小开始,根据连接方向查找多边形,直到找到一个局部极大的多边形。把从局部极小到局部极大所有连接线上的多边形聚类为一组。如果还有其他局部极小的多边形也连接到这个局部极大的多边形,也把它们聚类到这组。如此重复操作,直到完成所有多边形的聚类。

5. 继续下一轮的重组。将原来的多边形分组合并,形成一个新的图层,代表第一轮空间聚类结果。新产生的聚类单元的属性值是原多边形属性的加权平均值(可以用每个多边形的人口数作为权重)。把空间聚类单元作为新一轮的起始多边形,又可以回到第一步,接着进行下一轮的聚类分析。聚类可以重复下去,最后都聚为一个组。

现在我们用一个简单的例子来图解说明具体的处理过程,见图 8.3。在第 1 步处理中,多边形 1 连向多边形 2 和 3。注意,多边形 1 与 3 相连,是由于多边形 3 在与多边形 1 相邻的所有多边形中(包括 2 和 3)它是属性最相似的;但 1 与 2 相连,是由于多边形 1 在与多边形 2 相邻的所有多边形中(包括 1、3、4 和 9)它是属性最相似的。也就是说,3→1 是以 1 为中心衡量的,2→1 是以 2 为中心衡量的。类似地,多边形 4 与 5、7 都有连接,4→5 是以 4 为中心衡量的(5 是 4 的所有相邻多边形 2、9、5、7 中与 4 最相似的),4→7 是以 7 为中心衡量的(4 是 7 的所有相邻多边形 4、5、8 中与 7 最相似的)。第 2 步计算所有多边形的 $Q$ 值,并确定连接方向。在第 3 步中,多边形 2、3、4 和 9 被定义为局部极小,因为与其连接的方向都是向外的;多边形 1、6 和 8 被确定为局部极大,因为连接的方向都是指向它自己。在第 4 步中,多边形 2、3 都指向 1,因此,1、2、3 聚类为一组,称为 I 组。多边形 4 和 9 都指向 5,然后又指向 6,它们归为一组,称为 II 组,如此类推。这样,每个局部极大的多边形都是聚类的中心,即图像的高亮像素,周围的多边形都合并到这个中心,从而形成更大尺度的多边形。聚类操作一直进行,直到所有多边形都经过了重组。需要说明的是,图中多边形 4 与 5、7 都有连接,为什么合并时组合到 5,而不组合到 7 呢?这是因为多边形 4 与 5 更相似,另一条连接(4→7)是以 7 为中心建立的。一旦多边形 4 合并到第 II 组,多边形 7 与 4 之间的连接就变得多余了,改用虚线来表示。这样,多边形 7 就变成了一个新的局部极小,用虚框来表示,多边形 7 合并到 8 中成为另一个组 III。也请参考图 8.6,该图显示的是下一节案例分析的中间过程,可以检验聚类过程是否合乎上述步骤。

在光盘中附有的程序 Scalespace.dll,就是用来执行上述的空间聚类法,这个程序是当时在伊利诺伊大学(现乔治亚大学)地理系穆兰博士用 VB 语言开发的,其使用方法在下一节中将详细介绍。空间聚类可以反复执行,直到所有样本聚为一类。

## 8.4 案例 8:应用尺度空间聚类法分析芝加哥就业便捷度与谋杀犯罪之间的关系

根据多种犯罪理论,合法工作与犯罪活动(可以看成"非法工作")之间存在着负相关。转移理论(strain theory)(Agnew,1985)认为,犯罪起因于一些人不能通过正常手段(如合法的就业劳动)来达到目标,比如金钱上的成功。控制理论(control theory)(Hirschi,1969)认为,一个人如果没有工作或工作不理想,犯罪的机会成本低,就容易犯罪。理性选择理论(rational choice theory)(Cornish and Clarke,1986)和犯罪经济学(Becker,1968)认为,人们做一件事时,无论是合法还是非法,都是综合考虑成本、收益和风险之后做出的理性选择。研究失业与犯罪率之间的关系就是基于这个理论(Chiricos,1987)。根据经济学理论,虽然就业的难易对经济犯罪(如偷盗)的影响大于对暴力犯罪(包括谋杀)的影响,但就业市场好坏与谋杀率也有关系。从社会压力理论(social stress theory)

中，就可找到就业便捷度与谋杀犯罪相关的论点，如罗司和麦克可莱(Rose and McClain，1990：47-48)曾谈到："当人缺乏赖以生存的基本经济资源时，精神压力大，谋杀犯罪的危险性就大得多。"社会压力包括心理、社会和经济等各种因素，尤其是失业和贫困，这些因素使一些人对周围环境形成负面看法，会明显地导致一些社会问题，包括谋杀犯罪(Brown，1980)。

关于就业市场与犯罪之间关系的研究，多使用大型地域单元，如整个国家、州、大都市区等，并且往往侧重于失业率与犯罪率的关系(Levitt，2001)。可是，这些大地域单元的内部差异比它们之间的差异还大。以都市区为例，不同都市区的犯罪率相差不大，而都市区各社区的犯罪率却相差悬殊。最新进展已经深入到研究城市内部各社区就业市场与犯罪的关系(Bellair and Roscigno，2000)。问题的关键不是有没有就业机会，而是就业机会是否与求职者的技能匹配，竞争是否激烈，上班是否方便等等(Wang and Minor，2002)。作者提出了就业便捷度(job accessibility)的概念，这个概念反映了一个人克服空间阻隔及其他障碍而获得就业机会的能力，是一个可以更好地衡量当地就业条件的方法或指标。我们在克里夫兰市的实证研究中，发现就业便捷度与犯罪之间存在着负相关，而且就业便捷度与经济犯罪(包括偷车、入室行窃、抢劫犯)的相关性强于与暴力犯罪(包括斗殴、谋杀和强奸犯)的相关性。作者(Wang，2005)后来又改进了分析方法，进一步拓展了这方面的工作，本案例就是基于这一研究而设计的。选用谋杀犯罪为研究对象，原因有二，一是在研究地域犯罪差异时，谋杀犯罪的统计数据是公认为最精确、最具有可比性的(Land et al.，1990：923)；二是谋杀犯罪很少发生，属于小概率事件，为本章要讲述的分析方法提供了一个很好的应用实例。

本案例以芝加哥市为研究区，首先采用 OLS 回归方法来分析就业便捷度与谋杀犯罪率的关系，模型也包括了一些社会经济因素，作为控制变量。第九章中的案例9将采用空间回归方法来考虑样本的空间自相关性，进一步分析就业便捷度与谋杀犯罪率的关系。

## 第八章 小人口基数小概率事件的地理分析方法及其在谋杀犯罪研究中的应用

本案例所用数据如下：

1. 多边形图层 citytrt，包含芝加哥市范围内的 845 个人口普查区，不包括市内一个没有普查区编号及任何居民的区，芝加哥市的奥亥尔（O'Hare）国际机场是块与市区不连的"飞地"，也不包括在内。

2. 文本文件 cityattr.txt，包含有人口普查区的 ID 编码和基于 1990 年人口普查资料的 10 个社会经济变量。

3. 程序 Scalespace.dll，是可以插到 ArcGIS 软件界面中运行的尺度空间聚类分析工具。

图层 citytrt 属性表中，cntybna 项是每个人口普查区的唯一编号，popu 项是 1990 年人口，JA 项代表就业便捷度（参见第四章，JA 值越大表示就业越便利），CT89_91 项是 1989～1991 三年间每个人口普查区的谋杀犯罪总数，来自 1965～1995 年芝加哥谋杀犯罪数据（Block et al.，1998），可从全美犯罪数据库（NACJD）网站 www.icpsr.umich.edu/NACJD/index.html 上获取。用三年的谋杀犯罪总数，也是为了减少统计上的误差，获得一个相对稳定的犯罪率。另外，属性表中还有三项，即 factor1、factor2 和 factor3，是对文件 cityattr.txt（含多项社会经济变量）进行因子分析后生成的三个因子指数。需要说明的是，计算就业便捷度时需要定义当地的劳务市场，我们定义劳务市场的范围比芝加哥市大，包括周围 6 个城市化的县（Cook、Lake、McHenry、Kane、DuPage 和 Will）。

文本文件 cityattr.txt 的原始数据来自于 1990 年人口普查资料 STF3A。文件第一列是人口普查区编号（与 GIS 图层 citytrt 中的 cntybna 项相同），另外 10 个变量都是百分比数，依次为：

1. 贫困线以下家庭比例；
2. 领取政府困难补助的家庭比例；
3. 妇女单亲家庭比例；
4. 失业率；
5. 新迁入居民（最近 5 年新搬迁入住的）比例；
6. 租房族比例；

7. 无高中文凭比例；

8. 家庭住房拥挤(平均每卧室超过一人的)比例；

9. 黑人比例；

10. 拉丁美洲裔比例。

下面逐步介绍案例分析的流程。

在 GIS 分析之前，我们需要利用 SAS 或其他统计分析软件，根据 cityattr.txt 文件中的数据进行因子分析，将结果文件(包括因子值和人口普查区 ID)连接到 GIS 图层 citytrt 中。这一步用的因子分析法，在前面第七章中讲过，参考附录 7B 中因子分析的 SAS 程序。有兴趣的读者，可利用这个机会再次熟悉因子分析方法。一般读者可以跳过，因为多边形图层 citytrt 已经提供了这一步的分析结果(因子得分)。

因子分析结果表明，有 3 个因子的特征值超过 1，得以保留。选取的这 3 个因子，可以代表 10 个原始变量 83% 的信息量。表 8.2 显示了旋转后各变量的因子结构(为分析方便,表中变量已重新排序)。因子一在 3 个因子中占 56.6%，主要反映了"领取政府困难补助的家庭比例、妇女单亲家庭比例、黑人比例和贫困线以下家庭比例"等 5 个变量，可以命名为"弱势群体因子"。因子二在 3 个因子中占 26.6%，主要包含"无高中文凭比例、家庭住房拥挤比例和拉丁美洲裔比例"3 个变量的信息，可以命名为"拉丁裔移民区因子"。因子三在 3 个因子中占 16.7%，"新迁入居民比例和租房族比例"这两个变量在该因子上的载荷最大，可以命名为"居民流动性因子"。用回归分析来研究就业便捷度与谋杀犯罪的关系时，这 3 个综合因子是自变量，起控制变量的作用，每个因子的值越高，其社会经济条件越差。

表 8.2 旋转后社会经济变量的因子结构

| | 因子一 | 因子二 | 因子三 |
| --- | --- | --- | --- |
| 领取政府困难补助的家庭比例 | 0.93120 | 0.17595 | −0.01289 |
| 妇女单亲家庭比例 | 0.89166 | 0.15172 | 0.16524 |

续表

|  | 因子一 | 因子二 | 因子三 |
|---|---|---|---|
| 黑人比例 | 0.87403 | −0.23226 | −0.15131 |
| 贫困线下家庭比例 | 0.84072 | 0.30861 | 0.24573 |
| 失业率 | 0.77234 | 0.18643 | −0.06327 |
| 无高中文凭比例 | 0.40379 | 0.81162 | −0.11539 |
| 家庭住房拥挤比例 | 0.25111 | 0.83486 | −0.12716 |
| 拉丁美洲裔比例 | −0.51488 | 0.78821 | 0.19036 |
| 新迁入居民比例 | −0.21224 | −0.02194 | 0.91375 |
| 租房族比例 | 0.45399 | 0.20098 | 0.77222 |

1. 建立人口普查区的 shape 文件

在 ArcMap 中打开 citytrt 图层＞利用 Select by Attributes 工具，选择"popu＞0"的 845 个人口普查区＞利用 Export 工具，将结果生成为 shape 文件 citytract。

2. 计算谋杀犯罪率

谋杀属于小概率事件，其犯罪率一般以每 10 万人中发生的谋杀数而计。在 ArcMap 中打开 shape 文件 citytract 的属性表，在表中增加属性项 homirate，并计算 homirate ＝ CT89_91 * 100000/popu，其值即为每 10 万人的谋杀犯罪率。

在回归分析时，常将谋杀犯罪率进行对数变换，用犯罪率的对数值来定义回归分析的因变量(Land et al.，1990:937)。有些地区无谋杀犯罪事件，犯罪率为 0，为了避免对 0 取对数，我们可以在犯罪率上加上 1 后，再求其对数值。其实也可以加上 0.2、0.5 或其他值，加什么值对回归结果中变量显著性检验的影响往往很小，t 值基本不变(Osgood，2000:36)。这里选择加 1，刚好当犯罪率 r=0 时，其对数也是 0，即 log(r+1) ＝ 0。在属性表中增加另一项 Lhomirat，并计算 Lhomirat ＝ log(homirate+1)。

3. 查看图中人口数较少的普查区

如图 8.4 所示，有 74 个普查区的人口数少于 500，其中 28 个少于

100。查看这些人口数较少的普查区谋杀犯罪率(homirate),发现有些区的谋杀犯罪率非常高,表明人口基数小的统计区内存在犯罪率波动很大的问题。

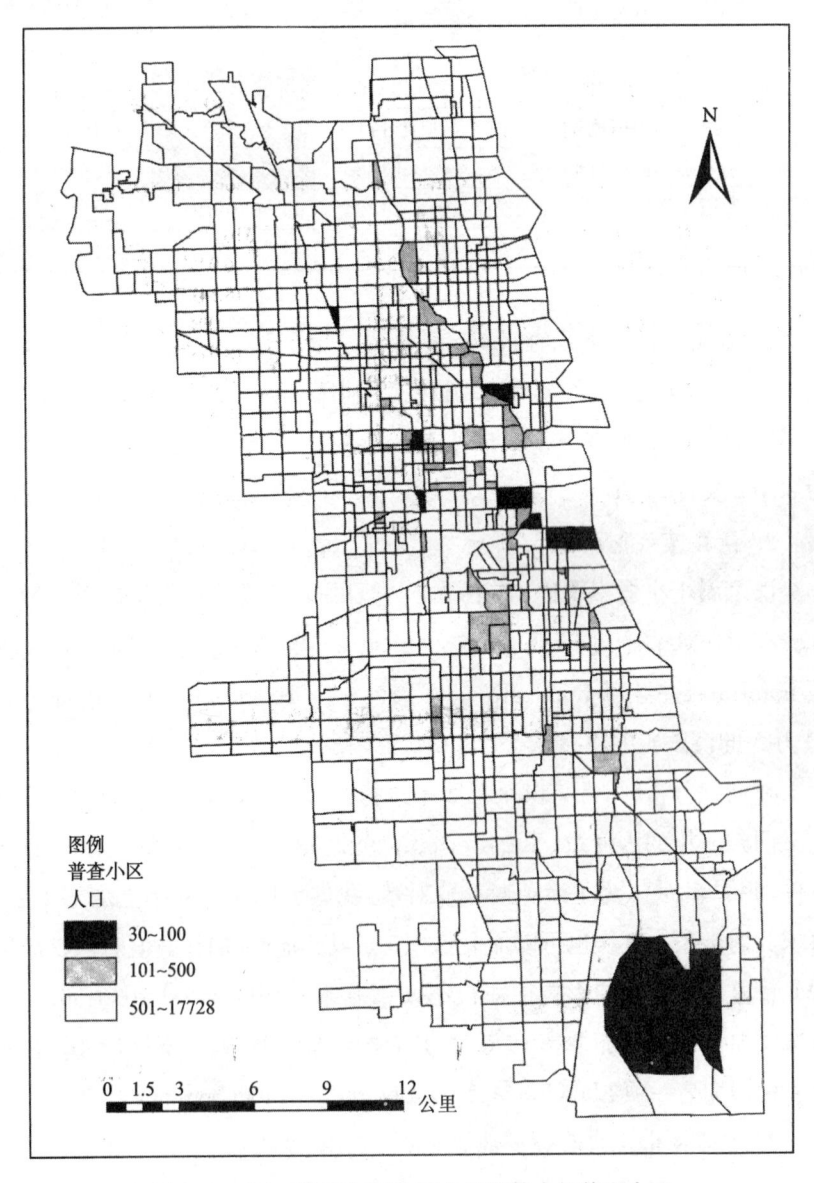

图 8.4 芝加哥地区 1990 年人口基数小的普查小区

### 4. 基于人口普查区的回归分析

在 ArcMap 中打开人口普查区图层 citytract 的属性表,将其输出生成一个新的文件。用这个文件中的数据,在 Microsoft Excel 或 SAS 中,进行 OLS 回归分析,因变量为 Lhomirat,自变量为 JA、factor1、factor2 和 factor3。参见第六章第 6.5.1 节的相关内容,表 8.3 为分析结果。

表 8.3 芝加哥谋杀犯罪率的 OLS 回归分析结果

|   | 人口普查区 | 第一轮聚类区 |
|---|---|---|
| 样本数 | 845 | 316 |
| 截距 | 6.1324<br>(10.87)*** | 6.929<br>(8.14)*** |
| 因子一 | 1.2200<br>(15.43)*** | 1.001<br>(8.97)*** |
| 因子二 | 0.4989<br>(7.41)*** | 0.535<br>(5.82)*** |
| 因子三 | −0.1230<br>(−1.84) | −0.283<br>(−2.93)** |
| 就业便捷度 | −2.9143<br>(−5.41)*** | −3.230<br>(−3.97)*** |
| $R^2$ | 0.317 | 0.441 |

注:括号内为 $t$ 值;*** 表示 0.001 的显著度,** 表示 0.01 的显著度,* 表示 0.05 的显著度。

### 5. 安装尺度空间聚类分析工具

在 ArcMap 中,选择 Tools > Customize > 在对话框的标签栏上选 Add from file,出现文件输入对话框,选择 ScaleSpace.dll 文件,然后按对话框中 Open 按钮确定,最后将"Scale-Space Tool"图标拖放到 ArcGIS 中的工具栏中。

### 6. 利用尺度空间分析工具执行第一轮聚类分析

在 ArcGIS 的工具栏中按 SS 打开尺度空间分析工具,出现如图 8.5 的对话框。在对话框中:① 键入 citytract 作为输入文件(Input polygon shapefile);② 利用箭头按钮将因子项 factor1、factor2 和 factor3 加入到列表框(Selected fields)中,这三个因子将作为空间单元之间属性相似性的判据;③ 输入对应的权重因子(Aggregate score weight):0.566、0.266 和 0.167(基于因子分析中的特征值算得);④ 使用人口变量 POPU 进行属性加权平均(Cluster grouping weight field);⑤ 命名聚类变量(Name the cluster membership field)为 Clus1(或用其他的名),聚类结果会存回输入文件 citytract 中;⑥ 最下面的一栏"Show and save cluster shapefile",定义输出结果文件(可用其缺省值 Cluster1),还可以设置上面两个可选栏,用来显示和存贮中间分析结果,一个是局部极小或局部极大(min/max),另一个是空间单元之间的连接方向和类型(links);⑦ 最后,按"OK"执行分析操作。

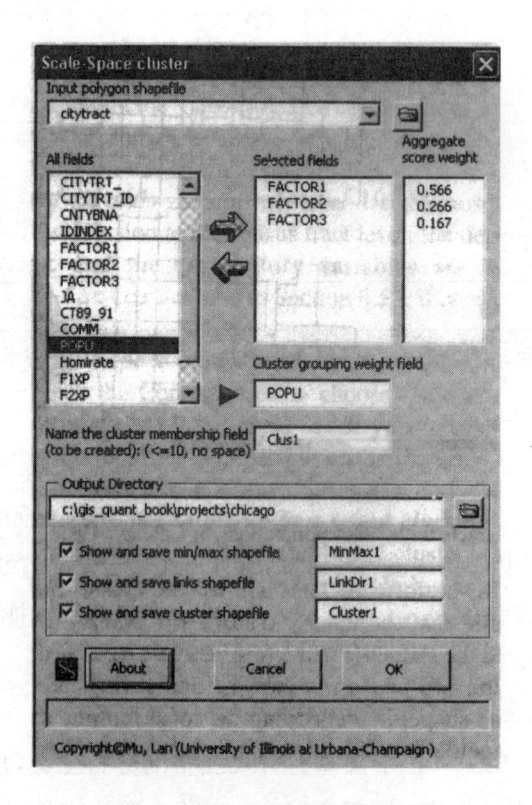

图 8.5　尺度空间聚类工具对话框

图 8.6 中显示的是研究区东北角上的聚类分析过程和结果。如果一个区单元既不指向别的区,也没有其他单元指向它,则它是个"孤区",自成一个聚类。聚类分析结果合并后,存 shape 文件 Cluster1 中。在聚类分析过程中,还会在输入文件 citytract 的属性表中增加一些变量,用来存储聚类分析的中间结果(如 Clus1 项表示哪个区被聚到哪个类)。结果文件 Cluster1 的属性表中,包含有加权平均后的因子变量 factor1、factor2 和 factor3,以及人口权重因子 POPU。图 8.7 显示的是第一轮聚类后的结果。基于文件 Cluster1 还可以进行更高层次的聚类分析。

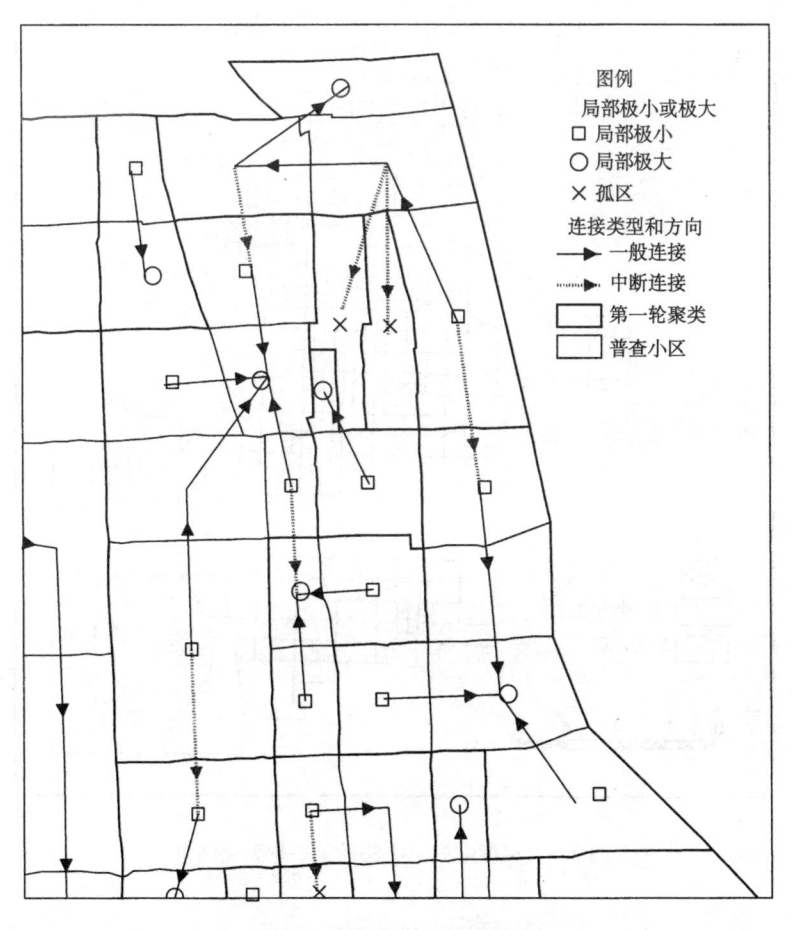

图 8.6 聚类过程示例区域

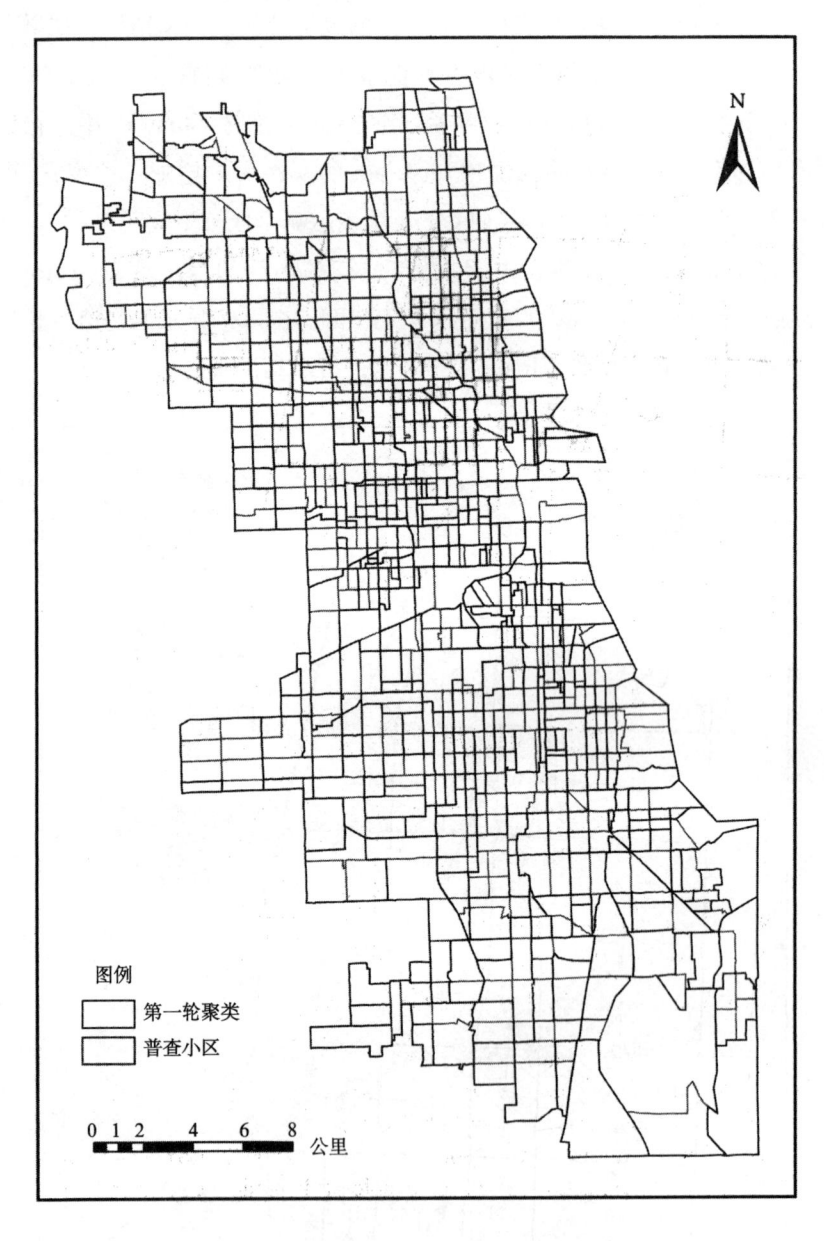

图 8.7 尺度空间聚类法的第一轮聚类结果

## 第八章 小人口基数小概率事件的地理分析方法及其在谋杀犯罪研究中的应用 201

7. 将参数合并到聚类空间单元上

不管是自变量还是因变量（JA、factor1、factor2、factor3 和 homirate），在聚类分析后都需要根据 Clus1 项进行归类合并，以人口数（popu 项）加权平均。图层 Cluster1 中变量 factor1、factor2、factor3 已经加权平均处理过。注意加权平均的公式为 $\bar{x}_w = (\sum w_i x_i)/\sum w_i$。以下步骤解释在 ArcMap 中如何对 citytract 属性表中的参数进行加权平均计算。以 factor1 为例，主要包括如下几步：① 计算 factor1 与 popu 之积，命名为 F1XP；② 计算总人口（命名为 sum_popu），并汇总每一类中的 F1XP 值（命名为 sum_F1XP）；③ 用 sum_popu 除 sum_F1XP 得到 factor1 的加权值。具体过程如下：

(1) 在 citytract 属性表中加上变量 JAXP 和 HMXP，并按以下公式进行计算：

JAXP=JA*popu,和

HMXP=homirate*popu；

(2) 根据聚类参数 Clus1，用 Summarize 工具对变量 JAXP、HMXP、popu 分组累加，输出结果文件为 sum_clus1.dbf，其中包含有聚类编号 Clus1、每个聚类中的空间单元数和相关变量的累加值（Sum_JAXP、Sum_HMXP、Sum_popu）。

(3) 在 sum_clus1.dbf 中增加变量 JA、homirate，并按以下公式进行计算：

JA=Sum_JA/Sum_popu,和

homirate=Sum_HMXP/Sum_popu；

最后，在 sum_clus1.dbf 中增加变量 Lhomirat，并计算 Lhomirat = log(homirate+1)。

8. 基于聚类单元的回归分析

利用 Excel 或 SAS 统计分析软件，对 sum_clus1.dbf 中的数据进行 OLS 回归分析，结果见表 8.3。

基于人口普查区和基于第一轮空间聚类单元的回归分析，结果都表

明就业便捷度与谋杀犯罪率是负相关的。在第九章的案例9C中,将采用空间回归方法来进一步验证这个问题。

## 8.5 小　　结

在研究小地理单元中的小概率事件时,我们估算的发生率通常是不可靠的,因为样本数目较少时,随机误差较大。研究人员已经提出了多种处理方法,尽量减少这种不稳定性,特别是在犯罪和健康分析的应用研究中,方法更多。地理方法通过构建较大的地理单元,以便获得更为稳定的发生率。ISD法和空间位序法相对简单,在进行空间区域合并时不考虑地理单元的属性是否具有同质性。基于尺度空间理论的空间聚类方法,同时考虑了地理单元在空间上的邻接性和属性上的同质性。在地理单元的合并过程中,不可避免地会损失一些原来的细节,但基于尺度空间理论进行空间聚类合并时,根据的是熵的最大化原则,合并过程中信息损失最少。该方法将研究区中的地理单元当做图像的像素来处理,如果每个像素的多种属性可以合并成一个指数,这个指数就代表该像素的亮度值,相当于一张黑白图像中灰度不一的光斑。合并亮点周围的像素时,像素的数目变少了,空间单元变大了,虽没有原来图像的分辨率高,但仍能较好地体现整个图像的基本结构特征。

基于尺度空间的聚类方法原理,我们利用VB开发了一个测试版的程序。这个程序可以合并到ArcGIS软件环境中,用来进行尺度空间聚类分析。本章的案例分析应用这个测试版的程序,研究了芝加哥市谋杀犯罪率与就业市场之间的关系,结论是:就业便捷度差的地区确实与高谋杀犯罪率相关。这里已经考虑到了各种社会经济因素的协变作用,方法是把这些变量整合成三个综合因子,作为回归分析中的控制变量。

# 附录8 泊松回归分析

这个附录参考了相关文献(Osgood,2000)。假设事件的发生在时间上是随机且相互独立的,事件发生的平均次数一定,而具体次数是一组离散数字(0,1,2,…),其概率可用泊松分布(Poisson distribution)来描述。当平均次数较小时(比如本章中论及的小地理单元),泊松分布向小值方向偏移。换言之,泊松分布中只有那些次数低的发生概率才有意义。当平均次数高时,泊松分布趋于正态分布,这时事件可能发生的次数分布较广,有意义的概率范围比较宽。

基本泊松分布的回归模型如下:

$$\ln(\lambda_i) = \beta_0 + \beta_1 x_1 + \beta_2 x_2 + \cdots + \beta_k x_k \qquad (A8.1)$$

其中,$\lambda_i$ 是事件 $i$ 的期望值(平均次数),$x$ 是自变量,$\beta$ 是对应的回归系数。注意,上式左边是因变量的对数变换形式。观察到的事件次数 $y_i$,中值估计为 $\lambda_i$,其概率服从泊松分布:

$$\Pr(Y_i = y_i) = \frac{e^{-\lambda_i} \lambda_i^{y_i}}{y_i!} \qquad (A8.2)$$

表示事件次数的期望分布决定于中值估计 $\lambda_i$。

以犯罪为例,人们感兴趣的往往是各地区的犯罪率而不是犯罪事件数量。如果用 $n_i$ 表示地区 $i$ 的人口数,则犯罪率为 $\lambda_i/n_i$,针对犯罪率的回归模型可以记为:

$$\ln(\lambda_i/n_i) = \beta_0 + \beta_1 x_1 + \beta_2 x_2 + \cdots + \beta_k x_k$$

也就是,

$$\ln(\lambda_i) = \ln(n_i) + \beta_0 + \beta_1 x_1 + \beta_2 x_2 + \cdots + \beta_k x_k \qquad (A8.3)$$

与(A8.1)式中泊松回归模型相比,上式右边加上了人口数 $n_i$,只不过其回归系数固定为1。这样,回归模型就由原来针对犯罪数的分析转换成了对犯罪率的分析。这类泊松回归模型,把各样本的人口数作为标准化的基数,求解方法可以在许多统计分析软件包中找到,如 SAS 中的

PROC GENMOD 程序，LIMDEP 软件等。

注意泊松分布的方差是事件的平均次数 $\lambda$，其标准差为 $SD_\lambda=\sqrt{\lambda}$。事件的平均次数 $\lambda$ 等于发生率 $r$ 与人口数 $n$ 的乘积，即 $\lambda=rn$。当一个变量除以一个常数时，其标准差也要除以这个常数，因此，事件发生率 $r$ 的标准差可以表示为：

$$SD_r = SD_\lambda/n = \sqrt{\lambda}/n = \sqrt{rn}/n = \sqrt{r}/\sqrt{n} \qquad (A8.4)$$

上式表明，事件发生率 $r$（如犯罪率）的标准差与人口数 $n$ 成反比，这就是本章第 8.1 节中讨论过的误差变化的异质问题，也就是说，人口数越大，事件发生率的估算越可靠。泊松回归分析就是基于人口基数大的地区事件发生率较为精确可靠这一特征的。

# 第九章 空间聚类、空间回归及其在地名、癌症和谋杀犯罪研究中的应用

空间聚类分析可以探测事件在时间、空间上集聚或分布的非随机性。事件的非随机性表明其空间分布存在着自相关性，而空间自相关性又要求在回归分析中利用特有的空间回归法。空间聚类分析和空间回归问题早在几十年前就已经提出来了，但由于其计算量较大，最初应用十分有限。随着计算能力的提高，特别是 GIS 技术的广泛运用，这方面的应用软件（包括一些免费软件）的开发也发展很快，从而大大激发了人们的研究兴趣，拓展了这类方法的应用领域。本章将讨论空间聚类分析和空间回归，介绍相关空间分析软件包的使用方法。

空间聚类分析在犯罪和健康研究中应用十分广泛。在犯罪研究方面，就是通常所说的"热点区"(hot-spot)分析。犯罪学家的研究表明，犯罪活动在空间上存在局部集中，形成"热点区"，其特征有：① 明显表现在某些犯罪类型上，如毒品交易（Weisburd and Green，1995）；② 分布在某些特定地段，如贫民窟、酒吧；③ 在某些地段某类犯罪行为呈现出高峰值，如公交车站或交通中转站的盗窃行为（Block，1995）。分析"热点区"对于警察和其他反犯罪机构大有益处，有助于他们将目标锁定在有限的区域之内。空间聚类另一方面的应用是与健康相关的研究。某种疾病是否在空间上表现出某种集聚态势？它的发病率在哪些地方高、哪些地方低？一些地区某种疾病的发病率高，可能是正常的随机波动引起的，并无一定的成因。一般只有当高发病率在空间分布上具有统计显著性时，才有一定的研究意义（Jacquez，1998）。因此，空间聚类分析是许多探索性研究中基本的又十分有效的第一步，如果研究发现某种疾病确实存在着空间集聚，那就需要更深入细致地调查、抽样观测和开展疾控工作。

空间聚类分析可以分为基于点和基于面两种方法。基于点的方法需要事件准确的地理位置,基于面的方法用的是地区内平均发病率。到底用哪种方法,关键取决于数据,基于点的方法并不总是优于基于面的方法(Oden et al.,1996)。本章的第 9.1 节讨论基于点的空间聚类分析理论。第 9.2 节是相应的案例,分析中国南部地区台语地名的空间分布特征。第 9.3 节讲解基于面的空间聚类分析理论。第 9.4 节中给出了相应的案例,分析伊利诺伊州各种癌症的空间分布。当前 ArcGIS 软件中的空间统计分析功能还很有限,只能实现基于面的空间聚类分析,其他软件如 CrimeStat(Levine,2002)也具有类似的功能。我们利用 SaTScan 软件包实现基于点的空间聚类分析。第 9.5 节介绍空间回归方法。第 9.6 节介绍在 GeoDa 软件包上如何实现,并通过研究芝加哥市谋杀犯罪率的空间差异来讲解空间回归法的应用。第 9.7 节为本章小结。

除 ArcGIS 软件外,SaTScan 和 GeoDa 软件包都可以免费下载。具体的空间聚类分析和空间回归分析方法还很多,本章仅仅通过三个案例,介绍一些常用的方法。

## 9.1 基于点的空间聚类分析

基于点的空间聚类方法可以归结为两大类,即全局聚类检验(tests for global clustering)和局部聚类检验(tests for local clusters)。

### 9.1.1 基于点的全局聚类检验

全局聚类检验用于分析研究对象在整个区域内是否具有空间集聚性。将所有观察个体区分为事件和非事件两类(如疾病研究中,事件就是病例,非事件就是未患病的个体)。以怀特莫等(Whittemore et al.,1987)提出的全局聚类检验指标为例,先计算事件之间的平均距离,再计算所有个体之间的平均距离。如果前者比后者低,则表明事件在空间上存在集聚。当研究区的中心地区具有丰富的病例资料时,这个方法比较有效,但如果病例分散在外围地区,则此方法效果不佳(Kulldorff,1998:53)。另有学者(Cuzick and Edwards,1990)提出的方法是,针对每个病例搜寻其邻近的 $k$ 个样本,然后检验这 $k$ 个样本中的病例数是否比随机分布状态下的病例更多。其他学者(Diggle and Chetwynd,1991;Grimson and Rose,1991)也创立了一些基于点的全局聚类检验方法,这里就不介绍了。

### 9.1.2 基于点的局部聚类检验

对于大多数研究而言,确定空间集聚的具体位置或局部集聚也是十分重要的。研究区即使在全局聚类检验中没有统计显著性,也可能存在着局部集聚的现象。

欧本休等(Openshaw et al.,1987)开发了"地理分析机"(Geographical Analysis Machine,简称 GAM)。其分析方法是,首先在研究区中生成网格点,然后以网格点为中心画不同半径的圆,最后寻找所含病例显著的圆,称集聚圈。GAM 方法的一个不足之处是,找到的集聚圈数量偏高,也就是含有一些"假集聚圈"(Fotheringham and Zhan,1996),原因是找到的集聚圈重叠性高,圈内所含的部分病例相同,样本互不独立,不适合用泊松分布(要求样本是相互独立的)来检验统计显著性。

比撒格和纽维尔(Besag and Newell,1991)的方法是在病例周围查找是否存在集聚。假如 $k$ 为局部聚类的最小病例数,模型首先从每个病例点出发,识别邻域中含有 $k-1$ 个病例的区域(不包括中心点的病例),然后分析这些区域中的病例总数是否明显地高于其期望值。通常 $k$ 值在3 到6之间,也可先用不同 $k$ 值进行敏感度分析,再选择合适的 $k$ 值。与 GAM 方法类似,这种方法找到的集聚圈也会重叠,但它产生"假集聚圈"的可能性比 GAM 要小,同时计算强度也小一些(Cromley and McLafferty,2002:153)。还有其他人(Rushton and Lolonis,1996)也提出了一些基于点的空间聚类分析方法,这里就不介绍了。

下面讨论库多夫(Kulldorff,1997)提出的空间扫描统计法(spatial scan statistic)及其相关的 SaTScan 软件。SaTScan 是免费软件,由

Kulldorff 的研究组在美国卫生部的资助下开发完成,下载和使用说明请参考网址:http://www.satscan.org。该方法主要用来分析疾病在空间上或时空上的集聚分布,检验其分布是否具有统计显著性。

与 GAM 相似,空间扫描统计法使用圆作为扫描窗口,搜索整个研究区,但它避免了上述的"假集聚圈"问题。扫描窗口半径大小的选取,以圈内样本数占总样本数的比例来确定,从 0% 到 50% 逐步上升。针对每个圈,比较窗口内和窗口外的发病风险,寻找窗口内风险统计上明显高的圈,定义为空间集聚。空间扫描统计法使用泊松(Poisson)分布或伯努利(Bernoulli)分布来判断统计显著性。如果可感人群的数据是基于面的(如各地区的总人数),则选用泊松分布。需要输入的数据是各地区病例和人口总数,以及这些地区(以中心点代表)的坐标。如果是二项分布的数据(即病例与非病例的个体数据),则选用伯努利模型,它要求所有样本的地理坐标,是病例的样本记为 1,非病例的样本记为 0。

例如,在伯努利模型中窗口 $z$ 的似然函数(likehood function)计算如下:

$$L(z,p,q) = p^n(1-p)^{m-n}q^{N-n}(1-q)^{(M-m)-(N-n)} \quad (9.1)$$

其中,$N$ 为研究区中的总病例数,$n$ 为窗口中的病例数,$M$ 为研究区中的非病例数,$m$ 为窗口中的非病例数,$p=n/m$ 为病例在窗口中的概率,$q=(N-n)/(M-m)$ 为病例在窗口外的概率。

对每个窗口,求似然函数的最大值,最可能的集聚圈就是窗口内最不可能为随机分布的圈。这里,最大似然的统计检验是基于蒙特卡洛法。这种方法找到了最可能的第一级集聚圈后,还可能找到与之不重叠的次一级集聚圈。

## 9.2 案例 9A:中国南部地区台语地名的空间聚类分析

本案例是对第三章第 3.2 节和第 3.4 节所述中国南部地区台语地名

研究的扩展。第三章利用空间平滑和空间插值的方法,对台语地名的空间分布进行了可视化显示。图像显示还只是对现象的描述性研究,不能区别台语地名在区域上的分布到底是随机的还是存在集聚性。要回答这个问题,还得依靠严格的空间统计分析。本案例采用基于点的空间聚类分析方法,选用 SaTScan 软件(版本 5.1)来完成。

这个案例使用的数据与案例 3A 和 3B 相同,主要是点图层 qztai。图层属性表中的变量 TAI 值为 1 代表台语地名,值为 0 代表非台语地名。另外,shape 文件 qzcnty 用作绘制背景地图。

1. 用 ArcGIS 准备 SaTScan 软件的数据

在 SaTScan 软件平台下,用伯努利模型执行基于点的空间聚类分析需要定义三个数据文件,即事件文件(包含区位 ID 和每个区位的事件数)、非事件文件(包含区位 ID 和每个区位的非事件数)和坐标文件(包含区位 ID 和对应的笛卡尔坐标或经纬度坐标)。这一步就是在 ArcGIS 中定义好相关属性,然后用 SaTScan 软件的 Import Wizard 读入,产生上述三个文件。

图层 qztai 属性表中的变量 TAI,已经定义了每个区位的事件,其值为 1 正好表示该区位事件数为 1,为 0 表示该区位事件数为 0。如何定义非事件呢?对于这个案例来说很简单,每个区位的非事件数正与事件数相反。在 ArcGIS 中,打开图层 qztai 属性表,增加一个新的变量 NONTAI,并计算 NONTAI = 1 − TAI。如何定义坐标呢?根据如下步骤: ArcToolbox > Coverage Tools > Data Management > Tables > Add XY Coordinates,这样 qztai 的属性表中就添加了两个新变量 X-COORD 和 Y-COORD,代表坐标。将属性表输出成 dBase 文件格式 qztai.dbf。

2. 用 SaTScan 软件执行空间聚类分析

运行 SaTScan 软件,选择 Create New Session,系统弹出一个新的对话框,如图 9.1 所示。

在第一个标签 Input 下,使用 Import Wizard 来定义事件文件(Case File):点击对应 Case File 右边的按钮 > 选择 qztai.dbf 作为输入文

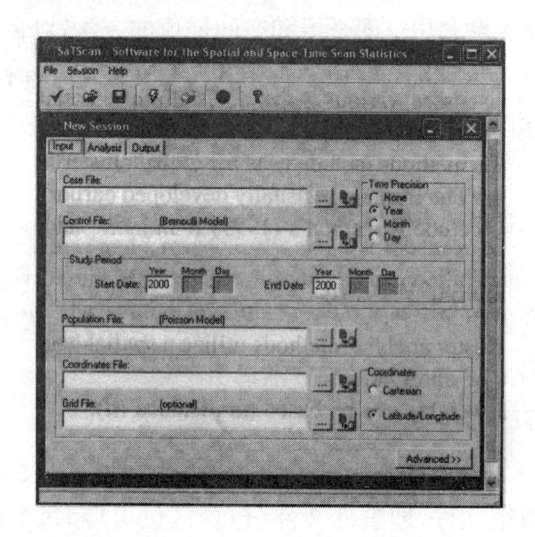

图 9.1　基于点的空间聚类对话框(SaTScan 软件)

件>在 Import Wizard 对话框中,在 Source File Variable 下选 qztai-id 作为 Location ID,选 TAI 作为 Number of Cases。利用类似的方法,定义非事件文件(Control File)和坐标文件(Coordinates File)。

在第二个标签 Analysis 下进行选择操作。在 Type of Analysis 中点击 Purely Spatial 选项,在 Probability Model 中点击 Bernoulli 选项,在 Scan for Areas with 中点击 High Rates 选项。

在第三个标签 Output 下,输入 Taicluster 作为结果输出文件,在 dBase 下点击所有四个选项按钮。

最后,在主菜单 Session 下选择 Execute Ctl+E 来执行空间聚类分析。分析结果保存在文件名含 Taicluster 的几个 dBase 文件中,文件中变量 CLUSTER 用于标志每个区位是否在集聚圈中(=1 为一级集聚圈,=2 为次级集聚圈,=<null> 不在任何集聚圈内)。

3. 分析结果的制图

在 ArcGIS 下,基于关联码(Taicluster. gis. dbf 中的变量 LOC_ID 对应 qztai 属性表中的变量 qztai-id)将 dBase 文件 Taicluster. gis. dbf 连到

图层 qztai 上。图 9.2 中使用高亮符号来突出那些在一级和次级集聚圈内的地名,手工绘制的两个图大致显示了集聚圈的范围。

空间聚类分析确认了台语地名主要集中分布在钦州的西边,在中部还有一小块为次一级的集中地。

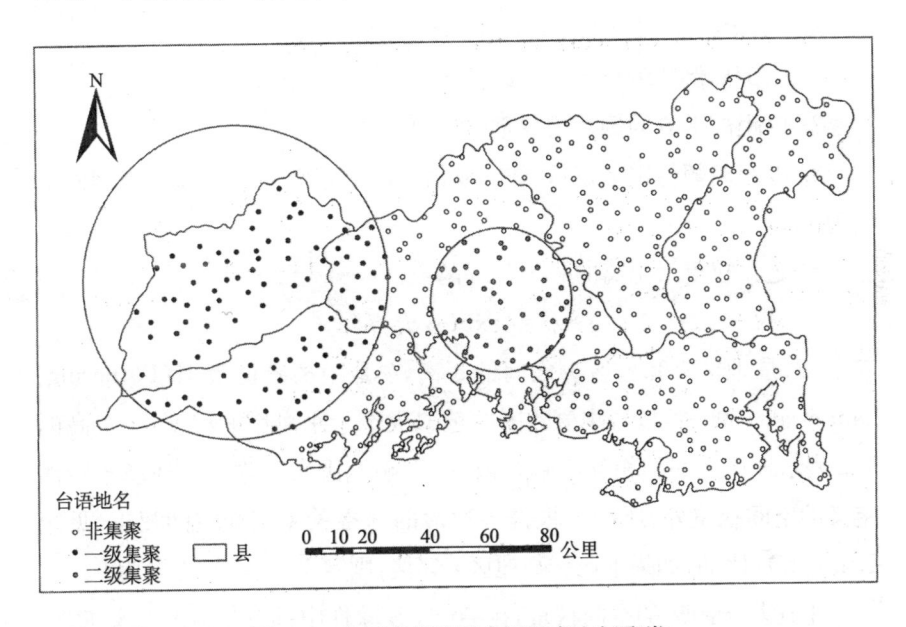

图 9.2　中国南部地区台语地名空间聚类

## 9.3　基于面的空间聚类分析

在这一节中,首先讨论定义空间权重的不同方法,然后介绍两种已经可用 ArcGIS 9.0 计算的统计指数。与基于点的空间聚类分析方法相似,基于面的空间聚类分析方法也有全局检验和局部检验,前者的发现早于后者。基于面的方法还有罗杰申(Rogerson,1999)的 R 统计值(Wang,2004)和其他方法,这里就不再讨论了。

### 9.3.1 空间权重定义方法

基于面的空间聚类分析利用空间权重来定义各个观察对象之间的空间关系。

基于距离来定义空间权重，方法有：

1. 以距离倒数为权重（$1/d$）。
2. 以距离平方的倒数为权重（$1/d^2$）。
3. 以距离阈值定义权重（如在阈值范围内定义为 1，在阈值范围外定义为 0）。
4. 定义权重为距离的一个连续函数：

$$w_{ij} = \exp(-d_{ij}^2/h^2)$$

其中，$d_{ij}$ 是地区 $i$ 和地区 $j$ 之间的距离，$h$ 是距离阈值范围（Fotheringham et al.，2000:111），阈值范围的选取决定于距离影响程度，一个高的 $h$ 值表示地区之间的相互影响距离远，影响范围大。除了上述基于距离定义的空间权重外，还可以根据多边形的邻接关系定义空间权重（见第 1.4.2 节），比如，如果地区 $j$ 与地区 $i$ 邻接，则定义 $w_{ij}=1$，否则为 0。

上述基于距离的空间权重，在 ArcGIS 软件中都有相应的定义工具，具体是在"Conceptualization of Spatial Relationships"（定义空间关系）的时候选定的。ArcGIS 中可选的前三项为"Inverse Distance"、"Inverse Distance Squared"和"Fixed Distance Band"分别对应着上述的"距离倒数"、"距离平方倒数"和"距离阈值"这三种空间权重定义方法。第四项为"Zone of Indifference"，指给定一个距离阈值，在阈值范围内由距离倒数定义空间权重，在范围之外定义为 0。上述几种方法都使用地区的几何中心来代表，所谓"以点代面"，距离既可以是欧氏距离，也可以是曼哈顿距离。最后面的"Get Spatial Weights From File"是指调用事先已经定义好的空间权重文件，空间权重文件应包含三项，目标区 ID、相关区 ID 和权重值（可以根据行进距离、时间、成本来定义，也可以根据多边形的邻接关系来定义）。

ArcGIS 9.0 的 Spatial Statistics Tools(空间统计工具包)还只限于基于距离来定义空间权重。新版的 ArcGIS 9.2 新增选项"Polygon Contiguity(First Order)"是基于多边形 R 邻接来定义空间权重。GeoDa 软件可以选用两种多边形的邻接(包括 R 邻接和 Q 邻接)来定义空间权重,并可计算相关的空间聚类指数。

### 9.3.2 基于面的全局聚类检验

莫兰 I(Moran's I)指数(Moran,1950)是最早应用于全局聚类检验的方法(Cliff and Ord,1973)。它检验整个研究区中邻近地区间是相似、相异(空间正相关、负相关),还是相互独立的。莫兰 I 指数计算公式如下:

$$I = \frac{N \sum_i \sum_j w_{ij}(x_i - \overline{x})(x_j - \overline{x})}{\left(\sum_i \sum_j w_{ij}\right) \sum_i (x_i - \overline{x})^2} \tag{9.2}$$

这里,$N$ 是研究区内地区总数,$w_{ij}$ 是空间权重,$x_i$ 和 $x_j$ 分别是区域 $i$ 和 $j$ 的属性,$\overline{x}$ 是属性的平均值。

莫兰 I 指数可以看做是观察值与它的空间滞后(Spatial Lag)之间的相关系数。变量 $x$ 的空间滞后是 $x$ 在邻域 $j$ 的平均值,定义为:

$$x_{i,-1} = \sum_j w_{ij} x_j / \sum_j w_{ij} \tag{9.3}$$

因此,莫兰 I 指数值处于 $-1$ 到 $1$ 之间,值接近 $1$ 时表明具有相似的属性集聚在一起(即高值与高值相邻、低值与低值相邻);值接近 $-1$ 时表明具有相异的属性集聚在一起(即高值与低值相邻、低值与高值相邻)。如果莫兰 I 指数接近于 $0$,则表示属性是随机分布的,或者不存在空间自相关性。

与莫兰 I 指数相似,吉瑞 C 指数(Geary's C)(Geary,1954)也是全局聚类检验的一个指数。计算莫兰 I 指数时,用的是中值离差的叉乘,但是,吉瑞 C 强调的是观察值之间的离差,其公式为:

$$C = \frac{(N-1) \sum_i \sum_j w_{ij}(x_i - x_j)^2}{2\left(\sum_i \sum_j w_{ij}\right) \sum_i (x_i - \overline{x})^2} \tag{9.4}$$

吉瑞C指数值通常在0到2之间,虽然2不是一个严格的上界。其值为1时,表示属性的观察值在空间上是相互独立的,值在0到1之间时表示空间正相关,值在1到2之间时表示空间负相关。因此,吉瑞C指数与莫兰I指数刚好相反。吉瑞C指数有时也称为G系数(Getis-Ord general G),例如在ArcGIS中就用这个名区分在局部聚类分析中使用的指数$G_i$ statistic。

可以通过随机化的方法来检验莫兰I指数和吉瑞C指数的统计显著性。

在ArcGIS 9.0软件新增的空间统计工具包中,提供了莫兰I指数和吉瑞C指数的计算功能,具体步骤是:ArcToolbox＞Spatial Statistics Tools＞Analyzing Patterns＞选 Spatial Autocorrelation（Moran's I）计算莫兰I,选High-Low Clustering (Getis-Ord General G)计算吉瑞C。GeoDa和CrimeStat软件包中也有莫兰I指数和吉瑞C指数的计算工具。

### 9.3.3 基于面的局部聚类检验

安索林(Anselin,1995)提出了一个局部莫兰指数(Local Moran Index),或称LISA(Local Indicator of Spatial Association),用来检验局部地区是否存在相似或相异的观察值聚集在一起。区域$i$的局部莫兰指数用来度量区域$i$和它邻域之间的关联程度,定义为:

$$I_i = \frac{(x_i - \overline{x})}{s_x^2} \sum_j [w_{ij}(x_j - \overline{x})] \qquad (9.5)$$

其中,$s_x^2 = \sum_j (x_j - \overline{x})^2 / n$是方差,其他符号与式(9.2)中的相同。注意式中对$j$的累加不包括区域$i$本身,即$j \neq i$。正的$I_i$表示一个高值被高值所包围(高—高),或者是一个低值被低值所包围(低—低);负的$I_i$表示一个低值被高值所包围(低—高),或者是一个高值被低值所包围(高—低)。

类似地,格迪思和欧德(Getis and Ord,1992)开发了一个吉瑞C指数的局部聚类检验版本,称之为 $G_i$ 指数($G_i$ statistic),用来检验局部地区是否存在统计显著的高值或低值。$G_i$ 指数的定义如下:

$$G_i^* = \frac{\sum_j (w_{ij} x_j)}{\sum_j x_j} \qquad (9.6)$$

公式中的符号与 (9.5) 式相同,同样地,式中对 $j$ 的累加不包括区域 $i$ 本身,即 $j \neq i$。这个指数用来检验局部地区是否有高值或低值在空间上趋于集聚。高的 $G_i$ 值表示高值的样本集中在一起,而低的 $G_i$ 值表示低值的样本集中在一起。$G_i$ 指数还可用于回归分析中的空间滤值处理,解决空间自相关问题(Getis and Griffith,2002),详见附录9。

局部莫兰指数和 $G_i$ 指数也可以通过随机化的方法来检验其统计显著性。

在 ArcGIS 中,计算局部莫兰指数和 $G_i$ 指数的具体步骤是,ArcToolbox > Spatial Statistics Tools > Mapping Clusters > 选 Cluster and Outlier Analysis(Anselin Local Morans I)计算局部莫兰指数,选 Hot Spot Analysis(Getis-Ord $G_i^*$)计算 $G_i$ 指数。计算结果可以分别通过"Cluster and Outlier Analysis with Rendering"和"Hot Spot Analysis with Rendering"的工具来绘图显示。GeoDa 和 CrimeStat 软件包也能计算局部莫兰指数,但不能计算 $G_i$ 指数。

在应用中,空间聚类分析的各种指数值和相应的统计检验都具有重要意义。例如,沈青(Shen,1994:177)在分析旧金山地区各社区控制发展政策的影响时,利用莫兰 I 指数检验了两种理论。第一种理论是,那些制定并实施控制发展政策(以防止人口大量迁入导致的交通堵塞、学校拥挤、环境恶化等问题)的社区往往是很吸引人的地方,很多人不能迁入这些社区,只好在其邻近的社区(条件也不错但没有控制发展)找地方住下来,这样一来,实施控制发展政策的人口低增长地区就邻近于无控制发展政策的、次优的高增长地区,在空间分布上表现为负自相关。第二种理论与所谓的 NIMBY(Not In My Backyard,即"不在我后院")现象有关,控制发展的社区也不让其相邻的社区发展太快,这样低增长社区会聚集在一起,而一些鼓励发展的社区也聚集在一起,在空间分布上表现为正自相关。究竟哪一种理论更有说服力?哪一种现象更明显?就得靠空间聚类分析和严谨的统计检验来判断。

## 9.4 案例 9B:空间聚类分析在伊利诺伊州癌症分布研究中的应用

案例中的资料来自伊利诺伊州公共卫生厅的癌症登记中心(Illinois State Cancer Registry, ISCR),网址为 http://www.idph.state.il.us/about/epi/cancer.htm,我们具体要用的只是其中以县为单元的数据。ISCR 每年公布一次全州的癌症病例数据,但为保护病人家庭隐私权,数据中病例的诊断时间只告诉其所在的 5 年段,如 1986～1990 年,1987～1991 年等,而不是具体的年度。本案例使用的是 1996～2000 年的资料。为了方便,我们只是简单地计算各县癌症病例的总数和发病率,并没有细分年龄、性别、种族和其他因子等具体情况。本研究将分析 4 种高发病率的癌症,即乳腺癌、肺癌、肠癌和前列腺癌。ISCR 提供癌症资料的同时,还发布了每县每年的人口资料,我们取 1996～2000 年 5 年间的平均人口值。

资料经整理后生成图层 ilcnty,包含有 6 个变量,其中县标识项不参加分析,其他 5 项为:POPU9600(1996～2000 年人口平均值)、COLONC(5 年内肠癌病例总数)、LUNGC(5 年内肺癌病例总数)、BREASTC(5 年内乳腺癌病例总数)和 PROSTC(5 年内前列腺癌病例总数)。

1. 癌症发病率的计算与制图

在 ArcGIS 中打开图层 ilcnty 的属性表,增加变量 COLONRAT、LUNGRAT、BREASTRAT 和 PROSTRAT,分别代表肠癌、肺癌、乳腺癌和前列腺癌的发病率。癌症发病率一般以每 10 万人为单位计算,比如肠癌 5 年内发病率的计算公式为 COLONRAT = 100000 * COLONC/POPU9600。表 9.1 总结了 1996～2000 年间各县癌症的基本统计数据。

注意,全州发病率是由州内总病例数除以州人口总数得来的,不同于各县发病率的平均值。

表 9.1　1996~2000 年伊利诺伊州各县癌症发病率(每 10 万人)

| 癌症类型 | 全州发病率 | 各县平均 | 最小值 | 最大值 | 标准差 |
| --- | --- | --- | --- | --- | --- |
| 乳腺癌 | 351.23 | 384.43 | 225.59 | 596.59 | 66.28 |
| 肺癌 | 349.09 | 446.77 | 228.73 | 758.82 | 119.38 |
| 肠癌 | 288.30 | 374.60 | 205.93 | 584.13 | 80.66 |
| 前列腺癌 | 316.82 | 369.09 | 198.74 | 533.26 | 83.33 |

下面仍以肠癌为例说明各个分析步骤。图 9.3 显示了伊利诺伊州各县在 1996~2000 年间的肠癌发病率分布图。图中第一类图例显示的是发病率比州发病率(288.3)低的县,主要在东北角上的芝加哥大都市区。第二类图例显示的是发病率在州发病率(288.3)与各县平均值(374.6)之间的县。另两类图例显示的是更高的肠癌发病率,分布在东南角,西部也有一部分。

2. 计算全局聚类检验指数

在 ArcToolbox 工具包中选择 Spatial Statistics Tools > Analyzing Patterns >选择 High-Low Clustering(Getis-Ord General G)工具,弹出对话框如图 9.4 所示,选择面图层 ilcnty 作为输入要素(Input Feature Class),定义其中的 COLONRAT 为输入变量(Input Field),选中"Display Output Graphically",其他项使用缺省值即可(如在"Conceptualization of Spatial Relationships"列表中使用"Inverse Distance")。分析结果在图形窗口中显示信息"全局空间聚类为随机分布的可能性小于 5%",也就是说,肠癌发病率在空间上存在集聚性,其统计显著性高于 5%(百分比越低越显著)。相关的统计指数见表 9.2。

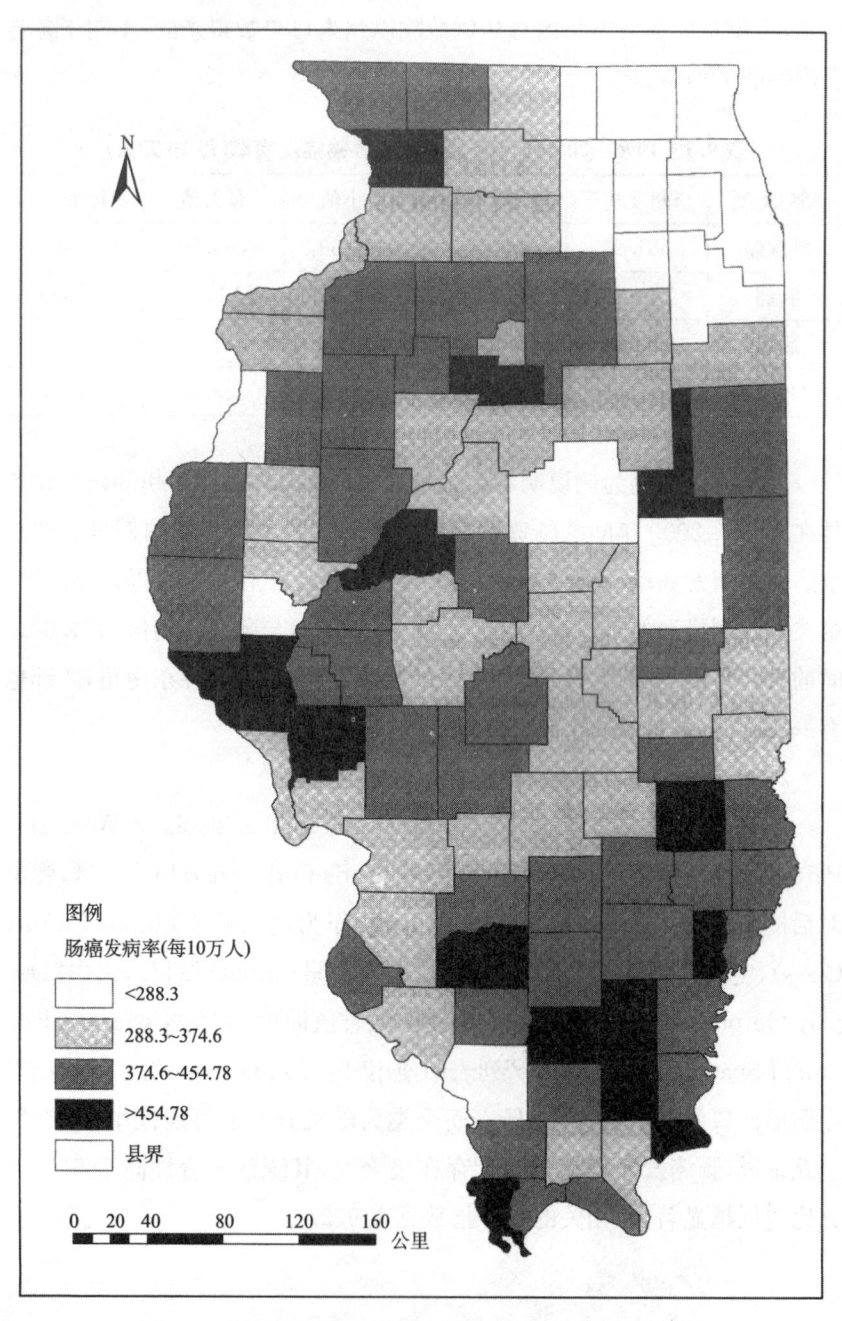

图 9.3 伊利诺伊州各县 1996~2000 年肠癌发病率聚类

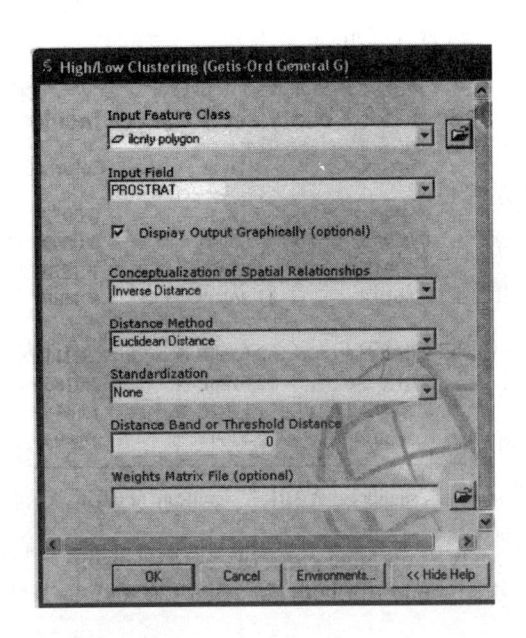

第九章 空间聚类、空间回归及其在地名、癌症和谋杀犯罪研究中的应用 219

图 9.4 计算 G 系数(Getis-Ord General G)的 ArcGIS 对话框

表 9.2 癌症发病率的全局聚类分析结果($n=102$)

| 空间聚类指标 | | 乳腺癌 | 肺癌 | 肠癌 | 前列腺癌 |
|---|---|---|---|---|---|
| 莫兰 I 指数 | 指标值 | 0.0426 | 0.1211 | 0.0932 | 0.0696 |
| | 期望值 | −0.0099 | −0.0099 | −0.0099 | −0.0099 |
| | 方差 | 1.3234E-4 | 1.330E-4 | 1.3270E-4 | 1.3384E-4 |
| | Z 值 | 4.5619*** | 11.3630*** | 8.9489*** | 6.8706*** |
| G 系数 | 指标值 | 2.0320E-6 | 2.0508E-6 | 2.0411E-6 | 2.0402E-6 |
| | 期望值 | 2.0186E-6 | 2.0186E-6 | 2.0186E-6 | 2.0186E-6 |
| | 方差 | 7.3044E-17 | 1.7702E-16 | 1.1436E-16 | 1.2590E-17 |
| | Z 值 | 1.5662 | 2.4209* | 2.0993* | 1.9257 |

注：*** 表示 0.001 的显著度；** 表示 0.01 的显著度；* 表示 0.05 的显著度。

选择"Spatial Autocorrelation(Moran's I)"工具，重复上面的步骤，可以计算全部莫兰 I 指数，其结果同样表示肠癌发病率空间上存在集聚性,统计显著性更高(在 1% 的水平上)。

吉瑞 C 指数(Getis-Ord general G)和莫兰 I 指数都采用正态分布的 $z$ 统计检验,即 $z=$(统计指数－期望值)$/\sqrt{方差}$。如果 $z$ 值大于关键值 1.960 时,统计显著性在 5% 水平;如果 $z$ 值大于关键值 2.576 时,统计显著性在 1% 水平。例如,针对肠癌发病率计算的莫兰 I 指数为 0.09317,期望值为 $-0.0099$,方差为 0.0001327,可以计算出 $z=(0.09317-(0.0099))/\sqrt{0.0001327}=8.9489$,这时 $z$ 值大于 2.576,表明统计显著性水平在 1% 之上。

根据上面的步骤计算其他癌症的发病率和相关的空间统计指数,表 9.2 为分析结果。从表中可以看出,两种全局聚类指数都表明肺癌的 $z$ 值最高,具有最强的空间聚类特征,其次为肠癌、前列腺癌和乳腺癌。同时还可以看出,基于吉瑞 C 指数(general G)的统计显著性比基于莫兰 I 指数的弱一些。

3. 计算局部莫兰指数和局部 $G_i$ 指数

在 ArcToolbox 中,选 Spatial Statistics Tools>Mapping Clusters>Cluster and Outlier Analysis(Anselin Local Morans I),弹出对话框。输入类似于第 2 步的图层和属性变量,定义输出图层为 Colon_Lisa。计算结果在输出图层中增加了几项参数,其中 LmiInvDst 为局部莫兰指数(用距离倒数定义的空间权重),LmzInvDst 为对应的 $z$ 值。可以直接利用局部莫兰指数(LmiInvDst)来绘图,也可以利用另一个工具"Cluster and Outlier Analysis with Rendering"来制图。局部莫兰指数只是表示属性相似(莫兰指数值为正)或相异(莫兰指数值为负)的观察值集聚在一起,并不表示属性值(癌症发病率)究竟是高还是低。由于我们一般感兴趣的是那些发病率高的地区,因此,可以首先将发病率低于全州发病率(288.3)的县排除在外,然后对那些高发病率的县分类显示。图 9.5 显示主要的高发病率集聚区分布在东南角上。

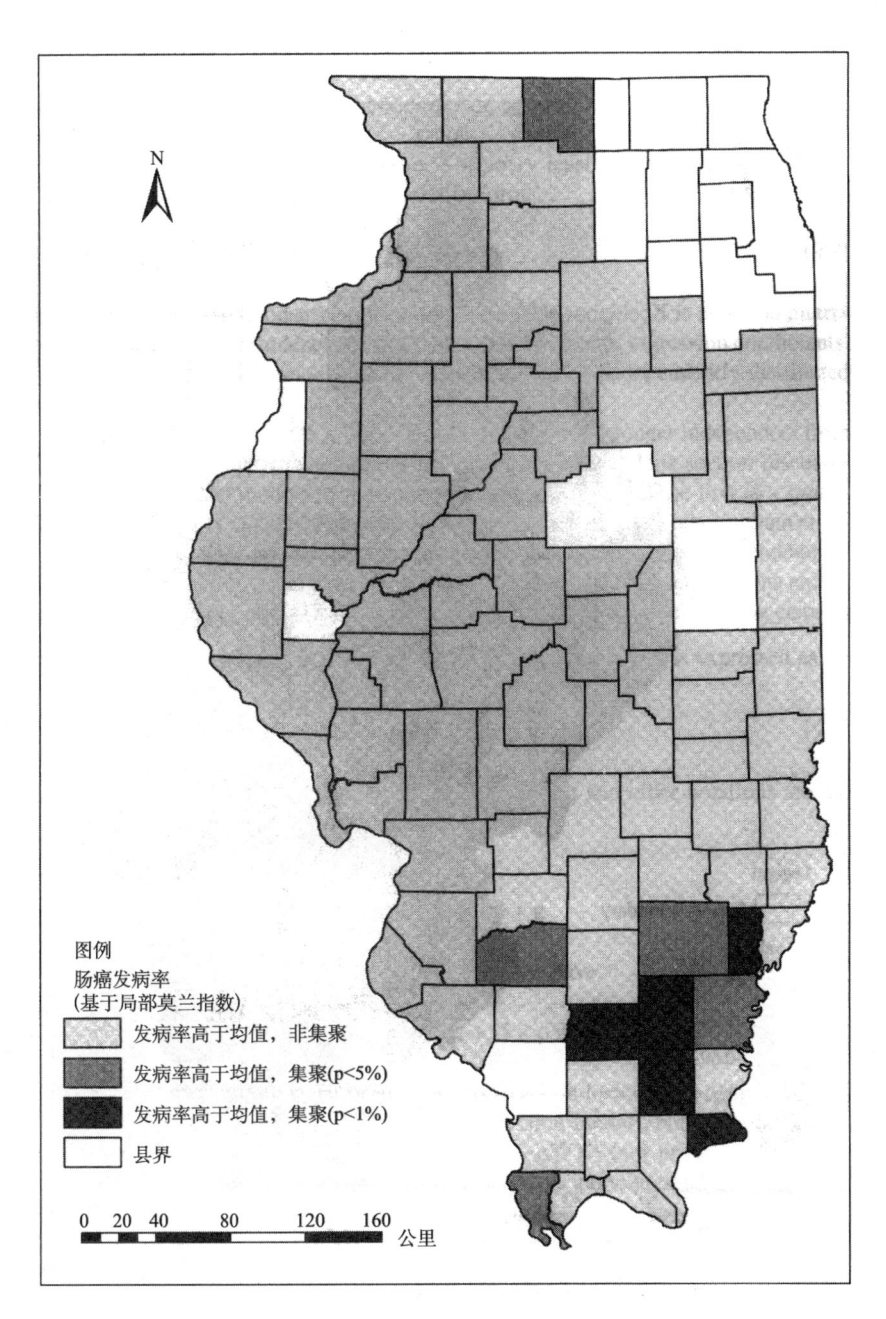

图 9.5 基于局部莫兰指数确定的肠癌发病率聚类

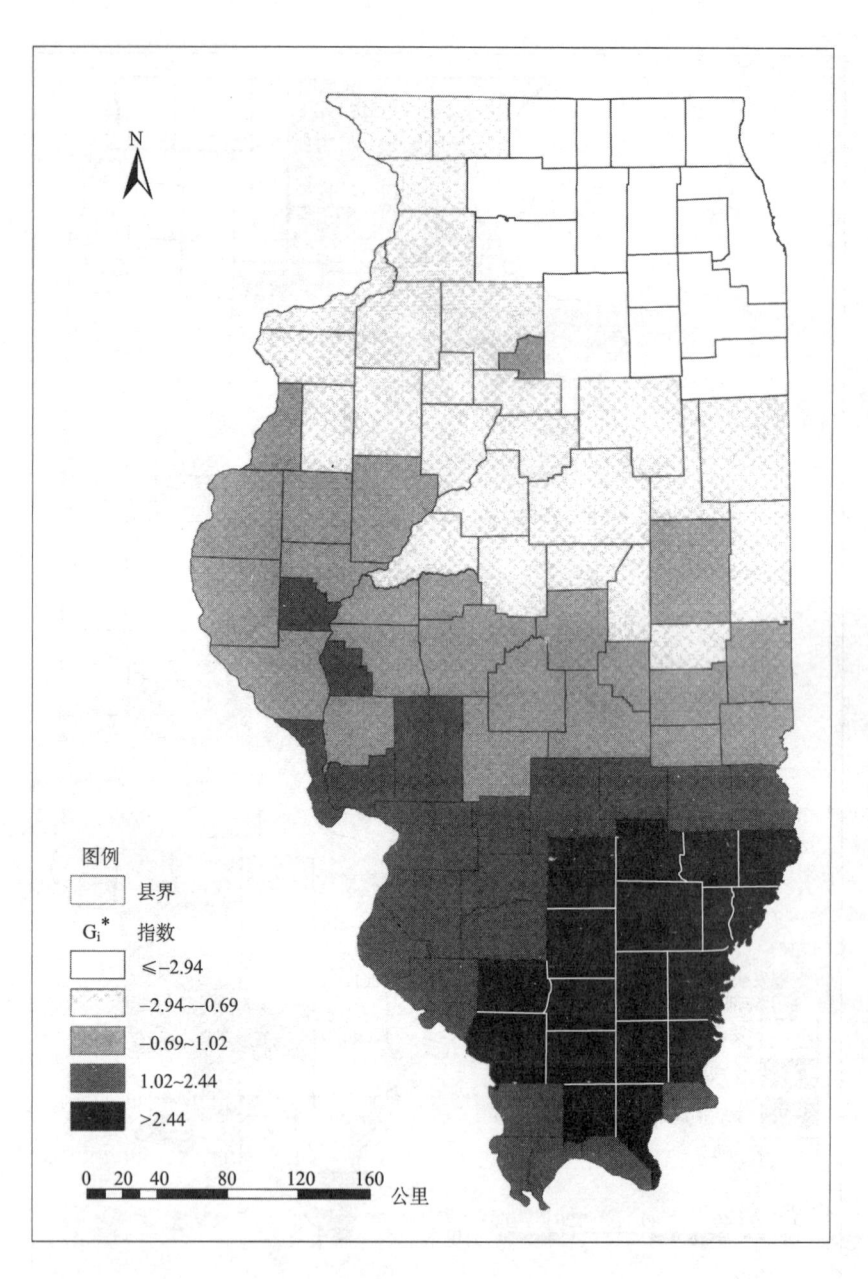

图 9.6 基于 $G_i^*$ 指数的肠癌热点区

利用"Hot Spot Analysis (Getis-Ord $G_i^*$)"工具重复上面的步骤,可以计算 $G_i^*$ 指数。在输出结果中,增加了一个新变量 GiInvDst,存放 $G_i^*$ 指数。高的 $G_i^*$ 指数表示高发病率的集聚区(热点),而低的 $G_i^*$ 指数表示低发病率的集聚区(冷点)。图 9.6 显示了用 $G_i^*$ 指数分析肠癌空间分布的结果。

## 9.5 空间回归分析方法

空间聚类分析用来探测空间自相关性,而空间自相关就是变量的观察值与地理位置相关(比如高值与高值在一起,低值与低值在一起)。在变量没有空间自相关的情况下,即空间上相互独立时,可以使用通常的 OLS 回归模型(参见第六章附录 6B)来进行分析。如果变量的观察值存在空间自相关时,则需要使用空间回归模型。

一般回归模型用矩阵形式表示为:

$$y = X\beta + \varepsilon \tag{9.7}$$

式中 y 是因变量,写成 n 个观察值的向量形式;X 代表 m 个自变量,每个自变量有 n 个观察值,所以是一个 $n \times m$ 的矩阵;$\beta$ 是对应于 m 个自变量的回归系数,也写作向量形式;$\varepsilon$ 是随机误差向量,或称残差向量,残差向量的分布要求是相互独立的且中值为 0。

当空间自相关存在时,残差就不再相互独立,所以 OLS 回归模型不再适用,本节主要讨论两个常用的最大似然估计法,来解决这种空间自相关的情况。第一个为空间滞后模型(Spatial Lag Model,参见 Baller et al.,2001),或称空间自回归模型(spatially autoregressive model,参见 Fotheringham et al.,2000:167)。模型的右边加了一个"自变量",是因变量 y 邻域的平均值,即 y 的空间滞后,许多文献中写成 $y_{-1}$。用矩阵 W 表示空间权重,空间滞后可以表示为 $Wy$,其定义与前面的 9.3 式相同,矩阵 W 的第 i 行和第 j 列的值为 $w_{ij}/\sum_j w_{ij}$。空间回归的滞迟模型可以写成以下公式：
$$y = \rho W y + X\beta + \varepsilon \qquad (9.8)$$
其中，$\rho$ 为空间滞后变量的回归系数，其他变量和参数与(9.7)式定义相同。

重新组织(9.8)式可以写成：
$$(I - \rho W)y = X\beta + \varepsilon$$
假如矩阵$(I-\rho W)$是可逆的，则上式可变为：
$$y = (I - \rho W)^{-1} X\beta + (I - \rho W)^{-1} \varepsilon \qquad (9.9)$$
上式是空间滞后模型的终结式(reduced form)。可以看出，每个在 $i$ 地区的值 $y_i$ 不仅仅与这个地区的 $x_i$ 有关(就像一般的回归分析那样)，同时，通过乘以一个空间因子$(I-\rho W)^{-1}$，也受其他地区的 $x_j$ 值影响。这个模型与时间序列分析中的自回归模型(autoregressive model)不同，它不能用 SAS 中的时间序列分析程序如 AR 或 AMAR 来计算。

第二个考虑到空间自相关的回归模型为空间残差模型(spatial error model，参见 Baller et al.,2001)，或称为空间移动平均模型(spatial moving average model，参见 Fotheringham et al.,2000:169)，或 SAR 模型(simultaneous autoregressive model，参见 Griffith and Amrhein,1997:276)。前面述及的空间滞后模型强调因变量在空间上是自相关的，而空间残差模型把残差看做是空间上自相关的。模型表述为：
$$y = X\beta + u \qquad (9.10)$$
其中，残差 $u$ 又可用它的空间滞后来表示，也就是：
$$u = \lambda W u + \varepsilon \qquad (9.11)$$
这里，$\lambda$ 是空间残差自回归系数，剩余的第二个残差项 $\varepsilon$ 是相互独立的随机误差。

解方程(9.11)得到 $u$，代入 (9.10)，得到终极模型：
$$y = X\beta + (I - \lambda W)^{-1} \varepsilon \qquad (9.12)$$
上式说明每个地区 $i$ 的值 $y_i$ 是受所有其他地区 $j$ 上的随机误差 $\varepsilon_j$ 影响，影响系数为$(I-\lambda W)^{-1}$。

无论是(9.9)式的空间滞后模型,还是(9.12)式的空间残差模型,都可用最大似然法来测算(Anselin and Bera,1998),下一节的案例研究将演示这两种模型在 GeoDa 软件上的实现(参见 Anselin,2001)。安索林(Anselin,1988)讨论了用几种统计指数来衡量到底什么情况下更适合用哪种模型,可是实践中很难分出来(Griffith and Amrhein,1997:277),其实二者差别不大。

## 9.6 案例 9C:芝加哥谋杀犯罪研究中的空间回归分析

本节继续分析第八章介绍过的芝加哥市谋杀犯罪案例。第八章中的案例 8 使用了常用的 OLS 回归方法,而这一章将使用空间回归方法来控制空间自相关问题。

除了在案例 8 中使用的多边形图层 citytrt 以外,随书光盘还提供了本案例要用到的一个多边形图层 CityCom,它包含芝加哥市的 77 个社区(community areas),不包括 O'Hare 机场。

关于图层 citytrt 的属性信息,请参考第八章第 8.4 节中的详细描述,另外说明一下,属性表中的变量 comm 是用来标识每个人口普查区到底是属于哪个社区的,就是图层 citycom 中的"社区"。我们将用这两个地理单元(也就是人口普查区和社区)来继续分析芝加哥市的就业便捷度和谋杀犯罪率之间的关系。有兴趣的读者,还可以利用第八章尺度空间聚类分析生成的新地理单元练习更多的空间回归分析。正如作者(Wang,2005)所做的,分析所用的空间单元不断扩大,从人口普查区增大到第一级聚类区,再增大到第二级聚类区,最后到社区,形成一个研究芝加哥市谋杀犯罪的多级空间单元系列。

### 9.6.1 用 GeoDa 软件进行基于人口普查区的空间回归分析

1. 空间回归分析之前的准备工作

如果没有做完第八章中的案例分析,那么按第 8.4 节中的第 1 步、第

2 步,生成一个 shape 格式的图层文件 citytract,其属性表有 845 个人口普查区,含有变量 Lhomirat,是谋杀犯罪率的对数值。

2. 用 GeoDa 定义空间权重

启动 GeoDa 软件,根据以下操作路线,Tools > Weights > Create,激活定义空间权重的对话框,如图 9.7 所示。在对话框中选择文件 citytract.shp 作为输入文件,键入文件名 tract 作为输出文件,选择 Queen Contiguity(多边形邻域关系)来定义空间权重,最后按 Create 执行。生成的空间权重文件为 tract.GAL。

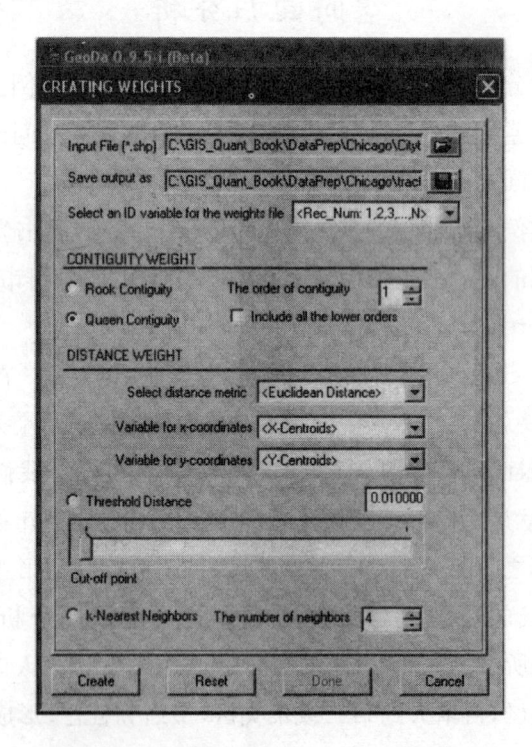

图 9.7 确定空间权重的 GeoDa 软件对话框

3. 在 GeoDa 中执行 OLS 回归分析

在 GeoDa 软件中,选择 Methods > Regress。在 Get DBF File 对话框中选择文件 citytract.dbf 作为输入文件名。在下一个对话框 Regres-

## 第九章 空间聚类、空间回归及其在地名、癌症和谋杀犯罪研究中的应用 227

sion Title & Output 中输入 OLS Regression for Census Tracts 作为报告名称,然后输入 Trt_OLS 作为输出文件名,点击 OK 激活模型构建的对话框,如图 9.8 所示。① 使用按钮">"、"≫"、"<"、"≪"将变量 Lhomirate 从左边的 Select Variable 框中移到右边的 Dependent Variable 框中,从列表框中将变量 factor1、factor2、factor3 和 JA 移到 Independent Variables 框中;② 在模型 Models 选择栏中选 Classic;③ 点 Run 执行分析。结果存在文件 Trt_OLS.OLS 中,见表 9.3,这个分析结果与利用 SAS 软件生成的结果(在表 8.3 中)是相同的。

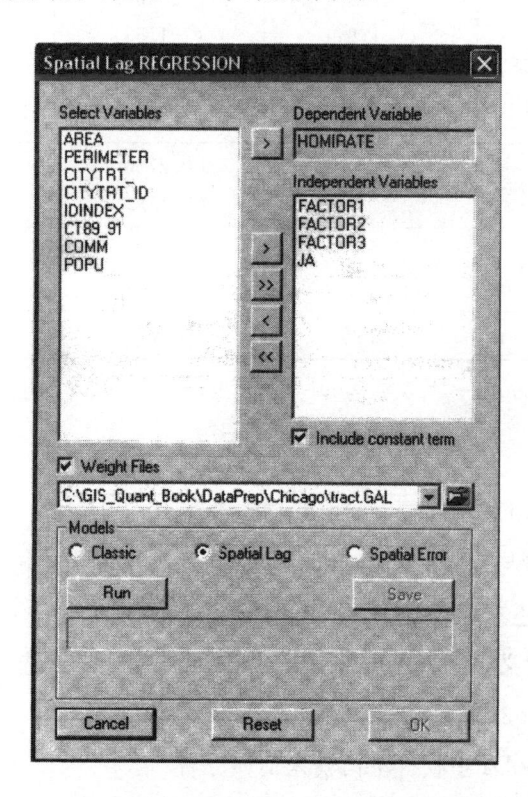

图 9.8 空间回归的 GeoDa 软件对话框

表 9.3 芝加哥谋杀犯罪率的 OLS 回归和空间回归分析结果（$n=845$ 个人口普查区）

| 自变量 | OLS 回归 | 空间滞迟模型 | 空间残差模型 |
|---|---|---|---|
| 截距 | 6.1324<br>(10.87)*** | 4.5338<br>(7.52)*** | 5.8304<br>(8.97)*** |
| 因子一 | 1.2200<br>(15.43)*** | 0.9654<br>(10.91)*** | 1.1777<br>(12.89)*** |
| 因子二 | 0.4989<br>(7.41)*** | 0.4048<br>(6.01)*** | 0.4777<br>(6.01)*** |
| 因子三 | −0.1230<br>(−1.84) | −0.0993<br>(−1.53) | −0.0858<br>(−1.09) |
| 就业便捷度 | −2.9143<br>(−5.41)*** | −2.2056<br>(−4.13)*** | −2.6321<br>(−4.26)*** |
| 空间滞迟($\rho$) |  | 0.2750<br>(5.90)*** |  |
| 空间残差($\lambda$) |  |  | 0.2627<br>(4.82)*** |
| 拟合系数(Sq. Corr.) | 0.395 | 0.424 | 0.415 |

注：括号内为 $t$ 值；*** 表示 0.001 的显著度，** 表示 0.01 的显著度，* 表示 0.05 的显著度。

4. 在 GeoDa 中执行空间时滞回归分析

操作步骤与上面的基本相同，注意定义一个不同的输出结果文件名。另外不同的还有两点：① 在 Weight Files（权重文件）这一项下，选 tract.GAL 定义空间权重文件；② 在 Models（模型）下，选 Spatial Lag，分析结果见表 9.3。

5. 在 GeoDa 中执行空间残差回归分析

操作步骤与上面的基本相同，注意在 Models（模型）下，选择 Spatial Error，分析结果见表 9.3。

由于上述两个空间回归模型都是基于最大似然法来计算的，所以结果中没有 OLS 回归中的 $R^2$，相应的是拟合系数(Sq. Corr.)。

## 9.6.2 用 GeoDa 软件进行基于社区的空间回归分析

1. 准备社区的图层文件

在 ArcMap 中打开图层 citycom,选择 popu > 0 的社区,共有 77 个社区,将结果输出为 shape 文件 citycomm。

2. 将属性数据从人口普查区合并到社区

相关变量(homirate、factor1、factor2、factor3 和 JA),可以从人口普查区图层合并到与之对应的社区图层,具体方法参见第八章第 8.4 节的第 7 步。另外,在社区图层 citycomm 的属性表中增加变量 Lhomirat,并计算 Lhomirat = log(homirate+1)。

3. 定义空间权重并执行回归分析

按照第一部分的第 2 到 5 步,基于社区图层可以定义一个新的空间权重文件 comm.GAL,然后运行 OLS 回归分析、空间迟滞回归和空间残差回归三种分析模型,结果见表 9.4。

表 9.4 芝加哥谋杀犯罪率的 OLS 回归和空间回归分析结果($n=77$ 个社区)

| 自变量 | OLS 回归 | 空间滞迟模型 | 空间残差模型 |
| --- | --- | --- | --- |
| 截距 | 5.5679<br>(5.63)*** | 4.2516<br>(4.07)*** | 5.3882<br>(5.11)*** |
| 因子一 | 1.2415<br>(8.92)*** | 1.0671<br>(7.22)*** | 1.2185<br>(8.44)*** |
| 因子二 | 0.4287<br>(3.45)*** | 0.4095<br>(3.54)*** | 0.4244<br>(3.37)*** |
| 因子三 | −0.3641<br>(−3.40)** | −0.3055<br>(−2.95)** | −0.3657<br>(−3.20)** |
| 就业便捷度 | −1.4246<br>(−1.48) | −1.0768<br>(−1.20) | −1.2599<br>(−1.23) |
| 空间滞迟($\rho$) | | 0.2369<br>(2.45)* | |
| 空间残差($\lambda$) | | | 0.1647<br>(1.01) |
| 拟合系数(Sq. Corr.) | 0.750 | 0.769 | 0.755 |

注:括号内为 $t$ 值;*** 表示 0.001 的显著度,** 表示 0.01 的显著度,* 表示 0.05 的显著度。

### 9.6.3 讨论

可以从表 9.3 和表 9.4 的回归分析结果中,总结几点重要的发现:

1. 在基于人口普查区的分析中,对应于空间迟滞参数 $\rho$ 和空间残差参数 $\lambda$ 的 $t$-统计值都很显著,表示用空间回归取代 OLS 回归是十分必要的。在基于社区的分析中,空间迟滞参数具有 0.05 的统计显著性水平,而空间残差参数则不显著,这表明社区的空间自相关性没有人口普查区的强。也就是说,如果我们用一般的 OLS 方法分析社区的数据,未尝不可。

2. 在基于人口普查区和基于社区的空间回归结果中,从自变量回归系数的正负和显著性水平来看,与 OLS 回归基本是一致的。

3. 在基于人口普查区的回归模型中,就业便捷度差的地区与高谋杀犯罪率是相关的,而且统计上有显著性。作者和合作者(Wang and Minor,2002)在研究克里夫兰市的犯罪现象时,采用了简单的二元回归法,结果表明就业便捷度和各种(包括谋杀)犯罪率有很强的负相关。本案例的结果也是如此;由于这里还考虑了空间自相关的问题,结果更加可信。

4. 在基于社区的回归分析中,虽然自变量就业便捷度的回归系数为负,但统计上并不显著。可能是由于芝加哥市社区基本上是根据地理特征(河流、道路、高速路等)来划分的,各社区不一定是由社会经济特征相似的人口普查区组成。这样一来,将属性数据从人口普查区合并到社区时,相当于对数据进行了平滑处理,差异性被平滑掉了一些,也就是说,一些信息在从人口普查区到社区的合并过程中丢失了。由于研究中地理单元的变化,分析的结论也变了,这就是所谓的 MAUP 问题。

5. 在另外三个自变量中,因子一和因子二无论在基于人口普查区还是在基于社区的分析中,都是正相关的,并具有较好的显著性水平,说明社会经济条件差的地区的确遭遇较高的谋杀犯罪率;因子三在基于人口普查区的分析中不显著,在基于社区的分析中具有显著性,表明它的影响不稳定。

## 9.7 小　　结

空间聚类分析可以探测空间分布的非随机性或空间自相关。在实践中,基于点和基于面的空间聚类分析方法是明显不同的,基于点的分析方法是用来检验在某个距离半径内点的分布是否比随机模式下更集聚,而基于面的分析方法则用来检验邻近目标之间属性是否相似或相异。在犯罪分析和健康分析的应用研究中会经常用到空间聚类分析。本章中案例9A 中国南部台语地名的分析演示了基于点的空间聚类分析方法。选择这个案例的目的是想说明,GIS 和空间分析方法应用领域可以拓展。像传统的文科领域比如历史、语言、文化等学科,表面看来,能用到的定量分析方法不多,但实际上,可以运用 GIS 和空间分析方法的潜力很大。案例 9B 讲解了基于面的空间聚类分析方法在癌症分布方面的应用。

样本中空间自相关性的存在要求我们在回归分析中使用空间回归分析方法。空间回归分析中常用的是空间迟滞模型和空间残差模型,二者都是用最大似然法来计算的。案例 9C 利用空间回归分析模型检验了芝加哥市就业便捷度和谋杀犯罪率之间的关系。

当前版本的 ArcGIS 软件新加了一些基于面的空间统计分析方法,但是还没有基于点的空间聚类和空间回归分析。读者可以选用一些免费软件来完成这些任务,如用 SaTScan 来分析点的空间集聚,用 GeoDa 做空间回归分析。这些软件包简单易学,使用方便。

## 附录 9　回归分析中的空间滤值法

格迪思(Getis,1995)和桂菲斯(Griffith,2000)提出的空间滤值法,采用的是另一种思路来解决回归分析中的空间自相关问题。该方法把每个变量分解成空间影响和非空间影响两部分,滤去变量的空间影响部分就可以用传统的回归(如 OLS)方法来分析(Getis and Griffith,2002)。该方法与基于最大似然估计的空间回归法相比,最大的优点就是把变量的空间与非空间影响分开,区别各自的贡献,结果比较容易解释。桂菲斯(Griffith,2000)的特征函数分解法(eigenfunction decomposition method)比较复杂,计算量大,步骤也多,这里就不讨论了。下面简要介绍格迪思的方法。

格迪思方法的核心是将原先存在空间自相关的变量划分为二:一部分是过滤后的非空间变量,另一部分是剩余的空间变量,过滤后的非空间变量就可以作为一般的变量进行 OLS 回归分析。基于 9.6 式对 $G_i$ 的定义,将原变量 $x_i$ 过滤后的非空间变量 $x_i^*$ 可以写成:

$$x_i^* = \frac{W_i/(n-1)}{G_i} x_i$$

其中,$W_i = \sum_j w_{ij}$ 是平均空间权重 ($i \neq j$),$n$ 是观察值的数目,$G_i$ 是局部 $G_i$ 指数。离差 $L_{xi} = x_i - x_i^*$ 代表变量 $i$ 的空间部分。注意,分子 $W_i/(n-1)$ 就是 $G_i$ 的期望值。当原变量不存在空间自相关时,$x_i^* = x_i$,离差 $L_{xi} = x_i - x_i^*$ 为 0,不存在剩余的空间变量。

将过滤后的变量(包括自变量和因变量)代入传统的 OLS 回归分析中,就是空间过滤回归模型:

$$y^* = f(x_1^*, x_2^*, \cdots)$$

其中,$y^*$ 是过滤后的因变量,$x_1^*, x_2^*$ 等是过滤后的自变量。

在最终的回归模型中,因变量和自变量都包括过滤后的非空间变量和剩余的空间变量两部分:

$$y = f(x_1^*, L_{x_1}, x_2^*, L_{x_2}, \cdots)$$

其中,$y$ 是原始的因变量,$L_{x_1}, L_{x_2}, \cdots$ 是对应自变量 $x_1, x_2, \cdots$ 的空间部分。

与 $G_i$ 指数相似,格迪思的空间滤值法仅适用于那些零起始的正值变量,不适用于百分比、比率、有负值之类的变量(Getis and Griffith,2002:132)。

# 第十章 线性规划及其在浪费性通勤测算和医疗服务区位优化中的应用

线性规划(Linear Programming,简称 LP)是一种优化分析技术,在社会经济分析与规划中的应用很广。线性规划就是在一组约束条件下,寻找目标函数的最大值或最小值,由于目标函数和约束条件都是线性函数,故称线性规划。很显然,有关线性规划的问题远不是一个章节能尽述的,在许多大学的地理系、规划系或其他相关的院系,一般都有一门或几门课程来讲授线性规划。本章重点讲解线性规划的建模以及如何利用 SAS 与 ArcGIS 这两个软件包来求解有关的线性规划问题。

本章共分五节。第 10.1 节复习一下线性规划的基本模型和单纯形解法。第 10.2 节以城市交通中浪费性通勤的测算为例,讲解一般线性规划(不涉及整数线性规划)的具体应用。选用通勤这个主题来讲解线性规划方法的应用,具有重要意义。通勤是城市研究的一个重要主题,是联系城市居民居住地和就业地的桥梁,与城市结构和土地利用等理论问题关系密切。同时,通勤又反映居民上下班的方便程度,对优化通勤与环境保护、设计建造高效能城市等有关公共政策的制定也有重要参考价值。查阅目前关于通勤研究的文献,已不单单局限于浪费性通勤,而是涉及通勤与城市土地利用之间的关系、城市内部通勤差异的解释、通勤对"空间错位"(spatial mismatch)和就业便捷性的意义等诸多方面。然而,回顾我们对通勤问题的研究兴趣,很大程度上要归功于哈密尔顿(Hamilton,1982)早年提出的浪费性通勤问题。第 10.2 节以美国俄亥俄州哥伦布都市区为例,讲解浪费性通勤的测算方法,同时演示如何用 SAS 来求解一般线性规划问题。

第 10.3 节介绍整数线性规划。整数线性规划不同于一般线性规划的是,有些决策变量要求是整数。区位优化(location-allocation)中的一些著名问题,如 p-中位问题(p-median problem)、最少服务点问题(location set covering problem,简称 LSCP)和最大服务面问题(maximum covering location problem,简称 MCLP)等,都是整数线性规划的例子。无论在社会公众服务部门,还是在私营企业部门,区位优化模型都有十分广泛的用途。第 10.4 节用俄亥俄州库亚霍加县医疗服务规划中的一个案例,讲解如何利用 ArcGIS 进行区位优化分析。第 10.5 节为本章小结。

## 10.1 线性规划与单纯形法

### 10.1.1 线性规划标准型

标准的线性规划问题可以概括为:

求 $\sum_{j=1}^{n} c_j x_j$ 的最大值,其中所有 $n$ 个变量 $x_1, x_2, \cdots, x_n$ 为非负(也就是 $x_j \geqslant 0, j \in \{1,2,\cdots,n\}$),而且满足 $m$ 个约束条件 $\sum_{j=1}^{n} a_{ij} x_j \leqslant b_i$(其中 $i \in \{1,2,\cdots,m\}$)。

上述问题中的 $\sum_{j=1}^{n} c_j x_j$ 为目标函数,任务就是寻找满足约束条件的最优解 $x_j$(其中 $j \in \{1,2,\cdots,n\}$)。

用矩阵形式,线性规划问题可以描述为:

给定 $c \in R^n, b \in R^m, A \in R^{m \times n}$,在满足 $Ax \leqslant b$ 和 $x \geqslant 0$ 的约束条件下,求 $c^T x$ 的最大值。

由于线性规划问题完全由 $A, b, c$ 三个矩阵参数所决定,因此,可以简洁地概括为$(A, b, c)$问题。对于不是标准型的线性规划问题,可以通过以下变换规则转变成标准型(Kincaid and Cheney, 1991:648):

① 求 $c^T x$ 的最小值等同于求 $-c^T x$ 的最大值。

②约束条件 $\sum_{j=1}^{n} a_{ij}x_j \geqslant b_i$ 等同于 $-\sum_{j=1}^{n} a_{ij}x_j \leqslant -b_i$。

③约束条件 $\sum_{j=1}^{n} a_{ij}x_j = b_i$ 等同于 $\sum_{j=1}^{n} a_{ij}x_j \leqslant b_i, -\sum_{j=1}^{n} a_{ij}x_j \leqslant -b_i$。

④约束条件 $\sum_{j=1}^{n} |a_{ij}x_j| \leqslant b_i$ 等同于 $\sum_{j=1}^{n} a_{ij}x_j \leqslant b_i, -\sum_{j=1}^{n} a_{ij}x_j \leqslant b_i$。

⑤如果 $x_j$ 为负数,则用两个非负变量来代替,如 $x_j = u_j - v_j$。

### 10.1.2 单纯形法(Simplex Algorithm)

单纯形法(Dantzig,1948)在线性规划问题的求解中广为使用。这里不讨论单纯形法的理论和证明,只是通过一个简单的实例来直接讲述单纯形法的具体步骤。

让我们看下面这个线性规划问题,已写成标准型。如果线性规划问题不是用标准型表达的,需要在用单纯形法之前,根据前面所述的规则先将它变为标准型。

求:$z = 4x_1 + 5x_2$ 的最大值

约束条件为:
$$2x_1 + x_2 \leqslant 12$$
$$-4x_1 + 5x_2 \leqslant 20$$
$$x_1 + 3x_2 \leqslant 15$$
$$x_1 \geqslant 0, x_2 \geqslant 0$$

单纯形法的第一步是将不等式变为等式,具体方法是引入松弛变量 $u \geqslant 0$,将约束条件中的不等式 $Ax \leqslant b$ 转化为等式 $Ax + u = b$。

对于上面例子,引入三个松弛变量($x_3 \geqslant 0, x_4 \geqslant 0, x_5 \geqslant 0$),这样原先的线性规划问题可以写成下面的形式:

求:$z = 4x_1 + 5x_2 + 0x_3 + 0x_4 + 0x_5$ 的最大值

约束条件为:
$$2x_1 + x_2 + x_3 + 0x_4 + 0x_5 = 12$$
$$-4x_1 + 5x_2 + 0x_3 + x_4 + 0x_5 = 20$$

$$x_1 + 3x_2 + 0x_3 + 0x_4 + x_5 = 15$$
$$x_1 \geqslant 0, x_2 \geqslant 0, x_3 \geqslant 0, x_4 \geqslant 0, x_5 \geqslant 0$$

单纯形法通常写成表格的形式。上述例子可改写为下述表格：

$$\begin{matrix} 4 & 5 & 0 & 0 & 0 & \\ 2 & 1 & 1 & 0 & 0 & 12 \\ -4 & 5 & 0 & 1 & 0 & 20 \\ 1 & 3 & 0 & 0 & 1 & 15 \end{matrix}$$

其中，顶行是目标函数 $c^T x$ 的系数，接下来的 $m$ 行是约束条件。顶行最右上角的空白项就是待求目标函数 $z$ 的最大值。这样，单纯形法的通用表格就是：

$$\begin{matrix} c^T & & 0 \\ A & I & b \end{matrix}$$

一般情况下，如果线性规划问题有解，其解可以通过单纯形法求得；如果没有解（如线性规划问题无边界），则在单纯形法的算法过程中就可以发现这个问题。

如果变量 $x_1$、$x_2$ 取值为 0，初始解（$x_1=0, x_2=0, x_3=12, x_4=20, x_5=15$）显然满足约束条件。定义 $x_j$ 值为 0 的变量为非基变量，而余下的、通常不为 0 的变量为基变量。单纯形表格中有 $n$ 个非基变量和 $m$ 个基变量，分别对应着初始变量和松弛变量的个数。上述例子中，$x_1$、$x_2$ 为初始的非基变量（$n=2$），$x_3$、$x_4$、$x_5$ 为基变量（$m=3$）。在表中的约束条件中，每个基变量只出现在一行中，而目标函数都是由非基变量来表示的。

在单纯形法的每一步变换中，我们通过将一个非基变量转变为基变量的方法来逐步增加目标函数的值，最终达到求解的目的。由于在线性方程组中行变换不会影响方程组的解，因此，可以通过矩阵变换中的高斯消去法来完成相关的变换。单纯形法的流程如下：

① 选择目标函数中最大正系数的变量 $x_s$ 为新的基变量，即 $c_s = \max\{c_i > 0\}$。

② 在每一行中，用本行中 $b_i$ 除以基变量的系数 $a_{ij}$。在 $a_{is} > 0$ 的行

## 第十章 线性规划及其在浪费性通勤测算和医疗服务区位优化中的应用

中,选择其中最小的 $b_i/a_{ij}$,把这个值定为该基变量的解,也就是,$x_s = b_k/a_{kj} = \min\{b_i/a_{ij}\}$。如果所有的 $a_{is}$ 都小于或等于0,则线性规划无解。

③ 以 $a_{ks}$ 为轴项,利用高斯消去法在 $s$ 列上产生系数为0的项,即保持第 $k$ 行不变,用其他的行来减它。

④ 如果目标函数(顶行)中的所有系数都小于或等于0,则当前 $x$ 就是线性规划的解;否则,继续进行转换。

针对上述例子,以上四个步骤具体操作如下:

在第一步中,由于目标函数中系数最大的正值是5,所以 $x_2$ 成为新的基变量。

在第二步中,$a_{22}$ 被选定为轴项(下表中加有下划线),因为20/5 在 $\{12/1, 20/5, 15/3\}$ 中是最小的,基变量的解 $x_2 = 20/5 = 4$。

|  |  |  |  |  |  |
|---|---|---|---|---|---|
| 0.8 | 1 | 0 | 0 | 0 |  |
| 2 | 1 | 1 | 0 | 0 | 12 |
| −0.8 | <u>1</u> | 0 | 0.2 | 0 | 4 |
| 0.3333 | 1 | 0 | 0 | 0.3333 | 5 |

在第三步中,采用高斯消去法产生一个新的表(用其他的行减轴项所在的行):

|  |  |  |  |  |  |
|---|---|---|---|---|---|
| 1.6 | 0 | 0 | −0.2 | 0 |  |
| 2.8 | 0 | 1 | −0.2 | 0 | 8 |
| −0.8 | <u>1</u> | 0 | 0.2 | 0 | 4 |
| 1.1333 | 0 | 0 | −0.2 | 0.3333 | 1 |

参照单纯形法流程的第四步,由于顶行中的系数 $c_1 = 1.6 > 0$,没有达到所有系数都小于或等于0的要求,因此,继续进行变换。

类似地,$x_1$ 成为新的基变量,确定 $a_{13}$ 为轴项(因为 $1/1.133 < 8/2.8$),基变量 $x_1 = 1/1.1333 = 0.8824$,进行高斯消去后,形成新的表:

|  |  |  |  |  |  |
|---|---|---|---|---|---|
| 0 | 0 | 0 | 0.0515 | −0.2941 |  |
| 0 | 0 | 0.3571 | 0.1050 | −0.2941 | 1.9748 |

238　基于 GIS 的数量方法与应用

$$\begin{array}{cccccc} 0 & 1.25 & 0 & 0.0735 & 0.2941 & 5.8824 \\ \underline{1} & 0 & 0 & -0.1765 & 0.2941 & 0.8824 \end{array}$$

再继续变换下去，$x_4$ 成为新的基变量，产生新的表：

$$\begin{array}{cccccc} 0 & 0 & -3.4 & 0 & -2.9143 & \\ 0 & 0 & 3.4 & 1 & -2.8 & 18.8 \\ 0 & 17 & -3.4 & 0 & 6.8 & 61.2 \\ 5.6667 & 0 & 3.4 & 0 & -1.1333 & 23.8 \end{array}$$

变换到这里，目标函数(顶行中)的所有系数都小于或等于 0，求解完毕。整理决策变量的解为：$x_1 = 23.8/5.6667 = 4.2$，$x_2 = 61.2/17 = 3.6$，目标函数的最大值为 $z_{\max} = 4 \times 4.2 + 5 \times 3.6 = 34.8$。

有许多软件包(包括一些免费的)可用来求解线性规划问题。参见网站 http://www-unix.mcs.anl.gov/otc/Guide/faq/linear-programming-faq.html。在下面的第 10.2 节，我们选用 SAS 软件包(其中的 OR 模块)的 LP 程序，讲解如何通过 SAS 来求解线性规划问题。前面章节中曾经介绍过 SAS，这是一个功能强大的软件包，我们选用它来求解线性规划，主要是 SAS 在编码大型矩阵和运算时的方便。SAS 软件包中的 LP 程序可以求解一般型线性规划、整数型线性规划和混合型线性规划等多种问题。

## 10.2　案例 10A：测算俄亥俄州哥伦布大都市区的浪费性通勤

### 10.2.1　浪费性通勤问题的提出与测算

浪费性通勤问题，最早是由城市经济学家哈密尔顿(Hamilton，1982)提出的。假定一个城市内所有居民的居住地和工作地是已知的，而居民之间可以自由地调换住所，那么，规划的问题就是：怎样通过调换居民的住所而达到城市总的通勤时间最小？哈密尔顿是经济学家，那时候当然不知道 GIS 技术的存在，他选用负指数模型来描述居住地和工作地的密度分布,两者都是由市中心向边缘递减。由于就业的分布总是比居住人口的分布更向市中心(CBD)集中,数学上表现为就业密度分布函数的递减梯度要比居住人口密度分布函数的更陡一些。因此,人们上班时的最优通勤方向总是往 CBD 的方向,详见附录 10A。哈密尔顿对美国 14 个城市进行了实证研究,发现有 87% 的浪费性通勤。后来,怀特(White,1988)用一个简明的线性规划模型来测算这种浪费性通勤。怀特估算的浪费性通勤值很小,极可能是因为她选用了较大的地理单元。后来,又有学者(Small and Song,1992)基于更小的地理单元,利用怀特的线性规划模型分析了美国洛杉矶市的通勤数据,发现约有 66% 的浪费性通勤。这一结果虽然比哈密尔顿估算的浪费性通勤要少一些,但还是很高。总之,究竟多少是浪费性通勤,学术界至今仍有争论。下面介绍如何用怀特的线性规划模型来测算浪费性通勤,同时帮助我们认识争论存在的根本原因。

给定 $P_i$ 为居住地 $i(=1,2,\cdots,n)$ 的上班人数,$E_j$ 为就业地 $j(=1,2,\cdots,m)$ 的上班人数,最少通勤的计算就是下面的线性规划问题。

求:$\sum_{i=1}^{n}\sum_{j=1}^{m} c_{ij}x_{ij}$ 的最小值

约束条件为:

$$\sum_{j=1}^{m} x_{ij} \leqslant P_i, 对每一个居住地(i=1,2,\cdots,n)$$

$$\sum_{i=1}^{n} x_{ij} \leqslant E_j, 对每一个就业地(j=1,2,\cdots,m)$$

$x_{ij} > 0$,对每一个 $(i=1,2,\cdots,n)$ 和每一个 $(j=1,2,\cdots,m)$

式中,$c_{ij}$ 是表示从居住地 $i$ 到就业地 $j$ 的通勤距离或时间,$x_{ij}$ 表示这个方向上的通勤人数。

目标函数是城市通勤的总量,第一个约束条件定义了从每个居住地到各个就业地的通勤人数不能超过该居住地的上班人数,第二个约束条件定义了从不同的居住地到每个就业地的通勤人数不能超过该就业地总的上班人数。在美国的大都市区内,按就业地统计的总上班人数一般超过按居住地统计的总上班人数，即 $\sum_{i=1}^{n} P_i \leqslant \sum_{j=1}^{m} E_j$，也就是说，总体上看来，都市区内就业岗位多于住在区内的人口，有一部分人住在都市区外，却在都市区内上班。

### 10.2.2 ArcGIS 上的数据准备

在光盘中提供的相关数据集有：

1. 图层 urbtazpt 包含 1990 年哥伦布大都区内城市化地区的 991 个地域单元（TAZ）；

2. 图层 road 包含研究区的路网。

上述空间数据集来自于美国人口普查局 1990 年的 TIGER 文档，参见第一章第 1.2 节有关 TIGER 文档的介绍。哥伦布大都市区包括七个县（Franklin, Union, Delaware, Licking, Fairfield, Pickaway 和 Madison），先将这七个县的交通分析区（Traffic Analysis Zone，简称 TAZ）的资料合并，再选取其中城市化地区形成图层 urbtazpt。TAZ 是美国人口普查局在各都市区规划委员会的协作下，专门为交通规划设计的一级地域单元。TIGER 文档对每个 TAZ（像普查街区 census block 一样）都明确标注是否已城市化。由于我们关心的是城市内部的通勤问题，所以，研究区是由都市区内所有城市化的 TAZ 合并而成的。这里所定义的城市化区，大体相当于中国的城市建成区，如图 10.1 所示。参见有关文献（Wang，2001b），其通勤方面的研究也是用的同一研究区。同样，路网图层 road 也是通过合并研究区内各县道路网络而成，为了保持路网的连通性，此图层的地域范围要稍大于都市区城市化的范围。在 urbtazpt 图层属性表中，emp 项代表每个 TAZ 作为就业地的上班人数，work 项代表每个 TAZ 作为居住地的上班人数，同时为便于参考，popu 项列出了 TAZ 中总人口数。这些数据来自于 1990 年的 CTPP 数据集（参见第三章第 3.5 节的有关论述），从 CTPP 的第一部分中抽取了居住地的上班人数和人口总数，从 CTPP 的第二部分中抽取了就业地的上班人数。

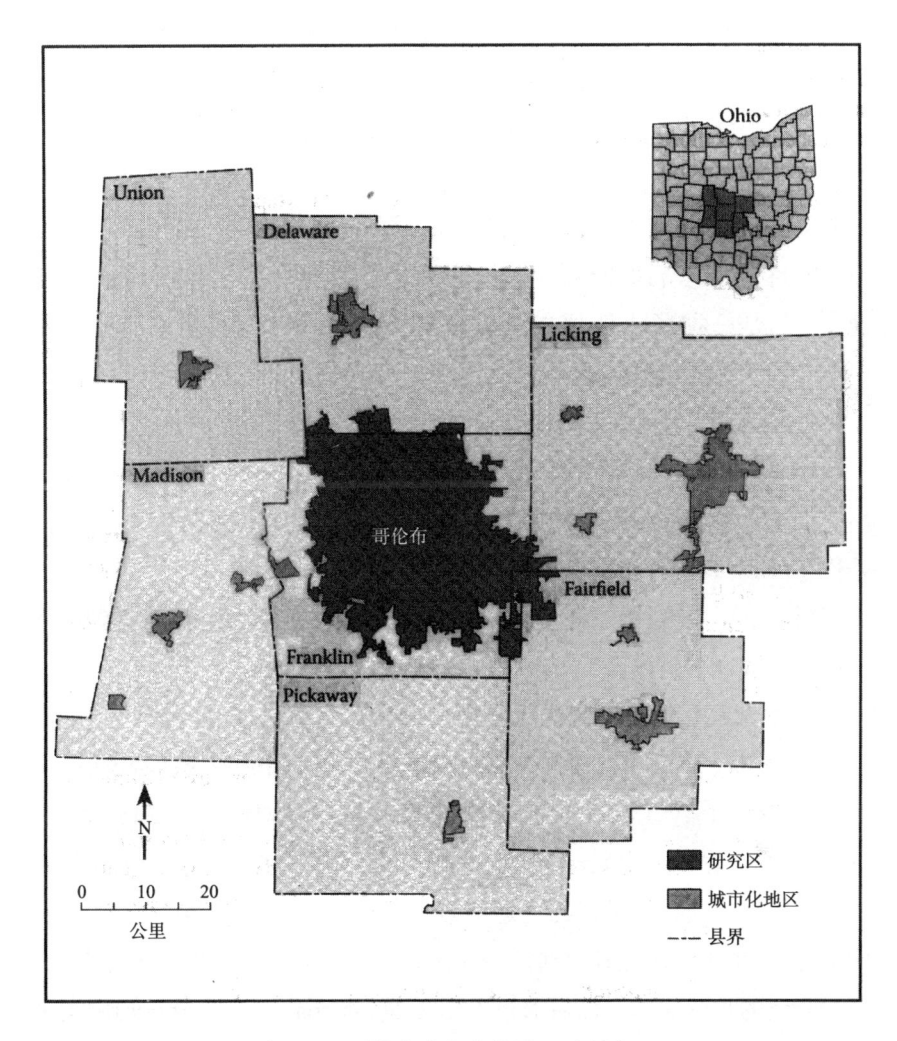

# 第十章　线性规划及其在浪费性通勤测算和医疗服务区位优化中的应用

图 10.1　哥伦布大都市统计区及研究区

图层 urbtazpt 的属性项 emp 和 work 定义了每个 TAZ 区中按居住地（通勤的起点）和就业地（通勤的终点）而统计的上班人数，对应于上述线性规划模型中的两组变量 $P_i(i=1,2,\cdots,n)$ 和 $E_j(j=1,2,\cdots,m)$。接下来需要通过路网来计算通勤时间 $c_{ij}$。第二章曾讨论过有关路网距离和时间的概念和量算方法，正好通过这个案例再熟悉一下。读者也可跳过下面这部分内容,直接进入下一步基于 SAS 的浪费性通勤测算分析(这一小节的运算结果,可见随书所附的光盘)。

下面解释利用 ArcGIS 进行通勤时间计算的具体流程,若有必要,请参考第二章第 2.2 节和第 2.3 节中的相关内容。由于美国城市里绝大多数人驾车上班,这里的通勤时间指的是开车上班时间(不是坐公交、搭便车、骑自行车或步行时间)。本案例假定同样级别的道路具有相同的车流速度。这是一种简化处理方法,忽略了许多复杂因素,参见有关文献(Wang,2003)的相关讨论。

1. 提取居住地(通勤的起点)和就业地(通勤的终点)的点图层

在 ArcMap 中打开图层 urbtazpt,① 输入选择条件 emp>0,命名输出查询结果为 emptaz(是一个含有 931 个就业地的点图层);② 输入选择条件 work>0,命名输出查询结果为 restaz(是一个含有 812 个居住地的点图层)。这一步是为了确定通勤的起点上班人数不为零,同时通勤的终点就业人数也不是零。

2. 求离居住地最近的交通节点

路网图层 road 中已含有交通线和交通节点的拓扑关系(若没有,可用 build topology 工具来创建)。首先利用 near 工具,选择 restaz 为 Input Feature(输入图层)、road(其中的 node 图层)为 Near Feature(邻近图层),求得离居住地最近的交通节点。与第二章第 2.3 节中的案例不同的是,这里每个居住地只对应一个最近节点,这样计算方法上比第 2.3 节中介绍的步骤简单。然后通过 Join 工具,将 road 的节点(node)图层中有关节点的信息(特别是 road_id 属性项)合并到图层 restaz 的属性表中,并将合并的结果输出另存为一个新的表 resid.dbf。

3. 定义起始节点

需要在 ArcInfo 的工作站(workstation)平台下实现。定义一个 INFO 文件作为起始节点,按照第二章第 2.3.2 节中的第 4 步,将 dBase 文件 resid.dbf 变为 INFO 文件 resid,保留 road_id 项,并将它重命名为 road-id,其他项统统舍去,这个文件中有 812 个起始节点。

### 第十章 线性规划及其在浪费性通勤测算和医疗服务区位优化中的应用

#### 4. 定义离就业地最近的节点作为终止节点

重复上面的第 2 步(注意用 near 工具时 Input Feature 定义为就业地图层 emptaz)和第 3 步,生成一个 INFO 文件 empid,这个文件就是终止节点。每个就业地对应着一个最近的路网节点,共有 931 个终止节点。

#### 5. 定义路网的交通阻滞参数

在 road(其中的 line 图层)的属性表中增加表示速度的属性项 speed。类似于第五章表 5.1 中的交通限速,这里简单地按属性项 CF-CC,设置相关级别道路的车流速度。

① CFCC>='A11' and CFCC<='A18'→speed = 55
② CFCC>='A21' and CFCC<='A28'→speed = 45
③ CFCC>='A31' and CFCC<='A38'→speed = 35
④ 其他→speed=25

在同一属性表中,再加入一个表示通勤时间的属性项 time,按公式 time =(length/speed)*60/1609 进行计算。由于路网图层的长度单位是米,而速度以英里/小时为单位,利用 1 英里=1609 米,换算得来的时间单位为分钟。

#### 6. 在 ArcPlot 中计算通勤时间

也需要在 ArcInfo 的工作站(workstation)平台下实现。利用下面的命令可以计算路网交通时间,结果保存为 INFO 文件 odtime,其中的属性项 network 就是路网节点间的通勤时间。

```
ap                                      /* 启动 arcplot 模块
netcover road colsroute                 /* 设置路网系统
centers resid                           /* 定义起始节点
stops empid                             /* 定义终止节点
impedance time                          /* 定义交通阻滞参数
nodedistance centers stops odtime 600 network ids
q                                       /* 退出
```

7. 通勤时间修正

这一步就是要把从居住地到路网节点、从就业地到路网节点的这两段直线距离转换成通勤时间,再添加到上述的路网节点之间的通勤时间上去。首先,把表 resid.dbf(含居住地到最近节点的直线距离)连接到表 odtime,然后,将表 empid.dbf(含就业地到最近节点的直线距离)也连接到表 odtime。在表 odtime 中,增加一个新属性项 comtime,并按如下公式计算其值,odtime:comtime＝odtime:network＋((empid.near_dist＋resid.near_dist)/25)∗60/1609。这里假设两段直线距离上的行车速度为每小时 25 英里。这个 INFO 文件中有 812×931 ＝ 755 972 条记录。

8. 准备用于浪费性通勤分析的文件

将 urbtazpt 图层属性表中的所有记录输出为文本格式文件 urbtaz.txt,中间以空格符作为定界符,首行不需要变量名,仅保存 taz、work、emp 这三个变量的值。同理,将 INFO 文件 odtime 也输出为以空格作为定界符的文本文件 odtime.txt,首行不需要字段名列表,只含有 resid.taz、empid.taz、comtime 这三个变量的值,这两个文件将在后面的浪费性通勤分析中使用。光盘中有一个 AML 程序(rdtime.aml)可用来执行上述从第 1 步到第 8 步的相关数据处理操作。

### 10.2.3 利用 SAS 进行浪费性通勤测算

SAS 采用两种格式来定义线性规划问题,即紧凑式和松散式。松散式有利于编码大型矩阵,下面讲解该种方法。松散式输入时,通常用 COEF、COL、TYPE 和 ROW 等关键词的定义来定义线性规划中的各个系数,也可直接借用 SAS 的内定义变量_COEF_、_COL_、_TYPE_ 和 _ROW_。比如第 10.1 节中讲到的例子,用 SAS 来解,代码如下。

```
Data;
Input _row_ $1-6 _coef_ 8-9 _type_ $11-13 _col_ $15-19;
    Cards;
```

# 第十章　线性规划及其在浪费性通勤测算和医疗服务区位优化中的应用

```
Object   .    max   .    /*定义目标函数类型 */
Object   4    .     x1   /*目标函数的第1个变量系数*/
Object   5    .     x2   /*目标函数的第2个变量系数*/
Const1   12   le    _RHS_ /*第1个约束条件的等式右项*/
Const1   2    .     x1   /*第1个约束条件的第1个变量系数*/
Const1   1    .     x2   /*第1个约束条件的第2个变量系数*/
Const2   20   le    _RHS_ /*第2个约束条件的等式右项*/
Const2   -4   .     x1   /*第2个约束条件的第1个变量系数*/
Const2   5    .     x2   /*第2个约束条件的第2个变量系数*/
Const3   15   le    _RHS_ /*第3个约束条件的等式右项*/
Const3   1    .     x1   /*第3个约束条件的第1个变量系数*/
Const3   3    .     x2   /*第3个约束条件的第2个变量系数*/
    ;
Proc lp sparsedata;       /*运行LP分析 */
Run;
```

在上述SAS程序代码中，主要工作是定义目标函数和约束条件。通过下面4个变量来定义一个目标函数或一个约束条件，而且需要多条记录来完成。

1. _row_:标识是目标函数还是约束条件。

2. _coef_:定义变量系数(但在第一条记录中,对应于目标函数,其值缺失,用"."表示；在每个约束条件的第一条记录中,其值为等式的右项值)。

3. _type_:在目标函数中的第一行取值为"MIN"或"MAX"，在每个约束条件中的第一行取值为"LE"、"LT"、"EQ"、"GE"或"GT"，其他地方都是缺失值，用"."表示。

4. _col_:变量名(但在目标函数中的第一行时为缺失值,在约束条件中的第一行取值为"_RHS_")。

从上面的小程序中可以看到，如果是目标函数，第一条记录总是用于定义目标函数的类型(MIN 或 MAX);如果是约束条件,其相应的第一条记录总是用于定义等式的右项值,然后才逐个定义变量系数。因此,定义目标函数或每个约束条件,通常需要比变量数多一条记录。

计算浪费性通勤的 SAS 编码要稍稍复杂些,主要是用到一些 DO 循环语句。为了方便,光盘中提供了第 10.2 节中所生成的两个结果文件:

1. urbtaz.txt 包含 3 列数据,即:TAZ 标识码、居住地上班人数、就业地上班人数,共有 991 个 TAZ 区的记录数;

2. odtime.txt 包含 3 列数据,即:居住地的 TAZ 编码、就业地的 TAZ 编码、两者之间的通勤时间。

附录 10B 中(光盘中含)的 LP.SAS 程序用于求解线性规划问题,在程序的关键步骤中加有注释。当程序读入就业地、居住地和二者通勤时间数据文件后,程序首先根据文件内容定义就业地上班人数这个约束条件,然后定义居住地上班人数这个约束条件,最后定义目标函数。运行程序可以产生一个最优解,分析结果(最优的通勤分配)存放在外部文件 min_com.txt 中,其中包含 3 列数据,即起始 TAZ 区标识码、终止 TAZ 区标识码、起止点间的通勤时间。

上述程序计算出的最小通勤时间总计为 1 939 404.01 分,也就是平均每个就业人口的通勤时间为 3.90 分(总时间除以通勤人数 497 588)。据 1990 年统计资料,实际上研究区的平均通勤时间为 20.40 分(Wang,2001b:173)。对比这两个数据,可以发现惊人的浪费性通勤,高达 80.89%。进一步检查最优解的结果文件 min_com.txt,可以发现许多条记录的起点 TAZ 区标识码与止点 TAZ 区标识码是相同的,这说明最优解方案中,许多通勤路径是从一个 TAZ 出发又回到同一个 TAZ(上班就在同一区内,或称"区内通勤")。从研究 1990 年 CTPP 第三部分关于实际通勤的资料来看,该研究区中有 346 个 TAZ 区确实存在通勤起止点是同一区,算得的平均区内通勤时间达 16.3 分。在俄亥俄州的另一城市克里夫兰,算得的平均区内通勤时间为 11.3 分,表明区内通勤时间不宜忽略(Wang,2003:258)。案例中区内通勤时间的估算,都少于 1 分,很难反映真实情况,显示了 GIS 以点带面

(假定区内所有的人都集中在其几何中心)的局限性。上述讨论说明,测算浪费性通勤结果的大小,往往是由数据中地理单元的大小、通勤时间估算上的误差引起的,理论和方法上并无多大争议。

## 10.3 整数规划与区位优化问题

### 10.3.1 整数规划通用形式和解

线性规划问题中的一些决策变量只能取整数,那么这类问题就成了整数规划,又分为纯整数线性规划和混合型整数线性规划。

决策变量全部都是整数的线性规划称为整数线性规划(integer linear programming,简称ILP),其公式表示如下:

求:$\sum_{j=1}^{n} c_j x_j$ 的最大值

约束条件为:

$$\sum_{j=1}^{n} a_{ij} x_j \leqslant b_i, 其中, i \in \{1,2,\cdots,m\}$$

整型变量 $x_j \geqslant 0$,其中,$j \in \{1,2,\cdots,n\}$

如果线性规划决策变量中的部分变量是整数,其他为常规的实数,则称为混合型整数线性规划(Mixed Integer Linear Programming,简称MILP),公式表示如下:

求:$\sum_{j=1}^{n} c_j x_j + \sum_{k=1}^{p} d_k y_k$ 的最大值

约束条件为:

$$\sum_{j=1}^{n} a_{ij} x_j + \sum_{k=1}^{p} g_{ik} y_k \leqslant b_i, 其中, i \in \{1,2,\cdots,m\}$$

整数变量 $x_j \geqslant 0$,其中,$j \in \{1,2,\cdots,n\}$

实数变量 $y_k \geqslant 0$,其中,$k \in \{1,2,\cdots,p\}$

也许有人认为,求解 ILP 或 MILP 问题很简单,只要利用原来的方法求解一般的线性规划问题,然后对解得的决策变量取整数,就可以得到

ILP 或 MILP 的解。事实上,很多时候这种取整的做法并不能得到最优解(Coppins,1981:399),尤其是在决策变量限于 0 和 1 的时候,取整方法根本无法解决这种 0-1 线性规划问题(0-1 binary programming problem)。0-1 线性规划在科研和管理上用途广泛,区位优化(location-allocation)问题就是典型的 0-1 线性规划问题。实际上,整数规划问题(ILP 和 MILP)需要一些特别的求解方法,如割平面法和分枝定界法,后者较为普及。下面概略地介绍一下分枝定界法。

1. 假如目标函数类型是求最大值。先求取一个可能解 $f_L$ 作为目标函数的底(下界),同时作为可能解的子集。

2. 在可能解的子集中(在分枝时可能会产生多个可能解),将其中一个分解成两个或多个解子集。

3. 计算每个解子集对应的目标函数值,取其中对应着最大值的解子集 $f_U$ 将作为上限(上界)。

4. 符合以下条件时,删除分枝的解子集。如果 $f_U < f_L$,或者分枝没有可能解,或者是在这个分枝中已求得最优解,此时要用这个上界 $f_U$ 来代替原来的下界 $f_L$ 的值。

5. 再没有分枝时程序退出,否则,转回到第 2 步。

### 10.3.2 区位优化问题

我们在这里选取三个经典的区位优化问题来讲解 ILP 的建模。

在许多候选的服务设施中,如何选择一定数目的服务设施,以达到需求点到服务点的总距离或时间最小?这就是 p-中位问题(p-median problem)(ReVelle and Swain,1970),其公式如下:

求:$Z = \sum\sum a_i d_{ij} x_{ij}$ 的最小值

约束条件为:

$x_{ij} \leqslant x_{jj} \ \forall i,j, i \neq j$(每个需求点的分配受限于服务设施是否被选)

$\sum_{j=1}^{m} x_{ij} = 1 \ \forall i$(每个需求点必须配给某个服务设施)

$$\sum_{j=1}^{m} x_{jj} = p \, \forall j \, (\text{选用的服务设施总数刚好是 } p)$$

$$x_{ij} = 0, 1 \, \forall i, j \, (\text{标志哪个需求点是否配给哪个服务设施})$$

其中,$i$ 是需求点编码 ($i=1,2,\cdots,n$);$j$ 是候选服务点编码($j=1,2,\cdots,m$);$p$ 是要选取的服务点数目;$a_i$ 是需求点 $i$ 的总需求;$d_{ij}$ 是需求点 $i$ 到服务点 $j$ 之间的距离或时间;$x_{ij}=1$ 表示第 $j$ 点的服务设施覆盖第 $i$ 个需求点,否则为 0。

第二个模型为最少服务点问题(location set covering problem,简称 LSCP),即给定需求区域,求解覆盖整个区域所需的最少服务点数目(Toregas and ReVelle,1972),其公式如下:

$$\text{求}: Z = \sum_{j=1}^{m} x_j \text{ 的最小值}$$

约束条件为:

$$\sum_{j=1}^{N_i} x_j \geqslant 1 \, \forall i \, (\text{至少有一个营业的服务设施在需求点的可达半径之内})$$

$$x_j = 0, 1 \, \forall j \, (\text{一个候选的服务设施要么营业,要么关闭})$$

其中,$N_i$ 为在需求点 $i$ 可达半径之内的服务设施总数;$x_j=1$ 表示候选服务设施 $j$ 是营业的,否则为 0;$i, j, m$ 和 $n$ 与上面中心区位问题的定义相同。

第三个模型为最大服务面问题(maximum covering location problem,简称 MCLP),即给定 $p$ 个服务设施,如何分配服务设施,以使一定距离(时间)阈值范围内被服务的需求总量最大(Church and ReVelle,1974),其公式如下:

$$\text{求}: Z = \sum_{i=1}^{n} a_i y_i \text{ 的最小值}$$

约束条件为:

$$\sum_{j=1}^{N_i} x_j + y_i \geqslant 1 \, \forall i \, (\text{需求点必须至少在一个营业的服务设施可达半径内,否则其需求不能被满足})$$

$$\sum_{j=1}^{m} x_j = p \text{ (营业的服务设施数目为 } p\text{)}$$

$x_j = 0, 1 \forall j$（候选的服务设施要么营业,要么关闭）

$y_i = 0, 1 \forall i$（需求点要么得到了服务,要么没得到服务）

其中,$y_i = 1$ 表示需求点 $i$ 没得到服务,$=0$ 则表示得到服务（注意目标函数已转换为最小值,所以 $y_i$ 值的解释与传统意义正好相反）;$i,j,m,n,a_i$ 和 $p$ 的定义同上面的 p-中位问题;$N_i$ 和 $x_j$ 定义同上面的 LSCP 问题。

上述三类问题都可以利用 SAS 软件包求解,只是需要花一些时间来编程。如果利用 ArcInfo 工作站版中的内嵌模块（目前 ArcGIS 桌面版软件不支持）,那么求解这些问题就比较方便。对于 p-中位问题,可以用 ArcInfo 软件中的 MINDISTANCE 模块求解。简单的中心区位问题中,目标函数是求交通总量最小,在选择服务设施时缺少最大距离的限制,某个服务设施到某个需求点的距离有可能很远,在实践中并不一定符合要求。我们增加一个约束条件,要求需求点必须在服务设施的某个距离或时间以内,这样修正后的中心区位问题就变成了最大服务半径内的 p-中位问题（p-median problem with a maximum distance constraint）,参见有关文献（Khumawala,1973;Hillsman and Rushton,1975）。在 ArcInfo 软件中对应的模块为 MINDISTANCE(constrained)。目前 ArcInfo 软件中还没有内嵌的模块可用来处理最少服务点问题（简称 LSCP）。求解最大服务面问题（简称 MCLP）的 ArcInfo 模块为 MAXCOVER。类似地,在 MCLP 模型中可以增加约束条件,这里定义一个比原来距离阈值大的第二阈值,使原先那些没有获得服务的需求点落在第二阈值范围内,这样修订后的模型叫最大服务半径内的最大服务面问题（MCLP with mandatory closeness constraints）,参见 Church and ReVelle(1974),可以利用 ArcInfo 的模块 MAXCOVER(constrained)求解这类问题。表 10.1 总结了上述三种模型及对应的 ArcInfo 模块。有关利用 ArcInfo 软件分析区位优化问题的详细内容,请查阅在线帮助系统中从"Working with Linear Features"到"Location-Allocation"等主题的相关内容。

表 10.1 区位优化模型

| 模型 | 目标函数 | 约束条件 | ArcInfo 模块 |
| --- | --- | --- | --- |
| Ⅰ. p-中位优化(p-median)问题 | 总距离(时间)最小 | 分配 p 个服务设施；满足所有需求 | MINDISTANCE |
| Ⅱ. 最大服务半径内的 p-中位问题(p-median with a max distance constraint) | 总距离(时间)最小 | 所有模型Ⅰ的约束条件；需求到服务设施的距离(时间)在规定值之内 | MINDISTANCE (constrained) |
| Ⅲ. 最少服务点模型(location set covering problem 或 LSCP) | 服务设施点最少 | 满足所有需求；需求到服务设施的距离(时间)在规定值之内 | 无 |
| Ⅳ. 最大服务面模型(maximum covering location problem 或 MCLP) | 满足的需求量最大 | 分配 p 个服务设施；如需求到服务设施的距离(时间)在规定值之内，需求得以满足 | MAXCOVER |
| Ⅴ. 最大服务半径内的最大服务面模型(MCLP with mandatory closeness constraints) | 满足的需求量最大 | 所有模型Ⅳ的约束条件；需求到服务设施的距离(时间)在第二个规定值(比第一个规定值大)之内 | MAXCOVER (constrained) |

目前 ArcGIS 软件中有关区位优化方面的功能模块还比较有限，模块中也不能定义额外的约束条件。在许多应用研究中如果遇到一些更复杂的整数规划问题，就需要用 SAS 或其他专业软件来解决。请参阅关于美国达拉斯警察巡逻区最优分配研究成果的有关文献(Curtin et al.，2005)。

## 10.4 案例 10B：美国俄亥俄州库亚霍加县医疗服务的区位优化

下面通过一个假想的案例，来讲解如何在 ArcInfo 中运用区位优化模型。美国俄亥俄州某县(克里夫兰市所在的库亚霍加县)卫生局计划选择 5 个临时诊所来为儿童和老年人接种流感疫苗,这 5 个临时诊所要从现有的 21 个医院中挑选。规划的目标是服务对象(儿童和老年人)从居住地到临时诊所的总距离或时间最小,这就是一个 p-中位(p-median)问题。下面讲解中心区位问题在 ArcInfo 平台下的求解方法,其他区位优化模型的求解与其相似。

案例分析的相关资料如下:

1. 多边形图层 cuyatrt 为该县的人口普查资料;

2. shape 格式文件 tgr39035lka 包含全县的路网;

3. 以逗号作为定界符的文本文件 cuya_hosp.csv 包含现有 21 个候选医院的地址。

图层 cuyatrt 属性表中的属性项 age_under5 代表年龄小于 5 岁的儿童,属性项 age_65_up 代表年龄大于 65 岁的老人,这些资料来自于 2000 年的人口普查数据库。医院文件 cuya_hosp.csv 中的地址和名称来自于俄亥俄州医院协会的网站 (http://www.ohanet.org/research/dataresources)。

这个规划问题是从 21 个医院中挑选 5 个作为临时诊所,最有效地服务儿童和老年人,具体目标函数是需求到服务的距离或时间总和最小。ArcInfo 软件中的 MINDISTANCE 模块可用来求解这个规划问题。实际应用中,需求区位和服务候选区位可用 GIS 中的点、面、路网节点等来表示。如果以点或面来表示需求与服务设施区位时,其间的交通阻滞 ArcInfo 简化为欧氏距离;如果有交通道路系统的数据,ArcInfo 可用路网的节点来近似需求与服务设施的区位,计算它们之间的交通阻滞可以由路网距离或时间来衡量。前者称为基于面(点)的分析,后者称为基于路网的分析。基于点的分析方法和基于面的分析方法类似,这里不再重复,下面将分别讲解基于面和基于路网的分析方法。

### 10.4.1 基于面的分析方法

为方便起见,在 ArcInfo 区位优化分析模块中,假设需求(居民点)和供给(如候选医院)这两方面的信息都在同一个图层。在基于面的分析方

### 第十章　线性规划及其在浪费性通勤测算和医疗服务区位优化中的应用

法中,需求地与候选服务点的属性变量都保存在多边形图层的 PAT 文件中。在本例中,由于医院与其最近邻人口普查区(以几何中心代表)的距离很小,可以忽略不计,我们可以用这一人口普查区的重心近似代表医院的区位。这样,需求(人口普查区)和供给(候选医院)这二者的信息就同时放到多边形图层 cuyatrt 中。具体步骤如下:

1. 医院地理编码

在 ArcCatalog 中启动"地理编码"功能,操作方法为:选择 Address Locators＞Create New Address Locator＞选 US Streets with Zone (File)＞命名这个新的地址匹配器(address locator)为 Cuyahoga;在 Primary table,Reference data 栏目下,选择文件 tgr39035lka,其他项选用缺省值即可。

在 ArcMap 模块中进行"地址匹配",操作方法为:选 Tools＞Geocoding＞Geocode Address。选库亚霍加县为地址匹配器,选 cuya_hosp.csv 为地址表,执行结果存放在 shape 文件 hosp0,然后通过地图投影变换将这个 shape 文件投影到新的图层 hosp(借用 clevspa2k 的坐标系,参见第一章第 1.2 节中的第 2 步)。

2. 定义需求值

打开图层 cuyatrt 的属性表,加入一个新的属性项 patient,根据公式 patient＝age_under5＋age_65_up 计算它的值,这个属性项定义了每个人口普查区的总需求。

3. 将医院信息转到其最近的人口普查区

这个操作在 ArcGIS 上分四步完成:

① 使用 feature to point 工具,将多边形图层 cuyatrt 转为点图层 cuyatrtpt。

② 使用 near 工具,选择 hosp 为 input feature,cuyatrtpt 为 near feature,找到离每个医院最近的人口普查区。

③ 把 cuyatrtpt 属性表连接到 hosp 属性表上去。连接以后的 hosp 属性表中,加上了离其最近人口普查区的标识码(例如 STFID)。将这个

新 hosp 属性表输出另存为一个新表 hosptrt。

④ 根据关联码 STFID 将表 hosptrt 连接到人口普查区图层 cuyatrt。

注意,在利用 near 工具处理得到的结果中,有两个医院(Rainbow Babies and Children's Hospital 和 University Hospitals of Cleveland)彼此非常接近,二者邻近于同一个人口普查区。这意味着这两个医院只能合并为一个候选对象,合并以后的候选区位从原来的 21 个减为 20 个。

4. 定义区位优化的候选对象

在 cuyatrt 图层中加入一个新的属性项 clinic,根据选择条件 hosp: id > 0(只有靠近医院的人口普查区满足这一条件)选出代表医院区位的人口普查区,将其赋值为 clinic = 1。属性项 clinic 值为 0 时标志该区不是候选区位,为 1 时标志是候选区位,为 2 时标志是已经选定的服务设施点。

5. 执行基于点的区位优化分析

在 ArcInfo 工件站版的软件环境中,进行区位优化操作。首先,将存放上述文件的目录指定为当前工作目录,在 ArcInfo 命令行中键入 ap 命令来启动 ArcPlot 模块,在 ArcPlot 命令提示符方式下执行如下命令:

locatecandidates cuyatrt poly patient clinic

locatecriteria mindistance

locateallocate outalloc1 outcent1 outglob1 5

命令 locatecandidates 设置区位优化分析所需要的环境参数,包括: ① 定义分析图层名为 cuyatrt;② 参数 poly 定义当前分析的图层类型为多边形,若是点图层则使用参数 point;③ 指定属性表中的 patient 项为需求参数;④ 指定属性项 clinic 为候选服务区位。命令 locatecriteria 定义使用区位优化分析模块 MINDISTANCE 来求解 p-median 问题。命令 locateallocate 执行区位优化分析,其中:① 第一个参数指定输出结果为 INFO 文件 outalloc1,它也是一个记录列表文件,包含需求人口普查区(编号)、需求量、最近的候选区位(编号)及距离、次近的候选区位(编号)及距离等内容;② 第二个参数指定另一个输出结果文件为 outcent1,它是一个记录列表文件,包含有被选定的候选区位编号和相关信息;③ 第

第十章 线性规划及其在浪费性通勤测算和医疗服务区位优化中的应用 255

三个参数指定输出结果中的第三个 INFO 文件 outglob1,其中汇总有简要的分析结果;④ 第四个参数指定要选 5 个最优服务点(临时诊所)。

图 10.2 总结了基于面的区位优化分析中用到的输入文件和输出的结果文件。

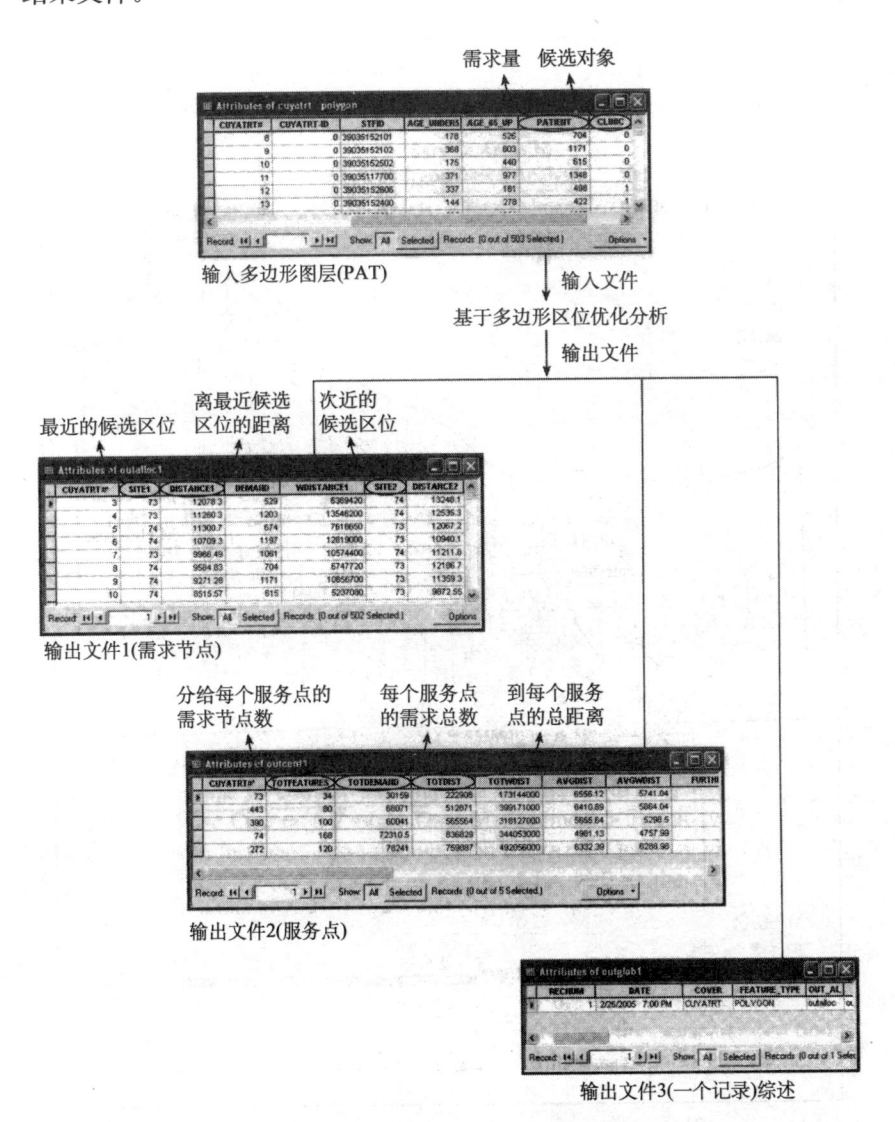

图 10.2 基于多边形区位优化分析的输入/输出文件

256 基于GIS的数量方法与应用

6. 分析结果显示

① 通过关联码 cuyatrt#，将分析结果中的表 outalloc1 和表 outcent1 连接到图层 cuyatrt 的属性表中。outalloc1 表中的 site1 项表示各人口

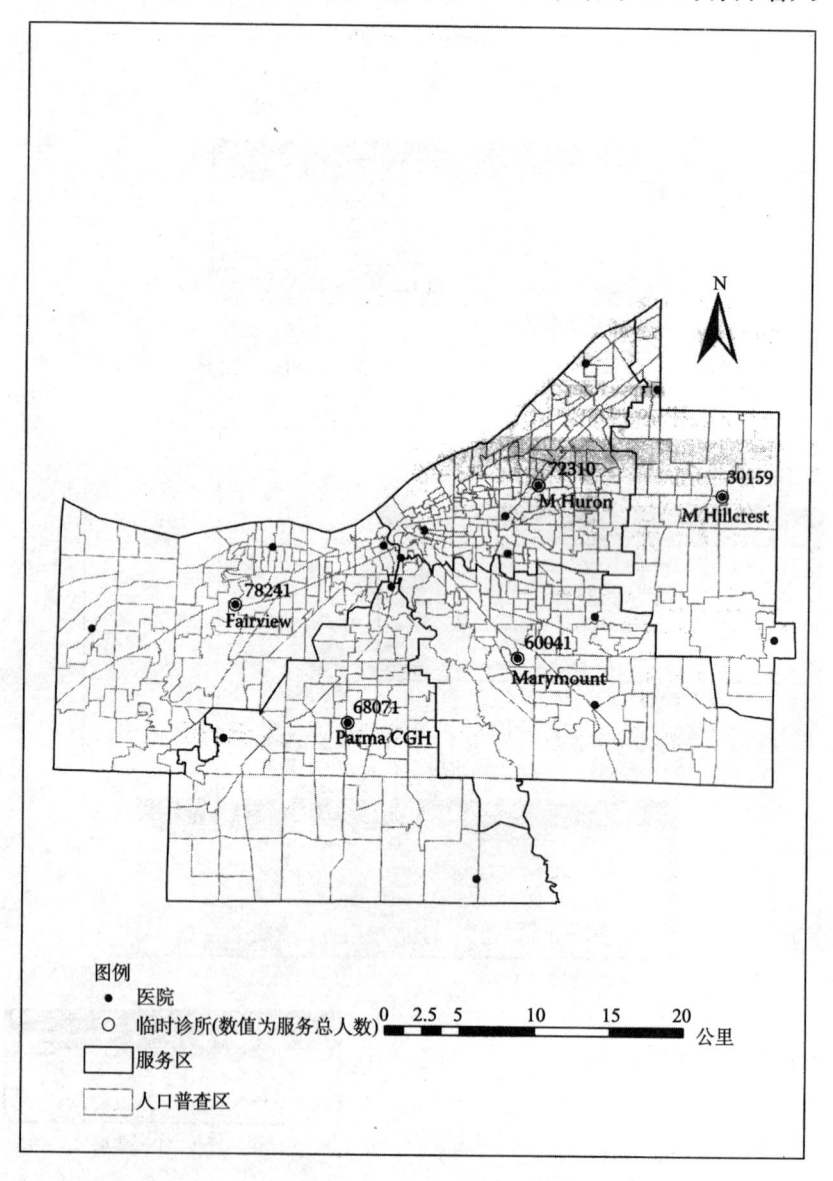

图 10.3 基于多边形区位分析的诊所位置及服务区范围

普查区是分配给哪一个临时诊所来服务的。② 用 dissolve 工具,根据属性项 site1 对图层 cuyatrt 中的人口普查区分组合并,可以生成 5 个临时诊所的服务区分布图,如图 10.3 所示。值得一提的是,有的人口普查区需求量(patient 项)为 0,并不影响也不出现在区位优化分析的结果中,可以把它们划在就近的诊所服务区内,以保证服务区分布图的完整。outcent1 表中的 totdemand 项为每个诊所服务区内总需求(就是 patient 项的总和)。分析结果汇总成表 10.2。

表 10.2 区位优化案例分析结果

| 诊所选址位置 | 基于面的区位优化服务区 | | 基于路网的区位优化服务区 | |
| --- | --- | --- | --- | --- |
| | 普查区数 | 服务总人数 | 普查区数 | 服务总人数 |
| Meridia Hillcrest 医院 | 34 | 30 159 | 32 | 28 428 |
| Meridia Huron 医院 | 168 | 72 311 | 168 | 79 005 |
| Fairview 医院 | 120 | 78 241 | 109 | 75 110 |
| Marymount 医院 | 100 | 60 041 | 96 | 55 064 |
| Parma Community General 医院 | 80 | 68 071 | 92 | 71 213 |

### 10.4.2 基于路网的分析方法

与基于面的分析方法相似,基于路网的分析方法同样要将需求和候选的供给区位这两种信息存贮在同一个图层中。在本案例中,需求信息存放在路网节点属性表(NAT 表)中,候选供给区位信息存放在文件 CENTERS 中(其中标识码与路网节点属性表 NAT 一致)。基于路网的区位优化分析利用路网距离或时间来衡量交通阻滞。

1. 准备路网资料

启动 ArcToolbox 模块:① 用 cuyatrt 所定义的地理坐标系将 shape 文件 tgr39035lka 投影变换到新的图层 cuyard0;② 用 Conversion Tools＞To Coverage＞Feature Class To Coverage 工具将 shape 文件 cuyard0

转换为 Coverage 格式的图层 cuyard；③ 用 Coverage Tools＞Data Management＞Topology＞Build 工具，创建图层 cuyard 中线和节点的拓扑关系。查看一下图层 cuyard 中点和线的属性文件 cuyard.aat 和 cuyard.nat(在将图层 cuyard 加入当前图框时，用鼠标双击 cuyard 就可选择是添加其中的 arc 图层还是 node 图层)。

2. 定义候选区位信息的 INFO 文件

与第一部分第 3 步相似，这一步的主要工作是将候选医院指派给最近的节点，并以此定义候选区位，具体操作在 ArcGIS 中分三步完成：① 用 near 工具来找到离医院最近的路网节点(选 hosp 为 Input Feature，cuyard (node)为 Near Feature)；② 将 cuyard 节点属性表(cuyard.nat)连接到 hosp 的属性表中(这样 hosp 的属性表就增加了离其最近节点的编号信息)，并将结果输出为一个新文件 hospnode.dbf；③ 在文件 hospnode.dbf 中增加一个属性项 clinic，设值为 clinic＝1。与第一部分不同的是，这里每个医院都对应着一个唯一的节点，因此，共有 21 个候选区位(第一部分有两个医院合并，只有 20 个候选区位)。

定义 INFO 文件需要在 ArcInfo 工件站版的软件环境下完成。在 ArcInfo 命令行提示符下：① 键入命令 dbaseinfo hospnode.dbf centers，将 dBase 文件 hospnode.dbf 转换为 INFO 文件 centers；② 将 INFO 文件 centers 中的 cuyard_和 cuyard_id 这两个变量分别重新命名为 cuyard♯ 和 cuyard-id；③ 舍弃其他项，仅仅保留 cuyard♯、cuyard-id、clinic 这三个变量。

3. 在路网属性表 NAT 中定义需求量

与上述第 2 步相似，这一步要将人口普查区的需求信息转移到离其最近的路网节点上，具体操作在 ArcGIS 中分两步完成：① 用 near 工具来找到离人口普查区最近的节点(选 cuyatrtpt 为 Input Feature，cuyard (node)为 Near Feature)；② 将 cuyard 节点属性表(cuyard.nat)连接到 cuyatrtpt 的属性表中(这样 cuyatrtpt 的属性表就增加了离其最近节点的编号信息)，结果输出为一个新的文件 trtnode.dbf。

同样地，在 ArcInfo 工件站版的软件环境下：① 键入命令 dbaseinfo trtnode.dbf demand，将 dBase 文件 trtnode.dbf 变为 INFO 文件 demand；② 将 INFO 文件 demand 中的 cuyard_和 cuyard_id 两个变量分别重命名为 cuyard♯和 cuyard-id；③ 舍弃其他项，仅仅保留 cuyard♯、cuyard-id、STFID 和 patient 这几个变量；④ 键入命令 joinitem cuyard.nat demand cuyard.nat cuyard♯ 将文件 demand 连接到路网属性表 cuyard.nat。

4. 执行基于路网的区位优化分析

在 ArcInfo 命令行中键入 ap 命令启动 ArcPlot 模块，然后，在 ArcPlot 提示符下键入如下命令：

netcover cuyard cuyaroute
demand ♯ patient
centers centers
locatecandidates centers clinic
locatecriteria mindistance
locateallocate outalloc2 outcent2 outglob2 5

在命令 netcover 中，定义 cuyard 图层为区位优化分析的路网系统，产生的路径文件为 cuyaroute。在命令 demand 中，用符号 ♯ 跳过选项"arc_demand_item"到选项"node_demand_item"，由路网节点属性表 cuyard.nat 中的属性项 patient 定义。命令 centers 定义 INFO 文件 centers 为候选区位。命令 locatecandidates centers 用 CENTERS 文件中的 clinic 项设置区位优化分析的环境。其他命令 locatecriteria 和 locateallocate 与第一部分（基于面的区位优化分析）相同。

图 10.4 以图解方式说明了在基于网络的区位优化分析中相关的输入与输出文件。

5. 分析结果显示

启动 ArcMap：① 根据关联码 cuyard♯，把表 outalloc2 和表 outcent2 连接到 INFO 文件 demand 中去，将合并后的结果输出为外部文件 demand.dbf；② 根据关联码 STFID，将文件 demand.dbf 连接到图层

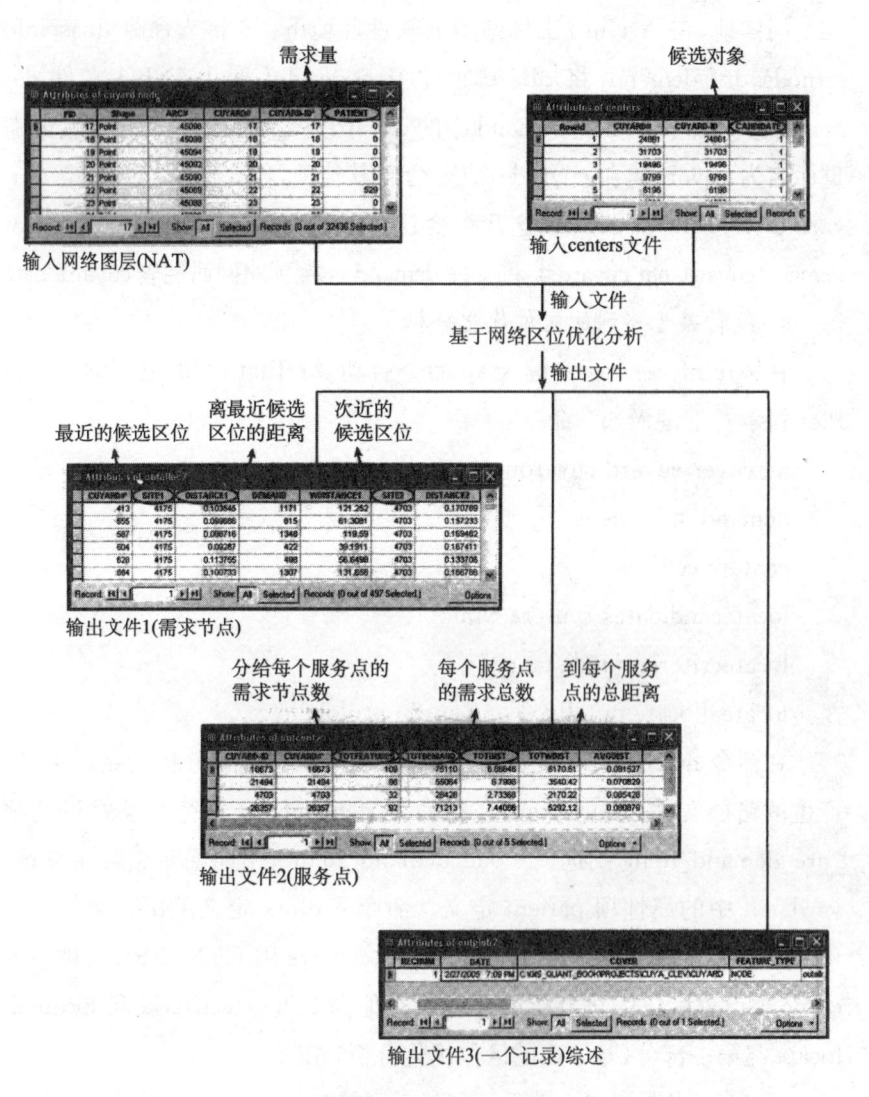

# 260 基于 GIS 的数量方法与应用

图 10.4 基于网络区位优化分析的输入/输出文件

cuyatrt 的属性表中；③ 用 dissolve 工具，根据属性项 site1 对图层 cuyatrt 中的人口普查区分组合并，可以生成 5 个临时诊所的服务区分布图，见图 10.5。分析结果汇总在表 12.2。

比较图 10.3 和图 10.5 可以发现，基于面和基于路网的区位优化法选择了同样的区位来设这五个诊所，但在服务区的划分上略有差别，后者

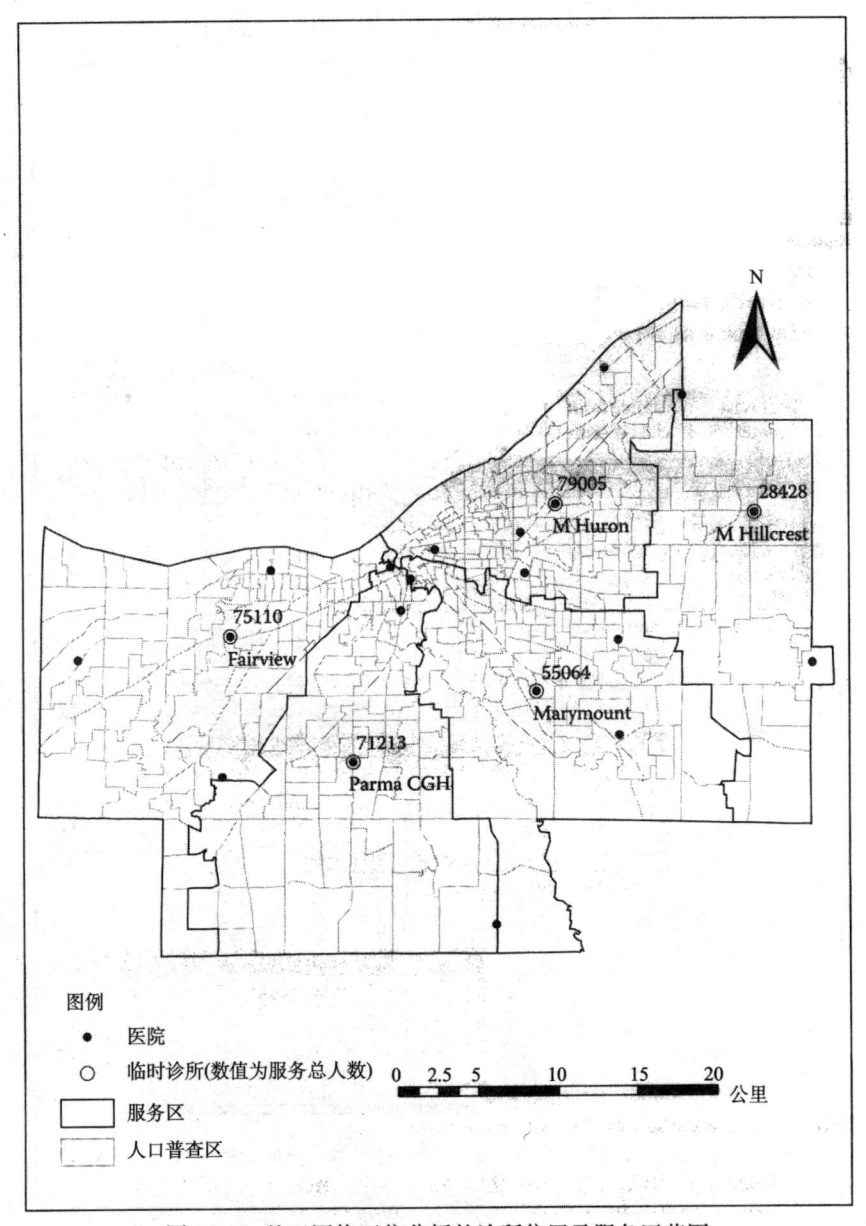

图 10.5 基于网络区位分析的诊所位置及服务区范围

反映了路网格局的影响。例如,沿湖的州际高速公路(见图10.6中的I-90)使得东北角的一些地区到 Meridia Huron 医院更方便,而不是到直线距离较近的 Meridia Hillcrest 医院。东边的州级公路 SR91 使本县东南

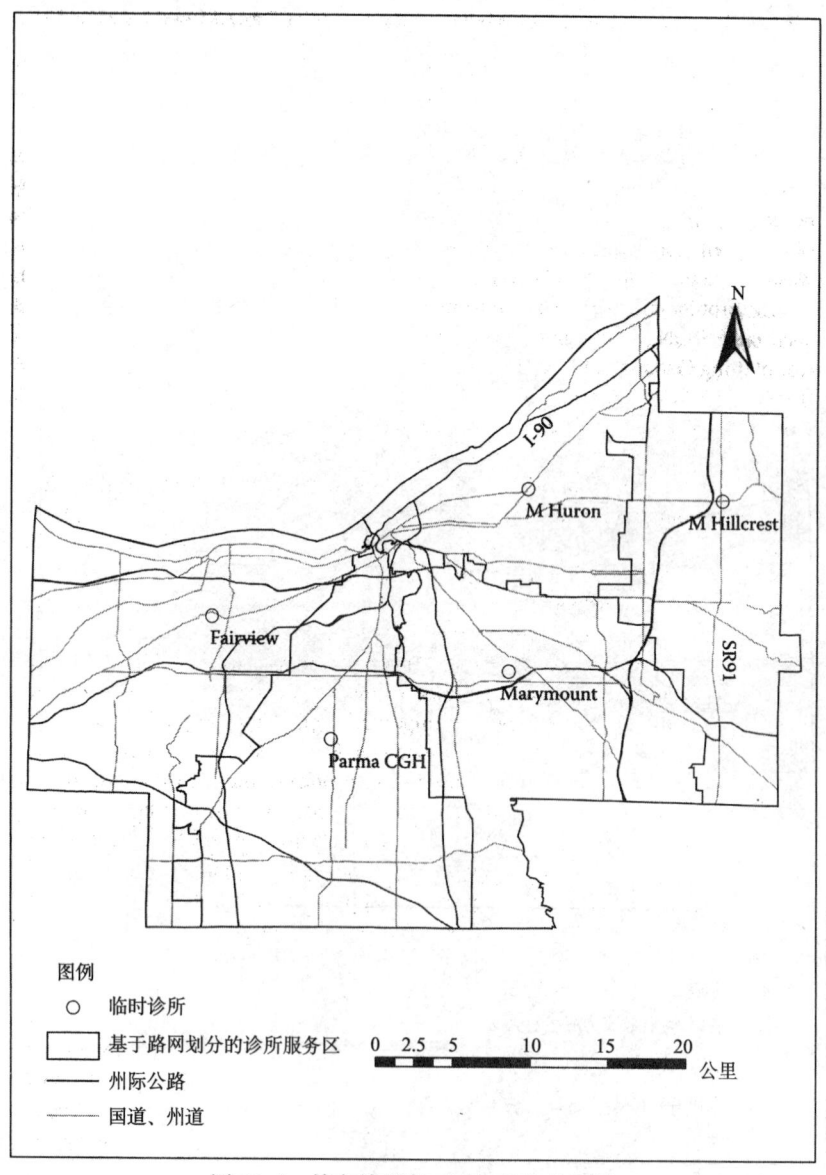

图 10.6 俄亥俄州库亚霍加县的公路网

角上的地区更容易到 Meridia Hillcrest 医院,而不是 Marymount 医院。同样原理,Parma Community General 医院的服务区范围向北扩展,但在西南和东南两角收缩了。

## 10.5 小　　结

线性规划技术广泛地应用在科研、工程、社会经济规划、区位分析和其他领域。本章首先介绍了单纯形法及其在 SAS 软件支持下的线性规划求解方法,利用 SAS(OR 模块)中的 LP 程序可以求解一般型线性规划、整数型线性规划和混合型线性规划等多种问题。在编写 SAS 的线性规划程序时,整型变量通过 TYPE 语句定义为 INTEGER,0-1 变量通过 TYPE 语句定义为 BINARY(虽然第 10.2 节中讲解的案例不涉及整型变量)。当涉及大型矩阵编码时,最好使用松散式来编写程序代码。SAS 软件中还提供有 ASSIGN 程序(用于求解分配委派问题)、CPM 程序(用于求解工程时间安排)、GANTT 程序(用来绘制 Gantt 图)、NETDRAW 程序(用于绘制网络图)、NETFLOW 程序(用于网络物流规划)、TRANS 程序(用于求解交通问题)等许多专业工具,用来求解更专业性的线性规划问题。

本章第一个分析案例是浪费性通勤的计算,基于 SAS 软件讲解了求解线性规划问题的具体过程。在这里,目标函数是整个城市通勤距离(时间)的总和最小,而求得的最优解中,许多通勤路径是居住地和工作地在同一区内,从而通勤量较小。显然,这种"最优通勤量"与实际的通勤量相比,相差悬殊,存在很大的浪费性通勤。准确估算区内距离(时间)是十分困难的,除非我们有居住地和工作地精确到点的街道地址,用 GIS 以点带面的方法估算出来的区内通勤时间总会有较大误差。浪费性通勤这个具体问题的研究也许意义有限,但问题的研究引发了与交通通勤相关的其他问题,比如"空间错位"(spatial mismatch)和弱势群体是否享有社会公正(Kain,2004)等敏感的公共政策问题。

区位优化模型是线性规划在区位分析中的一种应用。本章中第二个案例是 p-中位优化(p-median)模型的一个应用实例,即医疗卫生设施的最优区位优化问题。通过案例分析,我们熟悉了如何利用 ArcInfo 软件的内置模块来求解这类问题,具体分为基于面(点)和基于路网两种方法。基于面(点)的方法使用欧氏(直线)距离来度量供需点之间的交通阻滞,在 ArcInfo 中求解过程相对容易一些;基于路网的方法使用通行距离(时间)来度量交通阻滞,更准确地反映了实际情况,分析时需要提前准备交通路网数据。两种方法都要求将需求与供给这两种信息存放在同一个图层中。在基于面(点)的方法中,既可以将供给区位图层和需求区位图层合并成一个新图层的方法来实现,也可以通过在供给图层中找到最近的需求区位,然后用这些最近的需求区位来代替供给点的方法来实现(第 10.4 节案例研究用的是后者);在基于路网的方法中,需求区位和供给区位,都是通过寻找其最近的路网节点,然后将它们指派到这些节点上,从而将两者都转换到同一个图层上。利用 ArcInfo 可以很方便地求解区位优化问题,分析结果可以直接在 ArcGIS 中制图输出,可惜 ArcInfo 相关的模块中,用户不能自己定义一些较为复杂的约束条件。求解更为复杂的线性规划问题需要在 SAS 下编程,或借助于更专业的软件包来实现。

## 附录 10A 哈密尔顿的浪费性通勤模型

经济学家通常要在一些假设的基础上来构造模型。虽然假设离真实世界有一定的距离,但有利于简化模型,突出某些本质性的问题。哈密尔顿的浪费性通勤模型(Hamilton, 1982)也不例外,它是将城市简化为单中心(类似于第六章中的城市经济模型)。大家应该注意到,在 20 世纪 80 年代前,城市内部就业分布的资料是很难得到的,另外,GIS 技术当时还处于开发阶段。

首先,在一个单中心的城市,假设就业都集中在市中心的 CBD 地区。假定人口分布密度函数为 $P(x)$,其中 $x$ 为到 CBD 的距离,可以计算出以

CBD 为圆心、距离为 $x$ 的同心圆环的面积为 $2\pi x dx$,相应的人口数为 $2\pi x P(x)dx$。通过积分可以计算出在以 CBD 为中心、$R$ 为半径的市区内,整个市区人口($N$)产生的通勤距离总量 $D$ 为:

$$D = \int_0^R x(2\pi x P(x))dx = 2\pi \int_0^R x^2 P(x)dx$$

这样,每个人的平均通勤距离 $A$ 为:

$$A = \frac{D}{N} = \frac{2\pi}{N}\int_0^R x^2 P(x)dx \tag{A10.1}$$

现在假设就业分散地分布在整个城市中,符合分布函数 $E(x)$。哈密尔顿相信分散的就业模型比单中心模型更加符合现实情况。与式(A10.1)相似,到 CBD 的平均就业距离为:

$$B = \frac{2\pi}{J}\int_0^R x^2 E(x)dx \tag{A10.2}$$

这里,$J$ 是城市中总的就业人数。

假如所有居民都可以自由地交换居住地以减少通勤时间,则现在的问题就是怎样才能使总的通勤时间最小。注意到就业分布比居住人口分布更为集中,上班的通勤方向总是从外往市中心 CBD 方向,并选择就近的就业机会。正如哈密尔顿所言,与单中心城市相比,"就业机会的分散节省了上班族的通勤距离,节省的距离正好等于工作地到 CBD 的距离"(Hamilton,1982:1040)。因此,最优通勤,或称必要通勤、最小通勤,就是居民离 CBD 的平均距离($A$)与就业离 CBD 的平均距离($B$)之差:

$$C = A - B = \frac{2\pi P_0}{N}\int_0^R x^2 e^{-tx}dx - \frac{2\pi E_0}{J}\int_0^R x^2 e^{-rx}dx \tag{A10.3}$$

这里人口分布密度函数和就业分布密度函数都假定为指数函数,也就是,$P(x) = P_0 e^{-tx}$,(见第六章的方程6.1),$E(x) = E_0 e^{-rx}$。

计算(A10.3)中的定积分可以得到下式:

$$C = -\frac{2\pi P_0}{tN}R^{-2}e^{-tR} + \frac{2}{t} + \frac{2\pi E_0}{rJ}R^{-2}e^{-rR} - \frac{2}{r}$$

哈密尔顿研究了美国14个不同大小的城市,发现最优通勤只占实际通勤的13%,剩余的87%都是浪费性通勤。为了更深入地阐述他的观点,他假设人们随机地选择居住地和就业地,发现那样的通勤距离只是比实际通勤多出25%。也就是说,人们在居住地和就业地选址时更接近于随机行为,离最优通勤的理想状态相去甚远。

为什么实际通勤量要比哈密尔顿模型预测的最优通勤要多得多呢?其中原因很多,有些原因哈密尔顿自己已经认识到了,比如假设的就业和居民分布函数以及无数的放射状城市路网都离现实相去甚远(即二者之间存在偏差)。另外,当人们更换工作时,不一定马上就迁住到离工作地点最近的区位,因为还涉及搬迁成本(具体费用及一些感情因素)和其他考虑。显然,住自己房子的人要比租房子住的人搬家成本更高,因此,居民是否拥有住房产权也会影响人们通勤是否优化的可能性。如果家中有多人工作,除非刚好都在同一个地点工作,否则,不可能在住宅选址上,为家庭中的每个工作成员都优化通勤。更为重要的是,居民选择居所时不单会考虑上班远近的问题,还有其他方面的因素,如购物、服务、娱乐、休闲等设施是否方便?学校和公共设施的质量如何?邻里是否和睦?小区是否安全?在研究城市内部通勤差异时,有的研究者已经考虑到了这些因素(Wang,2001b;Shen,2000)。

## 附录 10B 浪费性通勤测算的 SAS 程序

```
/* LP.sas minimizes total commute time in Columbus, Ohio.
   By Fahui Wang on 4-14-2005                              */

/* Input the data of resident workers & jobs              */
data study;
  infile 'c:\gis_quant_book\projects\columbus\urbtaz.txt';
  input taz $1-6 work emp; /*TAZ codes, # Workers, # jobs */
```

# 第十章 线性规划及其在浪费性通勤测算和医疗服务区位优化中的应用

```
    proc sort; by taz;
data work; set study (rename = (taz = tazr)); if work>0;
    oindex + 1;     /* Create an index for origin TAZs          */
data emp; set study (rename = (taz = tazw)); if emp>0;
    dindex + 1;     /* Create an index for destination TAZs     */
/* Input the data of O-D commute time                           */
data netdist0;
    infile 'c:\gis_quant_book\projects\columbus\odtime.txt';
    input tazr $1-6 tazw $9-14 @15 d; /* from_taz, to_taz, time */
    proc sort; by tazw;
data netdist1;    /* attach index for destination taz           */
    merge emp(in = a) netdist0; by tazw; if a;
    proc sort; by tazr;
data netdist2;    /* attach index for origin taz                */
    merge work(in = a) netdist1; by tazr; if a;
    route = oindex * 1000 + dindex; /* Create unique code for a route */
    proc sort; by route;

/* Build the LP model in sparse format                          */
data model;
    length _type_ $8 _row_ $8 _col_ $8;
    keep _type_ _row_ _col_ _coef_;   /* four variables needed  */
NI = 812;   /* total number of origin TAZs */
NJ = 931;   /* total number of destination TAZs */
/* Create the Constraints on Jobs */
Do j = 1 to NJ; set emp;
/* 1st entry defines the upper bound (#jobs) for a TAZ */
    _row_ = 'EMP'||put(j,3.); /* Increase the space limit "3" if >
```

999 TAZs */
```
  _type_ = 'LE';
  _col_ = '_RHS_';
  _coef_ = emp;
  output;
/* the following defines variables & coefficients in the same row */
  _type_ = ' ';
  Do I = 1 to NI;
    if emp~ = . then do; /* for non-zero emp TAZs only */
    _col_ = 'X'||put(i,3.)||put(j,3.);   /* Xij */
    _coef_ = 1.0;   /* all coefficients are 1 */
    output;
    end;
  end;
end;

/* Create the Constraints on Resident Workers */
Do i = 1 to Ni;
  set work;
  _row_ = 'WRK'||put(i,3.);
  _type_ = 'EQ';   /* All resident workers must be assigned */
                   /* Note total resident workers < total jobs */
  _col_ = '_RHS_';
  _coef_ = work;
  output;
  _type_ = ' ';
  Do j = 1 to Nj;
    if work~ = . then do;
```

## 第十章 线性规划及其在浪费性通勤测算和医疗服务区位优化中的应用 269

```
      _col_ = 'X'||put(i,3.)||put(j,3.);
      _coef_ = 1.0;
      output;
      end;
    end;
end;

/* Create the objective function */
_row_ = 'OBJ';
Do I = 1 to NI;
  Do J = 1 to NJ;
    _type_ = '  ';
    set netdist2;
    if d~ = . then do;
    _col_ = 'X'||put(i,3.)||put(j,3.);
    _coef_ = D;
    output;
    end;
  end;
end;
_type_ = 'MIN';
_col_ = ' ';
_coef_ = .;
output;

/* Run the LP Problem */
proc lp sparsedata
    primalout = result noprint time = 60000 maxit1 = 5000 maxit2 =
```

```
    50000;
    reset time = 60000 maxit1 = 5000 maxit2 = 50000;

data result; set result;
    if _value_>0 and _price_>0;
/* Save the result to an external file for review       */
data _null_; set result;
    file 'c:\gis_quant_book\projects\columbus\junk.txt';
    put _var_ _value_;
/* convert the X variable to From_TAZ and To_TAZ index codes */
data junk;
    infile 'c:\gis_quant_book\projects\columbus\junk.txt';
    input oindex 2-4 dindex 5-7 Ncom ;
    route = oindex * 1000 + dindex;
    proc sort; by route;

/* attach the From_TAZ and To_TAZ codes, #commuters and time
   and save the result to an external file              */
data f;
  merge netdist2 junk(in=a); by route; if a;
  file 'c:\gis_quant_book\projects\columbus\min_com.txt';
  put tazr $1-6 tazw $8-13 Ncom 15-21 @23 d 12.5;
run;
```

# 第十一章 线性方程组的求解及其在城市结构模拟中的应用

线性方程组应用很广,如常用的投入产出分析(Hewings,1985;参见附录 11A 的简介)。本章以格瑞—劳瑞模型(Garin-Lowry model)为例,介绍和讲解线性方程组的求解方法。格瑞—劳瑞模型多用于城市内部用地结构分析,广受城市规划师和城市地理学家的青睐。本章通过一个假想的城市,探讨城市内部人口和就业分布的相互依存关系,研究二者的分布又是如何受交通网络和其他因素的影响。在本章的实例分析中,GIS 的应用涉及基于路网的通行时间计算以及相关的数据准备工作。

线性方程组的求解是数字分析(numerical analysis)的基本算法,也是许多高级数字分析方法的基石,比如非线性方程组的求解和矩阵特征值的计算都要用到线性方程组的解法。附录 11B 简要讲解非线性方程组的求解,其中就用到了线性方程组的解法。

## 11.1 线性方程组求解

一个 $n$ 元线性方程组有 $n$ 个未知变量 $x_1, x_2, \cdots, x_n$,如下所示:

$$\begin{cases} a_{11}x_1 + a_{12}x_2 + \cdots + a_{1n}x_n = b_1 \\ a_{21}x_1 + a_{22}x_2 + \cdots + a_{2n}x_n = b_2 \\ \cdots \cdots \\ a_{n1}x_1 + a_{n2}x_2 + \cdots + a_{nn}x_n = b_n \end{cases}$$

上述方程组可用矩阵形式表示为:

$$\begin{bmatrix} a_{11} & a_{12} & \cdots & a_{1n} \\ a_{21} & a_{22} & \cdots & a_{2n} \\ \vdots & \vdots & \ddots & \vdots \\ a_{n1} & a_{n2} & \cdots & a_{nn} \end{bmatrix} \begin{bmatrix} x_1 \\ x_2 \\ \vdots \\ x_n \end{bmatrix} = \begin{bmatrix} b_1 \\ b_2 \\ \vdots \\ b_n \end{bmatrix}$$

或简写为：

$$Ax = b \tag{11.1}$$

如果矩阵 A 是对角矩阵，则方程组式(11.1)变为：

$$\begin{bmatrix} a_{11} & 0 & \cdots & 0 \\ 0 & a_{22} & \cdots & 0 \\ \vdots & \vdots & \ddots & \vdots \\ 0 & 0 & \cdots & a_{nn} \end{bmatrix} \begin{bmatrix} x_1 \\ x_2 \\ \vdots \\ x_n \end{bmatrix} = \begin{bmatrix} b_1 \\ b_2 \\ \vdots \\ b_n \end{bmatrix}$$

对于这样简单的线性方程组，求解就很容易，其解为：

$$x_i = b_i/a_{ii} \quad (i = 1, 2, \cdots, n)$$

如果 $a_{ii}=0$ 且 $b_i=0$，则 $x_i$ 可以是任意实数；如果 $a_{ii}=0$ 而 $b_i \neq 0$，则方程组无解。

还有两种线性方程组，其求解方法也比较简单。如果矩阵 A 是个下三角形矩阵(即所有位于主对角线以上的元素都为 0)，则方程组式(11.1)变为：

$$\begin{bmatrix} a_{11} & 0 & \cdots & 0 \\ a_{21} & a_{22} & \cdots & 0 \\ \vdots & \vdots & \ddots & \vdots \\ a_{n1} & a_{n2} & \cdots & a_{nn} \end{bmatrix} \begin{bmatrix} x_1 \\ x_2 \\ \vdots \\ x_n \end{bmatrix} = \begin{bmatrix} b_1 \\ b_2 \\ \vdots \\ b_n \end{bmatrix}$$

如果式中 $a_{ii} \neq 0 (i = 1, 2, \cdots, n)$，上述方程组可用前向替代法求解。也就是说，通过第一个方程式可以求解 $x_1$；将 $x_1$ 的值代到第二式，可求解 $x_2$；将 $x_1$ 和 $x_2$ 的值代入第三式，可求解 $x_3$；依次类推，可以求解其他变量。

类似地，如果矩阵 A 具有上三角形的结构，即所有位于主对角线以下的元素都为 0，方程组式(11.1)变为：

$$\begin{bmatrix} a_{11} & a_{12} & \cdots & a_{1n} \\ 0 & a_{22} & \cdots & a_{2n} \\ \vdots & \vdots & \ddots & \vdots \\ 0 & 0 & \cdots & a_{nn} \end{bmatrix} \begin{bmatrix} x_1 \\ x_2 \\ \vdots \\ x_n \end{bmatrix} = \begin{bmatrix} b_1 \\ b_2 \\ \vdots \\ b_n \end{bmatrix}$$

这种上三角形结构的方程组可以通过后向替代法来求解,其过程与前向替代法正好相反。

如果能将任何线性方程组转换为上述两种简单的线性方程组形式,也就是把矩阵 A 转换成三角形矩阵,一般的线性方程组就可以得解了。操作上就是把矩阵 A 分解成一个下三角形矩阵 L 和一个上三角形矩阵 U 的积(称为 LU 分解法),即 A = LU。其求解过程分为两个步骤:

1. 先由 Lz=b,求解 z;
2. 再由 Ux=z,求解 x。

也就是说,采用前向替代法可以从第一个方程组(Lz=b)中求出 z;然后将解得的 z 代入第二个方程组(Ux = z),采用后向替代法求解得 x。

实践中有多种 LU 矩阵分解法,其中高斯法比较有效,使用也广。高斯法由两个步骤组成,第一步为分解,或称向前消去,第二步为求解,用的是后向替代(Kincaid and Cheney,1991:145)。已经有许多现成的计算机程序,用的都是高斯法,如 FORTRAN 语言(Press et al.,1992a)、C 语言(Press et al.,1992b)和 C++语言(Press et al.,2002)。本书中的程序 SimuCity.for(附录 11C)是 FORTRAN 程序,其中子程序 LUDCOMP 执行第一步,子程序 LUSOLVE 执行第二步。这两个子程序都调用另外两个小的子程序(SCAL 和 AXPY)。许多 FORTRAN 语言的编译软件可以免费从网站下载,参见网络地址 http://www.thefreecountry.com/compilers/fortran.shtml,作者使用的 g77 编译软件是从 http://www.gnu.org/software/fortran/fortran.html 下载的。第 11.3 节讲解这些程序如何应用于求解格瑞—劳瑞模型。有条件的读者也可以用商用软件 MATLAB(www.mathworks.com)或者 Mathematica(www.wolfram.com)来求解线性方程组。

## 11.2 格瑞—劳瑞模型

### 11.2.1 基本与非基本产业

研究城市问题的学者,都熟悉城市内部人口与就业的分布是密切相关的。这里,我们所说的"人口",是指居民住宅人口,一般人口普查就是按住宅地址统计的;"就业"是指上班人员的就业地点,是按工作地计算的。分析城市三大用地类型(商业用地、工业用地和住宅用地)的分布其实最主要的就是要弄清楚城市人口与就业的分布,因为人口代表了住宅用地、就业占用的是商业和工业用地。我们常常遇到的争论是:究竟是人口跟随就业,还是就业追随人口?前者强调的是,就业区位定下来以后,就业人员设法就近寻找住宅,从而形成居民点;后者的逻辑是,居民点是先形成的,企业和公司只是设法办在邻近居民区的地方,以求便捷地获取劳动力资源或便于服务当地居民。其实现实生活中,两种情况可能都存在。

格瑞—劳瑞模型(Lowry,1964;Garin,1966)强调城市人口与就业的分布相互依存,但就业有基本就业与非基本就业之分,不同类型的就业影响居住人口分布所起的作用不同。基本就业的分布相对独立,可视为外在因素;服务性就业(或称非基本就业)的分布追随居住人口的分布。另外,无论是基本就业还是非基本就业,居住人口的分布总是受就业分布的影响,图 11.1 概括了它们之间的这种相互依存的关系。人口与就业分布的这种互相影响随其间的距离递减,而距离又是由城市交通网络所决定的。回顾第六章(特别是附录 6A)讨论过的城市经济模型(如米尔斯—穆斯模型)假定的是单中心,也就是所有就业机会都集中在市中心,而格瑞—劳瑞模型不同,具有很大的灵活性。在模拟城市人口与就业分布时,模型可以假定基本就业都集中在市中心,也可是其他分布,因此而检验就业对人口分布的影响。同时,该模型还可用于检验交通路网对人口和就业分布的影响。

```
         ┌──── 基本就业
就业 ────┤                      ┌──────┐
         └──── 非基本就业 ◄─────│ 人口 │
  ▲                              └──────┘
  └──────────────────────────────────┘
```

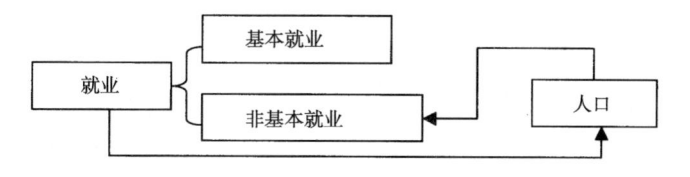

图 11.1　城市人口和就业分布相互作用

将就业分为基本就业和非基本就业，源于城市或区域的经济可分为基本产业与非基本产业。前者指某一部门的产品或服务是面向市区以外的地区，是相对独立于当地经济的；后者指产品或者服务面向当地，销于当地，是依附于当地经济的。据此类推，基本就业是指在基本产业部门的就业人口，非基本就业是指在非基本产业部门就业的人口。这种两分法是城市与区域规划中的一种有效手段（Wheeler et al.，1998：140），它明确指出了哪些经济部门对于城市的生存发展是至关重要的。由于基本产业的发展会带动整个城市经济包括非基本产业的发展，城市与区域规划师也常常从分析基本产业的变化入手，来预测整个城市的经济变迁。

区分基本和非基本就业的常用方法是"最小需求法"（Ullman and Dacey，1962）。最小需求法是先把同等规模的城市归为一类，计算每个城市中各个部门的就业人口比重。对于某一产业，在同类城市中找到该产业比重最低的那个城市，这个比重就是这一产业的最低需求。最低需求可以近似为非基本就业，也就是服务于城市本身的就业数，多出的部分就是基本就业。区分基本与非基本就业还可以通过分析出口资料（Stabler and St. Louis，1990）来划分。实际操作中也可以粗略地把某一部门（如工业）全划为基本产业，把某一部门（如服务业）全划为非基本产业。

这样看来，格瑞—劳瑞模型中分析的基本就业、非基本就业和居住人口就对应于城市的三大类用地（工业用地、商业用地和住宅用地），基本上解决了城市用地的分布问题。

### 11.2.2 格瑞—劳瑞模型的构建

在格瑞—劳瑞模型中,假设一个城市由 $n$ 个区组成,任何一个区如 $j$ 区的人口分布受全市所有 $n$ 个区的就业(包括基本与非基本)影响;任何一个区如 $i$ 区的服务(非基本)就业的分布由全市所有 $n$ 个区的人口决定。两者之间相互影响的强度随距离递减,由重力模型量化表达。格瑞—劳瑞模型只需知道基本就业的分布和各区之间的距离(时间),就可模拟人口与非基本产业的分布情况。

首先,任何 $i$ 区服务就业 $S_i$ 是全市每个区($k=1,2,\cdots,n$)人口 $P_k$ 的影响之和,其影响强度由重力轴系数 $t_{ik}$ 调控:

$$S_i = e\sum_{k=1}^{n}(P_k t_{ik}) = e\sum_{k=1}^{n}[P_k(d_{ik}^{-\alpha}/\sum_{j=1}^{n}d_{jk}^{-\alpha})] \tag{11.2}$$

式中常数 $e$ 是全市服务就业人口与总人口之比(用于平衡方程的左右两边),$d_{ik}$ 是 $i$ 区和 $k$ 区之间的距离,$\alpha$ 是距离衰减系数(用来刻画人们从居民点到服务业点的购物行为)。重力轴系数 $t_{ik}$ 代表 $i$ 区服务就业数受 $k$ 区居住人口数影响的那一部分比例,而 $k$ 区居住人口又影响所有区的服务业。换言之,$i$ 区服务就业数是每个 $k$ 区($k=1,2,\cdots,n$)人口对其影响(随距离递减)的总和;而反过来,其中这个 $k$ 区人口对 $i$ 区服务就业的影响,又仅仅是这个区对其他所有 $j$ 区($j=1,2,\cdots,n$)服务就业影响的一部分。

类似地,任何 $j$ 区的人口 $P_j$ 反过来是全市每个 $i$ 区($i=1,2,\cdots,n$)就业数 $E_i$ 的影响之和,其影响强度也是由一个重力轴系数 $g_{ij}$ 测算的:

$$P_j = h\sum_{i=1}^{n}(E_i g_{ij}) = h\sum_{i=1}^{n}[(B_i+S_i)(d_{ij}^{-\beta}/\sum_{k=1}^{n}d_{kj}^{-\beta})] \tag{11.3}$$

式中常数 $h$ 是全市人口与就业数之比,$\beta$ 是距离衰减系数(刻画人们从居民点到就业点的通勤行为)。注意,就业 $E_i$ 包括基本和服务就业人员($E_i = S_i + B_i$)。同样地,重力轴系数 $g_{ij}$ 代表 $j$ 区居住人口受 $i$ 区就业影响的那一部分比例,而这部分影响又只是 $i$ 区总就业数影响所有 $k$($k=1,2,\cdots,n$)区居住人口的一部分。

## 第十一章 线性方程组的求解及其在城市结构模拟中的应用

以数列 P、S、B 代表 $P_j$、$S_i$、$B_i$，以矩阵 G、T 代表 $g_{ij}$（含常数 $h$）和 $t_{ik}$（含常数 $e$），方程(11.2)和(11.3)可写为：

$$S = TP \qquad (11.4)$$

$$P = GS + GB \qquad (11.5)$$

合并式(11.4)和(11.5)，重新整理为：

$$(I - GT)P = GB \qquad (11.6)$$

式中 I 为 $n$ 阶单位矩阵。式(11.6)就是一个 $n$ 元线性方程组的矩阵形式，未知数是矩阵 P。由于 4 个参数（两个距离衰减系数 $\alpha$ 和 $\beta$、人口与就业比 $h$、服务就业与人口比 $e$）是给定的常数，距离矩阵 $d$ 可以通过路网数据估算，矩阵 G、T 就定义了；基本就业数列 B 代表市内基本就业的空间分布状态，需要事先给定。

将式(11.6)的解 P 代入到(11.4)式，即可解出服务就业数列 S。也就是说，给定市内基本就业的分布和各区之间的距离，格瑞—劳瑞模型就可以求得人口与服务产业的分布情况。可参见有关文献(Batty,1983)。

下一节采用一个简单的实例，讲解格瑞—劳瑞模型的构建和求解过程。

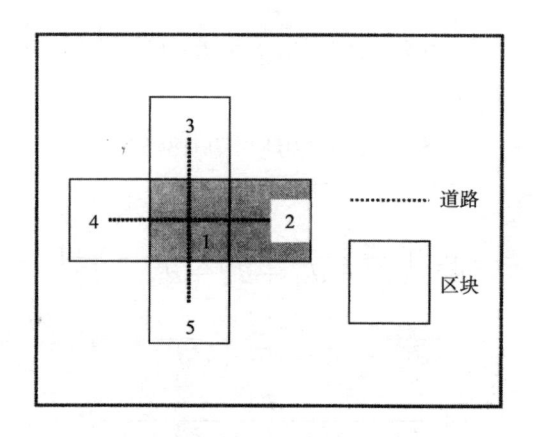

图 11.2　一个简单的城市模型示例

### 11.2.3 简明实例

如图 11.2 所示,假设城市由 5 个($n=5$)具有相同面积的区块组成,图中虚线为连接各区的道路。可以看出,如果基本就业都集中在市中心(1 区),从区位的角度来看,其他区块(2、3、4、5)都是对称的,也必然有同样的人口和服务就业数。这样,只有 1 区和 2 区(图中阴影部分)需要区别,设其人口分别为 $P_1$、$P_2$,非基本(服务)就业为 $S_1$、$S_2$。假设基本就业总数标准化为 1,那么,$B_1=1, B_2=B_3=B_4=B_5=0$。这样标准化表示我们关心的是人口和就业分布在各区的相对人数,也就是它们的地域变化。假设 1、2 两区距离为 1,每区内部距离为 0.25(即 $d_{11}=d_{22}=d_{33}=\cdots=0.25$),区间距离以路网距离计算(比如 $d_{23}=d_{21}+d_{13}=1+1=2$)。为分析方便,定义常数为:$e=0.3$、$h=2.0$、$\alpha=1.0$、$\beta=1.0$。

据式(11.2),利用区位对称的特点(即区 2、3、4 和 5 相对于区 1 来说区位等同),则有:

$$S_1 = 0.3 \left( \frac{d_{11}^{-1}}{d_{11}^{-1}+d_{21}^{-1}+d_{31}^{-1}+d_{41}^{-1}+d_{51}^{-1}} P_1 \right.$$
$$\left. + \frac{d_{12}^{-1}}{d_{12}^{-1}+d_{22}^{-1}+d_{32}^{-1}+d_{42}^{-1}+d_{52}^{-1}} P_2 * 4 \right)$$

代入距离值计算得到:

$$S_1 = 0.1500 P_1 + 0.1846 P_2 \qquad (11.7)$$

同样地有:

$$S_2 = 0.3 \left( \frac{d_{21}^{-1}}{d_{11}^{-1}+d_{21}^{-1}+d_{31}^{-1}+d_{41}^{-1}+d_{51}^{-1}} P_1 \right.$$
$$+ \frac{d_{22}^{-1}}{d_{12}^{-1}+d_{22}^{-1}+d_{32}^{-1}+d_{42}^{-1}+d_{52}^{-1}} P_2$$
$$+ \frac{d_{23}^{-1}}{d_{13}^{-1}+d_{23}^{-1}+d_{33}^{-1}+d_{43}^{-1}+d_{53}^{-1}} P_3 * 2$$
$$\left. + \frac{d_{24}^{-1}}{d_{14}^{-1}+d_{24}^{-1}+d_{34}^{-1}+d_{44}^{-1}+d_{54}^{-1}} P_4 \right)$$

其中 3 区和 5 区相对于 2 区来说具有相同的区位。注意到 $P_4=P_3=P_2$,

则上式可以简化为：
$$S_2 = 0.0375P_1 + 0.2538P_2 \tag{11.8}$$
同理，据(11.3)式可以得到以下两个方程：
$$P_1 = S_1 + 1.2308S_2 + 1 \tag{11.9}$$
$$P_2 = 0.2500S_1 + 1.6923S_2 + 0.25 \tag{11.10}$$

式(11.7)至(11.10)组成一个四元一次线性方程组，计算得到：$P_1 = 1.7472, P_2 = 0.8136; S_1 = 0.4123, S_2 = 0.2720$。从中可以看出，人口和服务就业都是从市中心区向周边地区递减。

## 11.3 案例研究：基于一个假想城市的人口与服务就业分布模拟

如图11.3所示，假定城市路网由10个同心环路和15条放射状道路组成，所有区块围绕城市唯一的中心——中心商业区(CBD)，整个城市被路网分割为$1+9\times15=136$个区。为了便于计算，假定任何除CBD外的区，其交通进出口就是放射状道路与环线的交点。这样一来，任何非CBD的区在空间上(GIS中)都可以用这个点(环线与放射状线的交点)来表示，而不是传统的几何中心来表示。这都是为了简化各区之间交通距离或时间的计算，因为这些点正好是交通路网的节点，节点之间的交通距离就直接成了城市各区之间的交通距离。有兴趣的读者可以像第二章第2.3.2节讲到的那样，用各区的几何中心来表示各区的位置，寻找离该中心点最近的路网节点，再计算这些节点之间的路网距离，加上节点到起点区、节点到终点区的两段直线距离，三段总和成起点区到终点区的交通距离，计算复杂一些，但结论基本一致。这个假想的城市没有具体的地理坐标系，距离或时间的值也就没有单位。

本案例研究所需的数据集如下：

1. 一个包含有136个区块的城市多边形图层，名称为tract。
2. 从多边形图层tract中抽取生成的交通路网图层，含有线和节点

图例
○ 节点
● CBD
☐ 道路

假想城市的路网结构

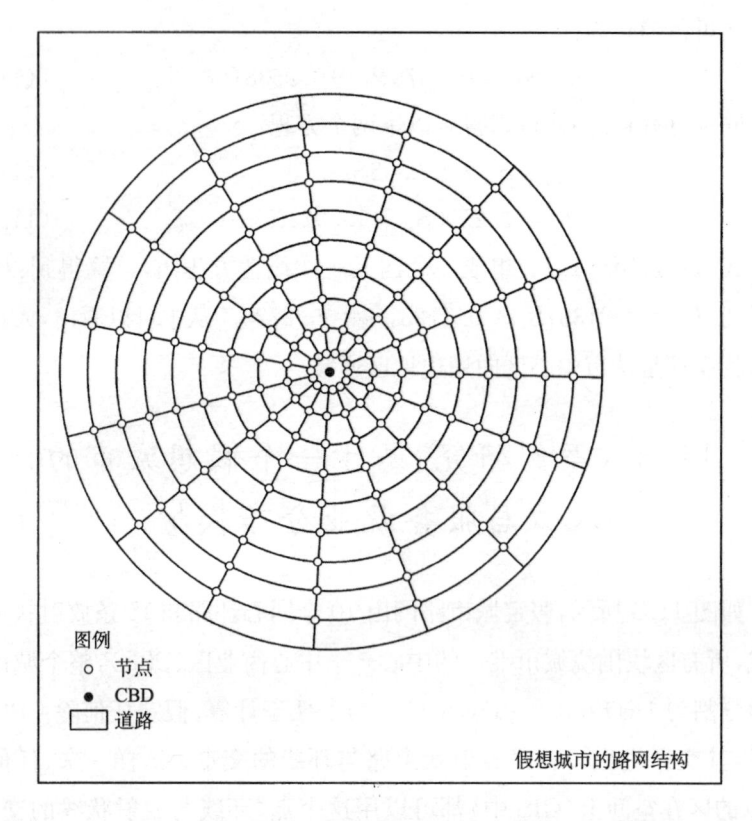

图 11.3　一个假想城市的空间结构

的拓扑关系,名称为 road。

3. 从交通路网图层的节点中抽取并生成的一个点图层,名称为 trtpt,用来代表 135 个非 CBD 区块。

4. 一个名称为 cbd 的点图层(只有一个点,用来表示 CBD 区)。

路网距离(时间)的计算主要是利用点图层 trtpt 和路网图层 road 来完成的。路网图层的属性数据文件 road. aat 中包括两项属性参数:参数 length 代表道路长度,用来定义路网的交通阻滞;而在参数 length1 中,除第 7 条环线 length1 的值被定义为实际长度的 1/2.5 外,其他值与参数 length 的值一样。定义这个新的交通阻滞参数 length1,是用来检验郊区环路(比如第 7 条环线)是否受高速公路的影响,也就是说,这条环线的车速是其他路上的 2.5 倍时,其交通阻滞就只有其他道路上的 1/2.5。点图层 trtpt 和 cbd 的属性文件中含有 trtid 和 trt_perim 两项属性参数,其中 trtid 为每个区的标识码,trt_perim 为每个区块的周长。区块周长将用于估算"区内交通距离",定义为区块周长的 1/4。定义区内交通距离有两个目的,一是当起点区和终点区是同一区块时,其间距离不是 0(重力模型中距离不能是 0);二是以点代面时,低估了区块之间的平均距离。下面我们计算各区块两两之间的交通距离时,总是先算点点间的路网距离,再把起点区和终点区的两段区内交通距离加上去。

## 11.3.1 利用 ArcGIS 计算交通路网距离(时间)

如果所有路段的通行速度一样,时间也就等同于距离,路程距离代表了通行阻滞。由于采用路网节点来代表区块的位置,各区块两两之间的交通距离可以方便地在 ArcGIS 中计算出来。下面概略地列出了主要步骤,详细的操作指南参见第二章的第 2.3 节。

1. 计算非 CBD 区间的交通距离。首先计算起点区块(trtpt)到终点区块(也是 trtpt)通过路网图层 road 的路网距离;然后加上起点区和终点区的内部交通距离。

2. 计算 CBD 区到非 CBD 区之间交通距离。先是 CBD 区到非 CBD 区之间经过放射状道路的交通距离(就是其间的欧氏几何距离);再加上起点区、终点区的区内交通距离。

3. 计算 CBD 区内的交通距离,即 CBD 区块周长的 1/4。

通过上述三步可以计算出所有区块两两间的距离,计算结果整合为 odtime.txt 的文本文件,共有 136×136 = 18 496 条记录,每个记录含有三个变量,即起点区块 ID、终点区块 ID、区间距离。将文件 odtime.txt 中的记录按起点区块 ID 和终点区块 ID 进行排序,中间用空格分隔,另存为 odtime.prn 文件。为了方便读者,随本书而带的 CD 光盘中提供了程序 rdtime.aml 和程序运行结果文件 odtime.prn,其中,rdtime.aml 是用来计算区块间交通距离的 AML 程序。

利用路网图层中的另一个属性参数 length1 来代替 length，重复上面的操作，可以得到一个新的文件 odtime1.txt。同样地，将这个文件按起点 ID 和终点 ID 进行排序生成一个 odtime1.prn 文件（CD 中也含有这个文件）。在这里，length1 考虑到了第 7 条环线的速度要比其他道路快，结果相当于用时间而不是距离来定义路网阻滞。

### 11.3.2 模拟基本案例中人口和服务就业分布

我们设计一个基本案例，作为后面其他例子的对比对象。除了所有道路的通行速度一样外，基本案例还假定城市是单中心的，所有基本就业（比如 100 人）都集中在 CBD，同时，假定重力模型中的两个距离衰减系数 $\alpha=1.0$ 和 $\beta=1.0$。据美国人口普查局（Bureau of Census,1993）的统计资料，模型中的 $h$ 和 $e$ 大致定为 $h=2.0$、$e=0.3$。如果 $P_T$、$B_T$、$S_T$ 分别是该市总人口数、总基本就业人数、服务就业人数，则可以得到：

$$S_T = eP_T$$
$$P_T = hE_T = h(B_T + S_T)$$

因此有：
$$P_T = (h/(1-he))B_T$$

已知 $B_T$ 为标准化值 100，就有 $P_T=500$、$S_T=150$。在其后边的模拟例子时，我们保持 $h$、$e$ 和 $B_T$ 不变，也就是总人口和就业（包括基本与服务就业）保持不变，但是变化参数 $\alpha$ 和 $\beta$ 的取值，改变基本就业的空间分布格局和交通路网（如市郊高速环路的修建），研究这些因素的影响。

附录 11C 中的 FORTRAN 程序 simucity.for（光盘中）流程主要有两步。首先，读取交通距离（时间）矩阵数据文件 odtime.prn；然后，利用 LU-分解法解格瑞—劳瑞模型；最后，输出分析结果（人口和服务就业）到一个外部文件 basic.txt。由于同一个环上的区结果相似或是相同，表 11.1 中仅仅列出了沿放射状道路、由里到外的 10 个区的信息。图 11.4 和 11.5 分别表示人口和服务业从 CBD 往外的分布变化。

第十一章 线性方程组的求解及其在城市结构模拟中的应用 283

表 11.1 格瑞—劳瑞模型关于人口和服务就业分布的模拟

| 区块位置 | 人口 | | | | 服务就业 | | | |
|---|---|---|---|---|---|---|---|---|
| | 基本案例[1] | 基本就业各区相同 | $\alpha、\beta=2$ | 带郊区高速环路 | 基本案例 | 基本就业各区相同 | $\alpha、\beta=2$ | 带郊区高速环路 |
| 1 | 8.3188 | 5.5322 | 16.8392 | 8.1525 | 1.8900 | 1.7046 | 3.4875 | 1.8197 |
| 2 | 7.1632 | 5.3157 | 12.3649 | 7.0032 | 1.8069 | 1.6356 | 3.1947 | 1.7391 |
| 3 | 5.2404 | 4.5684 | 6.2167 | 5.1022 | 1.5003 | 1.3923 | 1.8949 | 1.4407 |
| 4 | 4.2291 | 4.0251 | 3.9251 | 4.1066 | 1.2883 | 1.2171 | 1.2844 | 1.2346 |
| 5 | 3.5767 | 3.6616 | 2.7623 | 3.4981 | 1.1300 | 1.0985 | 0.9394 | 1.0948 |
| 6 | 3.1075 | 3.4179 | 2.0684 | 3.0942 | 1.0050 | 1.0177 | 0.7202 | 0.9979 |
| 7 | 2.7465 | 3.2629 | 1.6099 | 2.8178 | 0.9022 | 0.9649 | 0.5691 | 0.9323 |
| 8 | 2.4551 | 3.2398 | 1.2843 | 2.6641 | 0.8150 | 0.9522 | 0.4585 | 0.9069 |
| 9 | 2.2113 | 2.8620 | 1.0397 | 2.3538 | 0.7389 | 0.8407 | 0.3734 | 0.8012 |
| 10 | 2.0014 | 2.5659 | 0.8465 | 2.1094 | 0.6712 | 0.7533 | 0.3047 | 0.7181 |

注:1 基本案例:所有基本就业集中在CBD,$\alpha、\beta=1$,每条道路的通行速度相同。

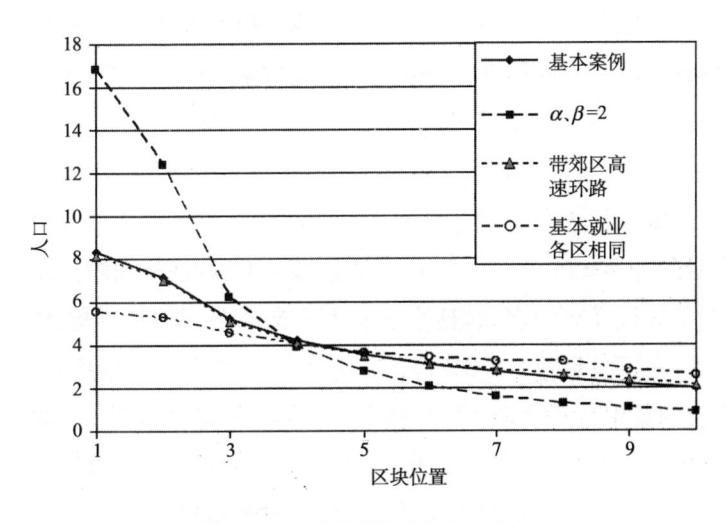

图 11.4 不同情况下的人口分布

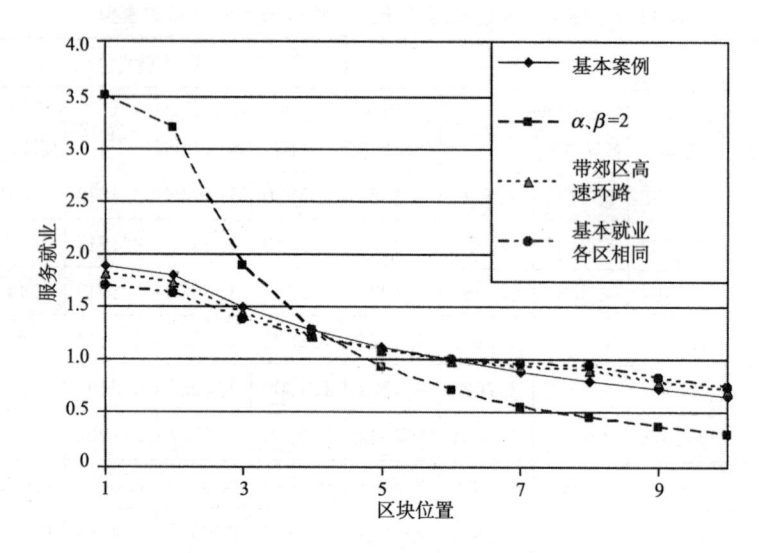

图 11.5　不同情况下的服务就业分布

### 11.3.3　检验基本就业分布的影响

上述的基本案例假定基本就业全部集中在市中心，现假定基本就业的分布平均分配在各个区，再利用模型测算人口和服务就业的分布情况。在本案例中，所有区块具有相同的基本就业数量，即 $100/136 = 0.8088$。只需将程序 simucity.for 中给基本就业分布赋值的代码修改一下，重新运行程序就可以获得新的分析结果，见表 11.1 和图 11.4、图 11.5。不难发现，即使基本就业在空间上的分布是均匀的，人口和服务就业两者都是从市中心向外递减的。这说明，人口和就业从 CBD 往外随距离递减的趋势，反映了区位优势的递减，这主要是因为交通路网的格局促成了 CBD 的可达性，而不只是因为 CBD 地区就业机会集中所致。当然 CBD 地区就业机会的集中自然会强化这种从市中心向外递减的效果。从图 11.4、图 11.5 中可以看出，基本就业均匀分布与全集中在 CBD 的基本案例相比，测算出的人口和服务就业的分布曲线都稍微缓些。由此可见，服务就业的分布紧随人口分布，二者分布的趋势是相似的。

有兴趣者可以设计不同的基本就业分布模式，利用格瑞—劳瑞模型分析检验其对人口和服务就业分布的影响。可参见有关文献（Guldmann and Wang,1998）。

### 11.3.4 检验距离衰减系数的影响

保持基本案例中的所有参数不变，现在仅仅改变距离衰减系数 $\alpha$ 和 $\beta$。基本案例中 $\alpha=1$、$\beta=1$，在这里取 $\alpha=2$、$\beta=2$。距离衰减系数表示人们出行（包括工作和购物）受交通距离（时间）的影响程度，当交通技术提高、路网更完善时，这两个系数通常会下降。此处将 $\alpha$ 和 $\beta$ 这两个参数设为 2，与基本案例相比，可以看做是城市发展初期的交通条件。

修改程序 simucity.for 中相关的赋值语句，输入新的 $\alpha$ 和 $\beta$ 值，生成新的人口和服务就业分布，结果也显示在表 11.1、图 11.4 和图 11.5 中。对应于较大的 $\alpha$ 和 $\beta(=2)$，曲线陡一些；对应于较小的 $\alpha$ 和 $\beta(=1$，也就是基本案例），曲线缓一些。这个模拟结果很重要，验证了第六章所述的人口密度方程随时间递变的趋势：随着时间的向前发展（距离衰减系数变小），城市人口密度从中心到边缘递减的递度趋于平缓。

### 11.3.5 检验交通路网的影响

最后来检验交通路网的影响。我们用这个案例分析郊区环线的影响，假定第 7 条环线是高速公路。也就是说，如果一般的城市道路的通行速度为 30 英里/小时，那么该环线是 75 英里/小时。在任务 1 中已经基于这个案例生成了另一个交通时间的文件 odtime1.prn。改变 simucity.for 程序中的输入文件名，将 odtime.prn 变为 odtime1.prn，运行程序可以生成新的计算结果，结果同样显示在表 11.1、图 11.4 和图 11.5 中。可以看出，人口和服务就业分布结果与基本案例相似，但比基本案例中的曲线稍稍平缓些（注意 CBD 区附近的值比基本案例的低一点，而最边缘区块的值比基本案例又高一点）。也就是说，郊区高速环线的建造，使得 CBD 相比郊区的区位优势减少，进而导致人口和服务就业分布的递度变缓。有关更多郊区高速环线影响的分析，参见有关文献（Wang,1998）。

## 11.4　讨论与结论

　　将整个经济分为基本与非基本产业,强调的是这两种产业在城市和区域经济发展中扮演的不同角色。格瑞—劳瑞模型利用这个概念来刻画城市中人口和就业分布之间的相互作用。模型中,基本(出口导向)就业的分布被看做为一个相对独立的外在因素,而服务(内需导向)就业的分布则依赖于人口分布;反过来,人口的分布又受就业(包括基本与非基本就业)的影响。两者之间相互作用,其影响随着通行距离(时间)而衰减,衰减程度由重力模型量化。基于这些思想构建的格瑞—劳瑞模型,就是一个线性方程组,求解比较简便。给定基本就业的分布,现成的交通路网就可定义市区各地段的通行距离(时间),我们由此可以算出市区内人口和服务就业的分布。

　　将格瑞—劳瑞模型应用于实际城市用地分析时,需要就业、人口和路网分布的数据,美国城市这方面的数据都比较详尽。但是,要将就业分为基本和非基本两个部分却很难。通常,一个城市的大多数经济活动既服务于城市本身(非基本),又服务于外部(基本),这点成为模型应用的最大难点。本章个案研究中采用一个假想城市,研究了基本就业分布、距离衰减系数、交通路网变化等要素的影响,有助于我们理解城市结构的变化机制,帮助解释了根据实证分析发现的城市人口密度方程变化的一些趋势。

　　例如,城市基本就业分布存在郊区化的趋势,导致人口分布的郊区化,同时服务业也往郊区分散,但是,这种分散不会改变总体上人口和就业还是在 CBD 附近最集中。随着交通技术和路网效率的提高,通行速度加快,人们用同样的时间可以抵达更远的地点,传统意义上城市中心与郊区的可达性差距在缩小,导致城市人口密度从中心向周边递减的坡度变缓。模拟结果解释了在城市人口密度方程中递度系数逐渐趋缓的现象。郊区高速环线最初是为方便大都市间的联系而设计的,目的是促进城市间的交通便利,可结果是更帮助了城市内部的交通联系(Taaffe et al.,

1996:178)。案例中的模拟结果已经显示,郊区高速环线促使人口分布变缓。研究表明(Wang,1998:274),即使基本就业仍然集中在 CBD 区,只要多增加郊区高速环线,人口郊区化趋势就会加强,甚至会在环路附近出现局部人口密度高峰值。

格瑞—劳瑞模型还可以用于检验城市结构研究中的更多问题。例如,通过比较不同城市的人口分布,分析大城市是否比小城市具有更为平缓的人口密度递减梯度(McDonald,1989:380);通过输入更密集的城市环路和放射状道路,分析路网密度的影响;通过设计不同的路网格局(如方格路网和半圆形路网),可以研究路网结构的影响。

# 附录 11A 投入—产出模型

投入—产出模型被政府各级部门广泛使用于分析经济发展与规划。模型中,每一部门的产出又成为所有部门(包括这个产出部门自身)的投入,每一部门的投入也是来源于所有部门(包括这个投入部门自身)的产出。模型的关键假设是:连接各部门投入—产出关系的系数标志着某个时期的经济结构和生产技术,在相当一段时期内不变。投入—产出模型常见的应用问题有:某一部门产量的调整变化将如何影响其他部门的生产?如何调整所有部门的生产以适应市场需求的变化?

我们用一个只有两个工业部门的简单例子来讲解投入—产出模型。假设整个经济由汽车和钢铁工业两部门组成,$X_1$ 为汽车工业的产量,$X_2$ 为钢铁工业的产量。对于每个单位的汽车产出,用于汽车工业自身的那部分消耗为 $a_{11}$,用于钢铁工业的那部分消耗为 $a_{12}$。也就是说,汽车总产出 $X_1$ 中,汽车工业自身消耗为 $a_{11}X_1$,用于钢铁工业的消耗为 $a_{12}X_2$。除此之外,最终销往市场的汽车为 $d_1$。同样,钢铁产量 $X_2$ 也有三种去向:$a_{21}X_1$ 表示用于汽车工业的消耗量,$a_{22}X_2$ 是用于钢铁工业自身的消耗量,$d_2$ 是最终销往市场的钢铁销售量。数学模型如下:

$$\begin{cases} X_1 = a_{11}X_1 + a_{12}X_2 + d_1 \\ X_2 = a_{21}X_1 + a_{22}X_2 + d_2 \end{cases}$$

其中，$a_{ij}$ 就是投入产出系数。

上述模型写成矩阵形式，就是：

$$IX = AX + D$$

其中，I 是单位矩阵，移项后重新将方程改写为：

$$(I - A)X = D$$

上式就是一个线性方程组，只要给定最终需求 D 和投入—产出系数 A，即可以求解方程组，得到各部门的产量 X。

## 附录 11B　求解非线性方程组

首先，我们介绍单个非线性方程的解法——牛顿法。比方说，函数 $f$ 是一个非线性函数，寻找满足 $f(x)=0$ 的 $x$ 值就是非线性方程的求解。假如 $r$ 为方程未知的实数解，并设 $x$ 为暂时找到的接近这个解 $r$ 的值。用泰勒式展开 $f(x+h)$，但仅保留泰勒展开式的线性项作为近似值，我们可以得到：

$$0 = f(r) = f(x+h) \approx f(x) + hf'(x) \qquad \text{(B11.1)}$$

这里 $h$ 是一个微小的增量，其值为 $h = r - x$。由式(B11.1)可得：

$$h \approx -f(x)/f'(x)$$

如果 $x$ 接近方程的解 $r$，则 $x - f(x)/f'(x)$（也就是 $x$ 加上微小增量 $h$）将更接近 $r$，牛顿法就是利用这个微小增量 $h$ 的定义逐步逼近求解的。开始时，取一个初值 $x_0$ 作为方程的解，代入 $x - f(x)/f'(x)$ 作为方程新的解，用这个新的解计算方程 $f(x)$ 的值，然后判断这个新的值是否在求解误差以内（很接近于 0）。若是，则求解完毕，否则用这个新的解代替前一个进行迭代计算。迭代算法的数学定义如下：

$$x_{n+1} = x_n - \frac{f(x_n)}{f'(x_n)}$$

设定合适的初值 $(x_0)$，对成功地利用牛顿法求解方程至关重要，该值必须足够接近方程的真实解(Kincaid and Cheney, 1991:65),另外,牛顿法要求函数的一阶导数必须存在。这个方法可以扩展到非线性方程组。

假定方程组有两个变量,如下式:

$$\begin{cases} f_1(x_1, x_2) = 0 \\ f_2(x_1, x_2) = 0 \end{cases} \quad (B11.2)$$

类似于式(B11.1),选取泰勒展开式的线性项部分有:

$$\begin{cases} 0 = f_1(x_1+h_1, x_2+h_2) \approx f_1(x_1,x_2) + h_1\frac{\partial f_1}{\partial x_1} + h_2\frac{\partial f_1}{\partial x_2} \\ 0 = f_2(x_1+h_1, x_2+h_2) \approx f_2(x_1,x_2) + h_1\frac{\partial f_2}{\partial x_1} + h_2\frac{\partial f_2}{\partial x_2} \end{cases}$$

(B11.3)

把上式中的 $h_1$、$h_2$ 看做变量,其他为常数,式(B11.3)就是一个二元一次线性方程组,其系数矩阵是函数 $f_1$ 和 $f_2$ 的雅可比矩阵,即:

$$J = \begin{bmatrix} \dfrac{\partial f_1}{\partial x_1} & \dfrac{\partial f_1}{\partial x_2} \\ \dfrac{\partial f_2}{\partial x_1} & \dfrac{\partial f_2}{\partial x_2} \end{bmatrix}$$

这样的话,非线性方程组式(B11.2)的牛顿替代法就可定义为:

$$x_{1,n+1} = x_{1,n} + h_{1,n}$$
$$x_{2,n+1} = x_{2,n} + h_{2,n}$$

这里,增量 $h_{1,n}$ 和 $h_{2,n}$ 是线性方程组式(B11.3)的解,也就是:

$$\begin{cases} h_{1,n}\dfrac{\partial f_1}{\partial x_1} + h_{2,n}\dfrac{\partial f_1}{\partial x_2} = -f_1(x_{1,n}, x_{2,n}) \\ h_{1,n}\dfrac{\partial f_2}{\partial x_1} + h_{2,n}\dfrac{\partial f_2}{\partial x_2} = -f_2(x_{1,n}, x_{2,n}) \end{cases}$$

或者:

$$J\begin{bmatrix} h_{1,n} \\ h_{2,n} \end{bmatrix} = -\begin{bmatrix} f_1(x_{1,n}, x_{2,n}) \\ f_2(x_{1,n}, x_{2,n}) \end{bmatrix} \quad (B11.4)$$

利用第 11.1 节中介绍的线性方程组解法,给定一对初始值 $x_{1,n}$ 和 $x_{2,n}$,求解方程组(B11.4)得到增量 $h_{1,n}$ 和 $h_{2,n}$,然后利用牛顿替代法逐步求解非线性方程组(B11.2)。较多变量的非线性方程组的解法采用同样

的策略,不同之处在于雅可比矩阵需要扩展。例如,对于一个三元非线性方程组,其雅可比矩阵为:

$$J = \begin{bmatrix} \dfrac{\partial f_1}{\partial x_1} & \dfrac{\partial f_1}{\partial x_2} & \dfrac{\partial f_1}{\partial x_3} \\ \dfrac{\partial f_2}{\partial x_1} & \dfrac{\partial f_2}{\partial x_2} & \dfrac{\partial f_2}{\partial x_3} \\ \dfrac{\partial f_3}{\partial x_1} & \dfrac{\partial f_3}{\partial x_2} & \dfrac{\partial f_3}{\partial x_3} \end{bmatrix}$$

由此可见,线性方程组的求解的确是非线性方程组求解的基石。

# 附录 11C 求解格瑞—劳瑞模型的 FORTRAN 程序

```
* * * * * * * * * * * * * * * * * * * * * * * * * * * * *
*       SimuCity.FOR simulates the distributions of population      *
*       and service employment given a basic employment pattern     *
*       using the Garin-Lowry model:  (I-A * B) * POPU = A * BEMP.  *
*       Version on 4/26/2005, by Fahui Wang.                        *
* * * * * * * * * * * * * * * * * * * * * * * * * * * * *


*       Variables defined:
*       ALPHA, BETA: distance friction coefficeints
*       H: population / employment ratio
*       E: service employment / population ratio
*       N: total number of tracts the city is divided into
*       D(i,j): distance between tracts i and j
*       A(i,j), B(i,j): matrices G, T in the Garin-Lowry model
*       BEMP(i): basic employment vectors [known]
*       POP(i), SEMP(i): population & service employment vectors
*               [variables to be solved]
*       other variables: intermediates for computational purposes,
*               defined where they appear first
```

## 第十一章 线性方程组的求解及其在城市结构模拟中的应用

```fortran
      PARAMETER (N = 136)
      DOUBLE PRECISION D(N,N),A(N,N),B(N,N),DOMA(N),DOMB(N),IAB(N,N)
      DOUBLE PRECISION BEMP(N),POP(N),SEMP(N),AA(N,N),BB(N)
      REAL ALPHA,BETA,H,E
      INTEGER IPVT(N),INFO,I,J,OZONE(N),DZONE(N)

*     Step 1. Define parameters & Input data

*     Input the values of ALPHA, BETA, H, E
      DATA ALPHA /1.0/
      DATA BETA /1.0/
      DATA H /2.0/
      DATA E /0.3/

*     Input the distribution of Basic Employment
*     In the basic case, all employment(100) is assumed to be at CBD
      DO 1 I = 1,N
1     BEMP(I) = 0.0
      BEMP(1) = 100.0

*     Input the distance matrix, pre-sorted by OZone & DZone
      OPEN (2, FILE = 'c:/g77/ODTIME.PRN', STATUS = 'OLD')
      DO 10 I = 1,N
      DO 10 J = 1,N
      READ (2, *) OZONE(I), DZONE(J), D(I,J)
10    CONTINUE
      CLOSE(2)

*     Step 2. Build matrices A, B, I-A*B, based on D(i,j)

*     Derive matrix Aij, Bij first
```

```
        DO 20 I = 1,N
*           DOMA(i) & DOMB(i) are the dominators in matrix formula.
            DOMA(I) = 0.0; DOMB(I) = 0.0
        DO 20 J = 1,N
            DOMA(I) = DOMA(I) + D(J,I) * * ( - BETA)
            DOMB(I) = DOMB(I) + D(J,I) * * ( - ALPHA)
20      CONTINUE
        DO 30 J = 1,N
        DO 30 I = 1,N
        A(J,I) = H * D(J,I) * * ( - BETA)/DOMA(I)
        B(J,I) = E * D(J,I) * * ( - ALPHA)/DOMB(I)
30      CONTINUE

*       Derive the matrix I - A * B, represented by IAB here

        DO 70 I = 1,N
        DO 70 J = 1,N
            IAB(I,J) = 0.0
            DO 80 M = 1,N
                IAB(I,J) = IAB(I,J) + A(I,M) * B(M,J)
80          CONTINUE
            IF (I.EQ.J) THEN
                IAB(I,J) = 1.0 - IAB(I,J)
            ELSE
                IAB(I,J) = - IAB(I,J)
            ENDIF
70      CONTINUE

*       Step 3. Prepare the data for solving the model.
*       Since it is a given-employment problem, in the
*       system of linear equations: AA * X = BB, AA is IAB,
*       BB is A * BEMP, and X is POP.
```

## 第十一章 线性方程组的求解及其在城市结构模拟中的应用　293

```
          DO 90 I = 1,N
              BB(I) = 0.0
              DO 90 J = 1,N
                  BB(I) = BB(I) + A(I,J) * BEMP(J)
                  AA(I,J) = IAB(I,J)
90        CONTINUE

*     Step 4. Solve the system of linear equation, AA * X = BB

*     Factor AA matrix, print out INFO (indicating if the solution
*     exists).

          CALL LUDCOMP(AA,N,N,IPVT,INFO)
          PRINT * ,INFO

*     Solve for x, which is vector POP

          CALL LUSOLVE(AA,BB,N,N,IPVT)

          DO 100 I = 1,N
          POP(I) = BB(I)
          SEMP(I) = 0.0
100       CONTINUE

*     Solve for the vetcor SEMP ( = B * POP)
          DO 200 I = 1,N
          DO 200 J = 1,N
          SEMP(I) = SEMP(I) + B(I,J) * POP(J)
200       CONTINUE

*     Step 5. Output the results

          OPEN(12,FILE = 'Basic.TXT')
```

```
              DO 500 I = 1,N
              WRITE(12,501) I,OZONE(I),BEMP(I),POP(I),SEMP(I)
501           FORMAT(1X,2(1x,i4),3(1X,f12.6))
500      CONTINUE
              CLOSE(12)

              STOP
              END

              subroutine scal(c,x,n)
c        = = = = = = = = = = =
c        Scales a vector by a constant
              integer i,n
              double precision c,x( * )
              do 10 i = 1,n
                  x(i) = c * x(i)
    10      continue
              return
              end

              subroutine axpy(c,x,y,n)
c        = = = = = = = = = = = =
c        Constant times a vector plus a vector
              integer i,n
              double precision c,x( * ),y( * )
              do 10 i = 1,n
                  y(i) = y(i) + c * x(i)
    10      continue
              return
              end

              subroutine ludcomp(a,n,m,ipvt,info)
c        = = = = = = = = = = = = = = = = = =
              integer m,n,ipvt(m),info
              double precision a(m,m)
```

```
c
c      ludcomp computes the L-U factors of a square
c      matrix by Gaussian elimination with pivoting
c
c      adapted from linpack
c
c      on entry
c
c         a     double precision(m,m)
c               matrix to be factored
c
c         n     integer
c               order of matrix a
c
c         m     integer
c               maximum order of matrix a
c
c      on return
c
c         a     upper triangular matrix U and, subdiagonally,
c               the multipliers in the L-U factorization of
c               the original matrix a
c
c         ipvt integer(m)
c               vector of pivot indices
c
c         info integer
c               = 0  normal value,
c               > 0  indicates singularity
c
c      calls: scal, axpy
c
```

```
          double precision t,dmax,dtmp
          integer ip,j,k

          info = 0
          do 60 k = 1, n-1
c             Find pivot index
          ip = k
          dmax = dabs(a(k,k))
          do 40 i = k + 1,n
              dtmp = dabs(a(i,k))
              if(dtmp.le.dmax) go to 40
              ip = i
              dmax = dtmp
   40     continue
          ipvt(k) = ip
c             Zero pivot implies column already triangularized
          if (a(ip,k) .eq. 0.0d0) then
              info = k
              go to 60
          endif
c             Interchange if necessary
          if (ip .ne. k) then
              t = a(ip,k)
              a(ip,k) = a(k,k)
              a(k,k) = t
          endif
c             Compute multipliers
          t = -1.0d0/a(k,k)
          call scal(t,a(k+1,k),n-k)
c             Row elimination with column indexing
          do 30 j = k + 1, n
              t = a(ip,j)
              if (ip .ne. k) then
```

# 第十一章 线性方程组的求解及其在城市结构模拟中的应用

```
                    a(ip,j) = a(k,j)
                    a(k,j) = t
                endif
                call axpy(t,a(k+1,k),a(k+1,j),n-k)
   30       continue
   60   continue
        ipvt(n) = n
        if (a(n,n) .eq. 0.0d0) info = n

        return
        end

        subroutine lusolve(a,b,n,m,ipvt)
c       = = = = = = = = = = = = = = =
        integer n,ipvt(m)
        double precision a(m,m),b(m)
c
c       lusolve solves the double precision system
c       a * x = b using factors computed by ludcomp
c
c       adapted from linpack
c
c       on entry
c
c       a       double precision(m,m)
c               output from ludcomp
c
c       n       integer
c               order of matrix a
c
c       m       integer
c               maximum order of matrix a
c
```

```
c       ipvt   integer(m)
c              pivot vector from ludcomp
c
c       b      double precision(m)
c              right hand side vector
c
c       on return
c
c       b      solution vector x
c
c       error condition
c
c       division by zero will occur if the input factor contains a
c       zero on the diagonal; technically this indicates singularity
c
c       calls: axpy
c
        double precision t
        integer k,l

c       First solve l * y = b
        do 20 k = 1, n - 1
            l = ipvt(k)
            t = b(l)
            if (l .eq. k) go to 10
                b(l) = b(k)
                b(k) = t
    10      continue
            call axpy(t,a(k+1,k),b(k+1),n-k)
    20  continue

c       Now solve u * x = y
```

## 第十一章 线性方程组的求解及其在城市结构模拟中的应用

```
    do 40 k = n, 1, -1
        b(k) = b(k)/a(k,k)
        t = -b(k)
        call axpy(t,a(1,k),b(1),k-1)
40  continue

    return
    end
```

# 参 考 文 献

Abu-Lughod, J. 1969. Testing the theory of social area analysis: the ecology of Cairo, Egypt. *American Sociological Review* 34, 198-212.

Agnew, R. 1985. A revised strain theory of delinquency. *Social Forces* 64, 151-167.

Alonso, W. 1964. *Location and Land Use*. Cambridge, MA: Harvard University.

Alperovich, G. 1982. Density gradient and the identification of CBD. *Urban Studies* 19, 313-320.

Anderson, J. E. 1985. The changing structure of a city: temporal changes in cubic spline urban density patterns. *Journal of Regional Science* 25, 413-425.

Anselin, L. 1988. *Spatial Econometrics: Methods and Models*. Dordrecht, Netherlands: Kluwer.

Anselin, L. 1995. Local indicators of spatial association: LISA. *Geographical Analysis* 27, 93-115.

Anselin, L. and Bera, A. 1998. Spatial dependence in linear regression models with an introduction to spatial econometrics. In *Handbook of Applied Economic Statistics*, Ullah, A. and Giles, D. E., Eds, New York: Marcel Dekker, pp. 237-289.

Applebaum, W. 1966. Methods for determining store trade areas, market penetration and potential sales. *Journal of Marketing Research* 3, 127-141.

Applebaum, W. 1968. The analog method for estimating potential store sales. In *Guide to Store Location Research*, Kornblau, C., Ed. Reading, MA: Addison-Wesley.

Bailey, T. C. and Gatrell, A. C. 1995. *Interactive Spatial Data Analysis*. Harlow, England: Longman Scientific & Technical.

Baller R., Anselin, L., Messner, S., Deane, G., and Hawkins, D. 2001. Structural covariates of U. S. county homicide rates: Incorporating spatial effects. *Criminology* 39, 561-590.

Barkley, D. L., M. S. Henry and Bao, S. 1996. Identifying "spread" versus "backwash" effects in regional economic areas: adensity functions approach. *Land*

*Economics* 72, 336-357.

Bartholdi, J. J., III and Platzman, L. K. 1988. Heuristics based on spacefilling curves for combinatorial problems in Euclidean space. *Management Science* 34, 291-305.

Batty, M. 1983. Linear urban models. *Papers of the Regional Science Association* 52, 141-158.

Batty, M. and Xie, Y. 1994a. Modeling inside GIS: part I: model structures, exploratory data analysis and aggregation. *International Journal of Geographical Information Systems* 8, 291-307.

Batty, M. and Xie, Y. 1994b. Modeling inside GIS: part II: selecting and calibrating urban models using arc-info. *International Journal of Geographical Information Systems* 8, 451-470.

Becker, G. S. 1968. Crime and punishment: an economic approach. *Journal of Political Economy* 76, 169-217.

Beckmann, M. J. 1971. On Thünen revisited: a neoclassical land use model. *Swedish Journal of Economics* 74, 1-7.

Bellair, P. E. and Roscigno, V. J. 2000. Local labor-market opportunity and adolescent delinquency. *Social Forces* 78, 1509-1538.

Berman, B. and Evans, J. R. 2001. *Retail Management: AStrategic Approach*, 8th Ed. Upper Saddle River, NJ: Prentice Hall.

Berry, B. J. L. 1967. *The Geography of Market Centers and Retail Distribution*. Englewood Cliffs, NJ: Prentice Hall.

Berry, B. J. L. 1972. *City Classification Handbook, Methods, and Applications*. New York: Wiley-Interscience.

Berry, B. J. L. and Lamb, R. 1974. The delineation of urban spheres of influence: evaluation of an interaction model. *Regional Studies* 8, 185-190.

Berry, B. J. L. and Kim, H. 1993. Challenges to the monocentric model. *Geographical Analysis* 25, 1-4.

Berry, B. J. L. and Rees, P. H. 1969. The factorial ecology of Calcutta. *American Journal of Sociology* 74, 445-491.

Besag, J. and Newell, J. 1991. The detection of clusters in rare diseases. *Journal of the Royal Statistical Society Series A* 15, 4143-4155.

Black, R. J., Sharp, L. and Urquhart, J. D. 1996. Analysing the spatial distribution of disease using a method of constructing geographical areas of approximately equal population size. In *Methods for Investigating Localized Clustering of Disease*, Alexander, P. E. and Boyle, P., Eds. Lyon, France: International

Agency for Research on Cancer, 28-39.

Block, C. R. , Block, R. L. and the Illinois Criminal Justice Information Authority (ICJIA). 1998. Homicides in Chicago, 1965-1995 [Computer file]. 4th ICPSR version. Chicago, ICJIA [producer]. Ann Arbor, MI: Inter-university Consortium for Political and Social Research [distributor].

Block, R. and Block, C. R. 1995. Space, place and crime: hot spot areas and hot places of liquor-related crime. In *Crime Places in Crime Theory*, Eck, J. E. and Weisburd, D. , Eds. Newark: Criminal Justice Press.

Brabyn, L. and Gower, P. 2003. Mapping accessibility to general practitioners. In *Geographic Information Systems and Health Applications*, Khan, O. and Skinner R. , Eds. Hershey, PA: Idea Group Publishing, 289-307.

Brown, B. B. 1980. Perspectives on social stress. In *Selye's Guide to Stress Research*, Vol. 1, Selye, H. , Ed. Reinhold, New York: Van Nostrand, 21-45.

Bureau of the Census. 1993. *Statistical Abstract of the United States* 113th ed. Washington, DC: US Department of Commerce.

Burgess, E. 1925. The growth of the city. In *The City*, Park, R. , Burgess, E. , and Mackenzie, R. , Eds. Chicago: University of Chicago Press, pp. 47-62.

Cadwallader, M. 1975. A behavioral model of consumer spatial decision making. *Economic Geography* 51, 339-349.

Cadwallader, M. 1981. Towards a cognitive gravity model: the case of consumer spatial behavior. *Regional Studies* 15, 275-284.

Cadwallader, M. 1996. *Urban Geography: An Analytical Approach*. Upper Saddle River, NJ: Prentice Hall.

Casetti, E. 1993. Spatial analysis: perspectives and prospects. *Urban Geography* 14, 526-537.

Cervero, R. 1989. Jobs-housing balance and regional mobility. *Journal of the American Planning Association* 55, 136-150.

Chang, K-T. 2004. *Introduction to Geographic Information Systems*, 2nd ed. New York: McGraw-Hill.

Chiricos, T. G. 1987. Rates of crime and unemployment: an analysis of aggregate research evidence. *Social Problems* 34, 187-211.

Christaller, W. 1966. *Central Places in Southern Germany*, translated by C. W. Baskin. Englewood Cliffs, NJ: Prentice Hall.

Church, R. L. and ReVelle, C. S. 1974. The maximum covering location problem. *Papers of the Regional Science Association* 32, 101-118.

Clark, C. 1951. Urban population densities. *Journal of the Royal Statistical Socie-*

ty114, 490-494.

Clayton, D. and Kaldor, J. 1987. Empirical Bayes estimates of age-standardized relative risks for use in disease mapping. *Biometrics* 43, 671-681.

Cliff, A., Haggett, P., Ord, J., Bassett, K., and Davis, R. 1975. *Elements of Spatial Structure*. Cambridge, UK: Cambridge University.

Cliff, A. D. and Ord, J. K. 1973. *Spatial Autocorrelation*. London: Pion.

Colwell, P. F. 1982. Central place theory and the simple economic foundations of the gravity model. *Journal of Regional Science* 22, 541-546.

Cornish, D. B. and Clarke, R. V., Eds. 1986. *The Reasoning Criminal: Rational Choice Perspectives on Offending*. New York: Springer-Verlag.

Cressie, N. 1992. Smoothing regional maps using empirical Bayes predictors. *Geographical Analysis* 24, 75-95.

Cromley, E. and McLafferty, S. 2002. *GIS and Public Health*. New York: Guilford Press.

Curtin, K. M, Qiu, F., Hayslett-McCall, K., and Bray, T. M. 2005. Integrating Geographic Information Systems and maximal covering models to determine optimal police patrol force. In *GIS and Crime Analysis*, Wang F., Ed. Hershey, PA: Idea Group Publishing, 214-235.

Cuzick, J. and Edwards, R. 1990. Spatial clustering for inhomogeneous populations. *Journal of the Royal Statistical Society Series B* 52, 73-104.

Dantzig, G. B. 1948. *Programming in a Linear Structure*. Washington, DC: U. S. Air Force, Comptroller's Office.

Davies, R. L. 1973. Evaluation of retail store attributes and sales performance. *European Journal of Marketing* 7, 89-102.

Davies, W. and Herbert, D. 1993. *Communities within Cities: An Urban Geography*. London: Belhaven.

Diggle, P. J. and Chetwynd, A. D. 1991. Second-order analysis of spatial clustering for inhomogeneous populations. *Biometrics* 47, 1155-1163.

Dijkstra, E. W. 1959. A note on two problems in connection with graphs. *Numerische Mathematik* 1, 269-271.

Everitt, B. S., Landau S., and Leese, M. 2001. *Cluster Analysis*, 4th ed. London: Arnold.

Fisch, O. 1991. A structural approach to the form of the population density function. *Geographical Analysis* 23, 261-275.

Flowerdew, R. and Green, M. 1992. Development in areal interpolation methods and GIS. *The Annals of Regional Science* 26, 67-78.

Forstall, R. L. and Greene, R. P. 1998. Defining job concentrations: the Los Angeles case. *Urban Geography* 18, 705-739.

Fotheringham, A. S. , Brunsdon, C. ,and Charlton, M. 2000. *Quantitative Geography: Perspectives on Spatial Data Analysis*. London: Sage.

Fotheringham A. S. and O'Kelly, M. E. 1989. *Spatial Interaction Models: Formulations and Applications*. London: Kluwer Academic.

Fotheringham, A. S. and Wong, D. W. S. 1991. The modifiable areal unit problem in multivariate statistical analysis. *Environment and Planning A* 23, 1025-1044.

Fotheringham A. S. and Zhan, B. 1996. A comparison of three exploratory methods for cluster detection in spatial point patterns. *Geographical Analysis* 28, 200-218.

Franke, R. 1982. Smooth interpolation of scattered data by local thin plate splines. *Computers and Mathematics with Applications* 8, 273-281.

Frankena, M. W. 1978. A bias in estimating urban population density functions. *Journal of Urban Economics* 5, 35-45.

Gaile, G. L. 1980. The spread-backwash concept. *Regional Studies* 14, 15-25.

GAO. 1995. *Health Care Shortage Areas: Designation Not a Useful Tool for Directing Resources to the Underserved*. Washington, DC: GAO/HEHS-95-2000, General Accounting Office.

Garin, R. A. 1966. A matrix formulation of the Lowry model for intrametropolitan activity allocation. *Journal of the American Institute of Planners* 32, 361-364.

Geary, R. 1954. The contiguity ratio and statistical mapping. *The Incorporated Statistician* 5, 115-145.

Getis, A. 1995. Spatial filtering in a regression framework: experiments on regional inequality, government expenditure, and urban crime. In *New Directions in Spatial Econometrics*, Anselin, L. and Florax, R. J. G. M, Eds. Berlin: Springer, 172-188.

Getis, A. and Griffith, D. A. 2002. Comparative spatial filtering in regression analysis. *Geographical Analysis* 34, 130-140.

Getis, A. and Ord, J. K. 1992. The analysis of spatial association by use of distance statistics. *Geographical Analysis* 24, 189-206.

Ghosh, A. and McLafferty, S. 1987. *Location Strategies for Retail and Service Firms*. Lexington, MA: D. C. Heath.

Giuliano G. and Small, K. A. 1991. Subcenters in the Los Angeles region. *Regional Science and Urban Economics* 21, 163-182.

Giuliano G. and Small, K. A. 1993. Is the journey to work explained by urban structure. *Urban Studies* 30, 1485-1500.

Goodchild, M. F., Anselin, L. and Deichmann, U. 1993. A framework for the interpolation of socioeconomic data. *Environment and Planning A* 25, 383-397.

Goodchild, M. F. and Lam, N. S.-N. 1980. Areal interpolation: A variant of the traditional spatial problem. *Geoprocessing* 1, 297-331.

Gordon, P., Richardson, H. and Wong, H. 1986. The distribution of population and employment in a polycentric city: the case of Los Angeles. *Environment and Planning A* 18, 161-173.

Greene, D. L. and Barnbrock, J. 1978. A note on problems in estimating exponential urban density models. *Journal of Urban Economics* 5, 285-290.

Griffith, D. A. 1981. Modelling urban population density in a multi-centered city. *Journal of Urban Economics* 9, 298-310.

Griffith, D. A. 2000. A linear regression solution to the spatial autocorrelation problem. *Journal of Geographical Systems* 2, 141-156.

Griffith, D. A. and Amrhein, C. G. 1997. *Multivariate Statistical Analysis for Geographers*. Upper Saddle River, NJ: Prentice Hall.

Grimson, R. C. and Rose, R. D. 1991. A versatile test for clustering and a proximity analysis of neurons. *Methods of Information in Medicine* 30, 299-303.

Gu, C., Wang, F. and Liu, G. 2005. The structure of social space in Beijing in 1998: A socialist city in transition. *Urban Geography* 26, 167-192.

Guldmann, J. M. and Wang, F. 1998. Population and Employment Density Functions Revisited: A Spatial Interaction Approach. *Papers in Regional Science* 77, 189-211.

Haining, R., Wises, S. and Blake, M. 1994. Constructing regions for small area analysis: material deprivation and colorectal cancer. *Journal of Public Health Medicine* 16, 429-438.

Hamilton, B. 1982. Wasteful Commuting. *Journal of Political Economy* 90, 1035-1053.

Hamilton, L. C. 1992. *Regression with Graphics*. Belmont, CA: Duxbury.

Hansen, W. G. 1959. How accessibility shapes land use, *Journal of the American Institute of Planners* 25, 73-76.

Harrell, A. and Gouvis, C. 1994. Predicting neighborhood risk of crime: Report to the National Institute of Justice. Washington, DC: The Urban Institute.

Harris, C. D. and Ullman, E. L. 1945. The nature of cities. *The Annals of the American Academy of Political and Social Science* 242, 7-17.

Hartshorn, T. A. 1992. *Interpreting the City: An Urban Geography*. New York: John Wiley.

Heikkila, E. P. , Gordon, P. , Kim, J. , Peiser, R. , Richardson, H. and Dale-Johnson, D. 1989. What happened to the CBD-distance gradient? Land values in a polycentric city. *Environment and Planning A* 21, 221-232.

Hewings, G. 1985. *Regional Input-Output Analysis*. Beverly Hills, CA: Sage.

Hillsman, E. and Rushton, G. 1975. The $p$-median problem with maximum distance constraints. *Geographical Analysis* 7, 85-89.

Hirschi, T. 1969. *Causes of Delinquency*. Berkeley, CA: University of California Press.

Hoyt, H. 1939. *The Structure and Growth of Residential Neighborhoods in American Cities*. Washington, DC: USGPO.

Huff, D. L. 1963. A probabilistic analysis of shopping center trade areas. *Land Economics* 39, 81-90.

Huff, D. L. 2003. Parameter estimation in the Huff model. *ArcUser* (Oct.-Nov.), 34-36.

Immergluck, D. 1998. Job proximity and the urban employment problem: Do suitable nearby jobs improve neighborhood employment rates? *Urban Studies* 35, 7-23.

Jacquez, G. M. 1998. GIS as an enabling technology. In *GIS and Health*, Gatrell, A. C. and Loytonen, M. , Eds. London: Taylor & Francis, 17-28.

Jin, F. , Wang, F. and Liu, Y. 2004. Geographic patterns of air passenger transport in china 1980-98: imprints of economic growth, regional inequality and network development. *Professional Geographer* 56, 471-487.

Joseph, A. E. and Bantock, P. R. 1982. Measuring potential physical accessibility to general practitioners in rural areas: a method and case study. *Social Science and Medicine* 16, 85-90.

Joseph, A. E. and Phillips, D. R. 1984. *Accessibility and Utilization: Geographical Perspectives on Health Care Delivery*. New York: Happer & Row.

Kain, J. F. 2004. A pioneer's perspective on the spatial mismatch literature. *Urban Studies* 41, 7-32.

Khan, A. A. 1992. An integrated approach to measuring potential spatial access to health care services. *Socio-economic Planning Science* 26, 275-287.

Khumawala, B. M. 1973. An efficient algorithm for the $p$-median problem with maximum distance constraints. *Geographical Analysis* 5, 309-321.

Kincaid, D. and Cheney, W. 1991. Numerical Analysis: Mathematics of Scientific

Computing. Belmont, CA: Brooks/Cole Publishing Co.

Knox, P. 1987. *Urban Social Geography: An Introduction.* 2nd ed. , New York: Longman.

Krige, D. 1966. Two-dimensional weighted moving average surfaces for ore evaluation. *Journal of South African Institute of Mining and Metallurgy* 66, 13-38.

Kulldorff M. 1997. A spatial scan statistic. *Communications in Statistics: Theory and Methods* 26, 1481-1496.

Kulldorff, M. 1998. Statistical methods for spatial epidemiology: Tests for randomness. In *GIS and Health*, Gatrell, A. C. and Loytonen, M. , Eds. Taylor & Francis, London, 49-62.

Ladd, H. F. and Wheaton, W. 1991. Causes and consequences of the changing urban form: introduction. *Regional Science and Urban Economics* 21, 157-162.

Lam, N. S. -N. and Liu, K. 1996. Use of space-filling curves in generating a national rural sampling frame for HIV-AIDS research. *Professional Geographer* 48, 321-332.

Land, K. C. , McCall, P. L. and Cohen, L. E. 1990. Structural covariates of homicide rates: are there any in variances across time and social space? *American Journal of Sociology* 95, 922-963.

Land, K. C. , McCall, P. L. and Nagin, D. S. 1996. A comparison of Poisson, Negative Binomial, and Semiparametric Mixed Poisson regression models: with empirical applications to criminal careers data. *Sociological Methods and Research* 24, 387-442.

Langford, I. H. 1994. Using empirical Bayes estimates in the geographical analysis of disease risk. *Area* 26, 142-149.

Lee, R. C. 1991. Current approaches to shortage area designation. *Journal of Rural Health* 7, 437-450.

Levine, N. 2002. *CrimeStat: A Spatial Statistics Program for the Analysis of Crime Incident Locations, version* 2. 0. Houston, TX: Ned Levine & Associates; Washington, DC: National Institute of Justice.

Levitt, S. D. 2001. Alternative strategies for identifying the link between unemployment and crime. *Journal of Quantitative Criminology* 17, 377-390.

Lindeberg, T. 1994. *Scale-Space Theory in Computer Vision.* Dordrecht, Netherlands: Kluwer Academic.

Lösch, A. 1954. *Economics of Location*, translated by Woglom, W. H. and Stolper, W. F. New Haven, CT: Yale University.

Lowry, I. S. 1964. *A Model of Metropolis.* Santa Monica, CA: Rand Corporation.

Luo, J.-C, Zhou, C.-H., Leung, Y., Zhang, J.-S., and Huang, Y.-F. 2002. Scale-space theory based regionalization for spatial cells. *Acta Geographica Sinaca* 57, 167-173 (in Chinese).

Luo, W. and Wang, F. 2003. Measures of spatial accessibility to healthcare in a GIS environment: synthesis and a case study in Chicago region. *Environment and Planning B: Planning and Design* 30, 865-884.

Marshall, R. J. 1991. Mapping disease and mortality rates using empirical Bayes estimators. *Applied Statistics* 40, 283-294.

McDonald, J. F. 1989. Econometric studies of urban population density: a survey. *Journal of Urban Economics* 26, 361-385.

McDonald, J. F. and Prather, P. 1994. Suburban employment centers: the case of Chicago. *Urban Studies* 31, 201-218.

Messner, S. F., Anselin, L., Baller, R. D., Hawkins, D. F., Deane, G., and Tolnay, S. E. 1999. The spatial patterning of county homicide rates: an application of exploratory spatial data analysis. *Journal of Quantitative Criminology* 15, 423-450.

Mills, E. S. 1972. *Studies in the Structure of the Urban Economy*. Baltimore: Johns Hopkins University.

Mills, E. S. and Tan, J. P. 1980. A comparison of urban population density functions in developed and developing countries. *Urban Studies* 17, 313-321.

Moran, P. A. P. 1950. Notes on continuous stochastic phenomena. *Biometrika* 37, 17-23.

Morenoff, J. D. and Sampson, R. J. 1997. Violent crime and the spatial dynamics of neighborhood transition: Chicago, 1970-1990. *Social Forces* 76, 31-64.

Mu, L. and Wang, F. 2008. A scale-space clustering method: Mitigating the effect of scale in the analysis of zone-based data. *Annals of the Association of American Geographers* 98: 85-101.

Muth, R. 1969. *Cities and Housing*. Chicago: University of Chicago.

Nakanishi, M. and Cooper, L. G. 1974. Parameter estimates for multiplicative competitive interaction models: least square approach. *Journal of Marketing Research* 11, 303-311.

Newling, B. 1969. The spatial variation of urban population densities. *Geographical Review* 59, 242-252.

Niedercorn, J. H. and Bechdolt, B. V., Jr. 1969. An economic derivation of the "gravity law" of spatial interaction. *Journal of regional science* 9, 273-282.

Oden, N., Jacquez, G., and Grimson, R.. 1996. Realistic power simulations compare point- and area-based disease cluster tests. *Statistics in Medicine* 15, 783-806.

Olsen, L. M. and Lord, J. D. 1979. Market area characteristics and branch performance. *Journal of Bank Research* 10, 102-110.

Openshaw, S. 1984. *Concepts and Techniques in Modern Geography*, Number 38. *The Modifiable Areal Unit Problem*. Norwich: Geo Books.

Openshaw, S., Charlton, M., Mymer C., and Craft, A. W. 1987. A Mark 1 geographical analysis machine for the automated analysis of point data sets. *International Journal of Geographical Information Systems* 1, 335-358.

Osgood, D. W. 2000. Poisson-based regression analysis of aggregate crime rates. *Journal of Quantitative Criminology* 16, 21-43.

Osgood, D. W. and Chambers, J. M. 2000. Social disorganization outside the metropolis: an analysis of rural youth violence. *Criminology* 38, 81-115.

Parr, J. B. 1985. A population density approach to regional spatial structure. *Urban Studies* 22, 289-303.

Parr, J. B., O'Neill, G. J., and Nairn, A. G. M. 1988. Metropolitan density functions: a further exploration. *Regional Science and Urban Economics* 18, 463-478.

Parr, J. B. and O'Neill, G. J. 1989. Aspects of the lognormal function in the analysis of regional population distribution. *Environment and Planning A* 21, 961-973.

Peng, Z. 1997. The jobs-housing balance and urban commuting. *Urban Studies* 34, 1215-1235.

Price, M. 2004. *Mastering ArcGIS*. New York: McGraw-Hill.

Press, W. H. et al. 1992a. *Numerical Recipes in FORTRAN: The Art of Scientific Computing*, 2nd ed. Cambridge: Cambridge University Press.

Press, W. H. et al. 1992b. *Numerical Recipes in C: The Art of Scientific Computing*, 2nd ed. Cambridge: Cambridge University Press.

Press, W. H. et al. 2002. *Numerical Recipes in C++: The Art of Scientific Computing*, 2nd ed. Cambridge: Cambridge University Press.

Radke, J. and Mu, L. 2000. Spatial decomposition, modeling and mapping service regions to predict access to social programs. *Geographic Information Sciences* 6, 105-112.

Rees, P. 1970. Concepts of social space: toward an urban social geography. In *Geographic Perspectives on Urban System*, Berry, B. and Horton, F., Eds. Englewood Cliffs, NJ: Prentice Hall, 306-394.

Reilly, W. J. 1931. *The Law of Retail Gravitation*. New York: Knickerbocker.

ReVelle, C. S. and Swain, R. 1970. Central facilities location. *Geographical Analysis* 2, 30-34.

Rogers, D. S. and Green, H. 1978. A new perspective in forecasting store sales: applying statistical models and techniques in the analog approach. *Geographical Review* 69, 449-458.

Rogerson, P. A. 1999. The detection of clusters using a spatial version of the chi-square goodness-of-fit statistic. *Geographical Analysis* 31, 130-147.

Rose, H. M. and McClain, P. D. 1990. *Race, Place, and Risk: Black Homicide in Urban America*. Albany, New York: SUNY Press.

Rushton, G. and Lolonis, P. 1996. Exploratory spatial analysis of birth defect rates in an urban population. *Statistics in Medicine* 7, 717-726.

Sampson, R. J., Raudenbush, S., and Earls, F. 1997. Neighborhoods and violent crime: a multilevel study of collective efficacy. *Science* 277, 918-924.

Shen, Q. 1994. An application of GIS to the measurement of spatial autocorrelation. *Computer, Environment and Urban Systems* 18, 167-191.

Shen, Q. 1998. Location characteristics of inner-city neighborhoods and employment accessibility of low-income workers. *Environment and Planning B: Planning and Design* 25, 345-365.

Shen, Q. 2000. Spatial and social dimensions of commuting. *Journal of the American Planning Association* 66, 68-82.

Sherratt, G. 1960. A model for general urban growth. In *Management Sciences: Models and Techniques*, Churchman, C. W. and Verhulst, M., Eds. Oxford: Pergamon Press.

Shevky, E. and Bell, W. 1955. *Social Area Analysis*. Stanford, CA: Stanford University.

Shevky, E. and Williams, M. 1949. *The Social Areas of Los Angeles*. Los Angeles: University of California.

Silverman, B. W. 1986. *Density Estimation for Statistics and Data Analysis*. London: Chapman and Hall.

Small, K. A. and Song, S. 1992. "Wasteful" commuting: a resolution. *Journal of Political Economy* 100, 888-898.

Small, K. A. and Song, S. 1994. Population and employment densities: structure and change. *Journal of Urban Economics* 36, 292-313.

Smirnov, O. and Anselin, L. 2001. Fast maximum likelihood estimation of very large spatial autoregressive models: a characteristic polynomial approach. *Computational Statistic and Data Analysis* 35, 301-319.

Stabler, J. and St. Louis, L. 1990. Embodies inputs and the classification of basic and nonbasic activity: implications for economic base and regional growth analysis. *Environment and Planning A* 22, 1667-1675.

Taaffe, E. J., Gauthier, H. L. and O'Kelly, M. E. 1996. *Geography of Transportation*, 2nd ed. Upper Saddle River, NJ: Prentice Hall.

Taneja, S. 1999. Technology moves in. *Chain Store Age*, May, p. 136.

Tanner, J. 1961. Factors affecting the amount of travel, Road Research Technical Paper No. 51, London: HMSO.

Tobler, W. R. 1970. A computer movie simulating urban growth in the Detroit region. *Economic Geography* 46, 234-240.

Toregas, C. and ReVelle, C. S. 1972. Optimal location under time or distance constraints. *Papers of the Regional Science Association* 28, 133-143.

Ullman, E. L. and Dacey, M. 1962. The minimum requirements approach to the urban economic base. *Proceedings of the IGU Symposium in Urban Geography*. Lund: Lund Studies in Geography, 121-143.

Von Thünen, J. H. 1966. *Von Thünen's Isolated State*, Wartenberg, C. M., Trans; Hall, P., Ed. Oxford: Pergamon.

Wang, F. 1998. Urban population distribution with various road networks: a simulation approach. *Environment and Planning B: Planning and Design* 25, 265-278.

Wang, F. 2000. Modeling commuting patterns in Chicago in a GIS environment: a job accessibility perspective. *Professional Geographer* 52, 120-133.

Wang, F. 2001a. Regional density functions and growth patterns in major plains of China 1982-90. *Papers in Regional Science* 80, 231-240.

Wang, F. 2001b. Explaining intraurban variations of commuting by job accessibility and workers' characteristics. *Environment and Planning B: Planning and Design* 28, 169-182.

Wang, F. 2003. Job proximity and accessibility for workers of various wage groups. *Urban Geography* 24, 253-271.

Wang, F. 2004. Spatial Clusters of Cancers in Illinois 1986-2000. *Journal of Medical Systems* 28, 237-256.

Wang, F. 2005. Job access and homicide patterns in Chicago: an analysis at multiple geographic levels based on scale-space theory. *Journal of Quantitative Criminology* 21, 195-217.

Wang, F., and Guldmann, J. M. 1996. Simulating urban population density with a gravity-based model. *Socio-Economic Planning Sciences* 30, 245-256.

Wang, F., and Guldmann, J. M. 1997. A spatial equilibrium model for region size, urbanization ratio, and rural structure. *Environment and Planning A* 29, 929-941.

Wang, F. and Luo, W. 2005. Assessing spatial and nonspatial factors in healthcare access in Illinois: towards an integrated approach to defining health professional shortage areas. *Health and Place* 11, 131-146.

Wang, F. and Minor, W. W. 2002. Where the jobs are: employment access and crime patterns in Cleveland. *Annals of the Association of American Geographers* 92, 435-450.

Wang, F. and O'Brien, V. 2005. Constructing geographic areas for analysis of homicide in small populations: testing the herding-culture-of-honor proposition. In *GIS and Crime Analysis*, Wang, F., Ed. Hershey, PA: Idea Group Publishing, 83-100.

Wang, F. and Zhou, Y. 1999. Modeling urban population densities in Beijing 1982-90: suburbanisation and its causes. *Urban Studies* 36, 271-287.

Webber, M. J. 1973. Equilibrium of location in an isolated state. *Environment and Planning A* 5, 751-759.

Weibull, J. W. 1976. An axiomatic approach to the measurement of accessibility. *Regional Science and Urban Economics* 6, 357-379.

Weisbrod, G. E., Parcells, R. J., and Kern, C. 1984. A disaggregate model for predicting shopping area market attraction. *Journal of Marketing* 60, 65-83.

Weisburd, D. and Green, L. 1995. Policing drug hot spots: the Jersey City drug market analysis experiment. *Justice Quarterly* 12, 711-735.

Wheeler, J. O. et al. 1998. *Economic Geography*, 3rd ed. New York: John Wiley & Sons.

White, M. J. 1988. Urban commuting journeys are not "wasteful". *Journal of Political Economy* 96, 1097-1110.

Whittemore, A. S., Friend, N., Brown, B. W., and Holly, E. A. 1987. A test to detect clusters of disease. *Biometrika* 74, 631-635.

Wilson, A. G. 1967. Statistical theory of spatial trip distribution models. *Transportation Research* 1, 253-269.

Wilson, A. G. 1974. *Urban and Regional Models in Geography and Planning*. London: Wiley.

Wilson, A. G. 1975. Some new forms of spatial interaction models: a review. *Transportation Research* 9, 167-179.

Wong, Y.-F. 1993. Clustering data by melting. *Neural Computation* 5, 89-104.

Wong, Y.-F. and Posner, E. C. 1993. A new clustering algorithm applicable to multispectral and polarimetric SAR images. *IEEE Transactions on Geoscience and Remote Sensing* 31, 634-644.

Wu, N. and Coppins, R. 1981. *Linear Programming and Extensions*. New York: McGraw-Hill.

Xie, Y. 1995. The overlaid network algorithms for areal interpolation problem. *Computer, Environment and Urban Systems* 19, 287-306.

Yang, Q. 1990. A model for interregional trip distribution in China. *Acta Geographica Sinica* (*Di Li Xue-bao*, in Chinese) 45, 264-274.

Zheng, X.-P. 1991. Metropolitan spatial structure and its determinants: a case study of Tokyo. *Urban Studies* 28, 87-104.

Zipf, G. K. 1949. *Human Behavior and the Principle of Least Effort*. Cambridge, MA: Addison-Welsey.

### 图书在版编目(CIP)数据

基于GIS的数量方法与应用/(美)王法辉著;姜世国,滕骏华译.—北京:商务印书馆,2009(2016.11重印)
ISBN 978-7-100-06092-9

Ⅰ.基… Ⅱ.①王…②姜…③滕… Ⅲ.地理信息系统-应用-社会科学 Ⅳ.C39

中国版本图书馆CIP数据核字(2008)第161590号

所有权利保留。
未经许可,不得以任何方式使用。

### 基于GIS的数量方法与应用

〔美〕王法辉 著
姜世国 滕骏华 译

商 务 印 书 馆 出 版
(北京王府井大街36号 邮政编码 100710)
商 务 印 书 馆 发 行
北 京 冠 中 印 刷 厂 印 刷
ISBN 978-7-100-06092-9

2009年6月第1版 开本 787×960 1/16
2016年11月北京第3次印刷 印张 21¾
定价:45.00元